Michel YAHIEL

PLACE DE LA REPUBLIQUE
Chronique sociale de l'Elysée, 2012-2017

« Il ne faut point mener les hommes par les voies extrêmes »
(Montesquieu)

« L'Etat, non seulement tient les leviers du changement mais proclame aussi que la modernisation est son but » (Stanley Hoffmann)

© 2025 Michel YAHIEL
Édition : BoD · Books on Demand, 31 avenue Saint-Rémy, 57600 Forbach, bod@bod.fr
Impression : Libri Plureos GmbH, Friedensallee 273, 22763 Hamburg (Allemagne)
ISBN : 978-2-3224-9599-3
Dépôt légal : Avril 2025

AVANT-PROPOS

Je n'ai jamais aimé prendre des notes, sauf dans ma vie étudiante, par nécessité puis par plaisir, notamment lors des cours magiques de Stanley HOFFMANN à Sciences Po.

Isabelle m'avait dit, peu après mon arrivée à l'Elysée, « n'oublies pas de noter, tu vas vivre des choses historiques ». J'ai donc écrit plus ou moins au fil de l'eau, durant toute cette période, de mai 2012 à janvier 2017, mettant généralement à profit les petits matins au « 55 », où j'arrivais le plus souvent parmi les premiers, depuis ma lointaine banlieue.

De fait, ce « presque quinquennat » en ce qui me concerne, fut riche de grands événements, de réformes marquantes, mais aussi d'épisodes moins glorieux, de détails et d'émotions divers, dont il me semblait justifié de rendre compte sur un même pied.

Ma seule règle aura été de ne citer personne et surtout pas le président. De raisonner comme si ces lignes ne devaient jamais paraître, au fond d'en faire une sorte d'exercice introspectif, ne serait-ce que pour mettre un peu d'ordre dans mes idées, rendues confuses par la pression du quotidien. Ces années furent heureuses mais pas insouciantes, enrichissantes mais pesantes, exaltantes mais parfois décourageantes, comme si toutes ces étapes devaient depuis le début mener au terme d'un mandat non renouvelé.

Si ce fut un échec politique, ce fut un bel échec, de ces défaites qui grandissent leurs protagonistes : j'en suis ressorti sans nul doute vieilli et éreinté, inévitablement assez triste, mais fier. Comme on l'est du devoir accompli.

Mais au fond, pourquoi avoir attendu sept ans, comme en écho à Billy Wilder, pour revenir sur le mandat de François Hollande vu « de l'intérieur » ?

Sans doute, d'abord, pour disposer du recul nécessaire, car la tenue d'un journal, sur une base irrégulière et peu formalisée, appelle une mise au clair en aval, assez fastidieuse à mesure, justement, que le temps passe.

Autre explication, le scrupule à ne pas s'enfermer dans l'immédiateté, même si l'objectif n'était pas de conduire une vaste introspection, de prétendre à une authentique analyse politique. On peut penser que les historiens en feront leur affaire le moment venu, avec, je n'en doute pas, un regard sensiblement plus positif sur les années 2012-2017 que cela n'a été le cas jusqu'à présent (ainsi le thème de la fermeté de l'ancien président face à Poutine, est désormais largement partagé par les observateurs, dans le contexte de la guerre en Ukraine, tandis que même le fameux retournement de la courbe du chômage est enfin daté de 2016 et pas de 2017...).

Pour finir, il m'a semblé justifié, en adoptant un calendrier cohérent avec ces préoccupations, d'attendre mon départ en retraite pour « sortir du bois », afin de livrer ce témoignage sans conditions, en toute liberté : en somme un exercice suffisamment mûri pour être de quelque utilité à qui s'intéresse à la chose publique dans notre pays, mais nécessairement ponctuel, voire anecdotique, pour ne pas prétendre à l'exégèse de ce fragment d'histoire contemporaine.

Car le moins que l'on puisse dire est que bien des ressorts de cette aventure nous échappent encore, y compris sinon surtout à celles et ceux qui l'ont vécue et partagée, dont je fus, en définitive, un rouage notable mais modeste, avec une motivation constante et le sentiment d'un rare privilège.

Telle fut mon ambition, mesurée mais assumée. Le risque est évidemment que cette narration chronologique apparaisse parfois quelque peu éventée voire déformée par un anachronisme consistant à regarder le passé récent avec les lunettes du jour, bref à juger ou jauger des circonstances, des comportements, des choix, à l'aune de ce que sont devenus les protagonistes : l'exemple le plus emblématique est évidemment celui d'Emmanuel Macron, dont le rôle au sein du cabinet présidentiel, entre 2012 et 2014, peut difficilement être distrait de ce que nous connaissons maintenant de sa trajectoire ultérieure, pour le moins inédite.

Ce risque, j'ai tenté de le circonscrire en ne me détachant que très rarement des épisodes vécus durant ces cinq ans et des réflexions qu'ils avaient alors pu m'inspirer. En outre, à défaut de pouvoir prétendre à l'objectivité à la faveur de cet exercice de mémoire et de partage, je n'ai certes pas fait le choix de dresser globalement le bilan de l'action du chef de l'Etat et de ses gouvernements successifs : si un tableau apparaît peu à peu, même fragmentaire, c'est donc sous l'effet de petites touches successives plutôt que d'un large coup de brosse. Chacun y trouvera son compte, je l'espère, qui, pour mieux appréhender une période marquée par bien des angles morts, qui, pour confirmer l'habituel réquisitoire dénonçant la « mollesse » de l'élu de 2012, qui, au contraire, pour se forger une opinion plus équilibrée et même... favorable de ce mandat, à la lecture des événements.

Un dernier mot. Cette aventure n'aurait jamais été engagée et encore moins menée à terme sans le soutien de mes proches, qui m'ont, à tous les sens du terme, supporté pendant la traversée : mon épouse, Isabelle, complice constamment en première ligne, combinaison exceptionnelle d'intelligence et de sens de l'organisation; mes parents toujours présents et invariablement positifs - avec une pensée pour ma mère, trop tôt disparue -, mes trois enfants Marie, Thomas, qui peuvent être fiers de leurs petits comme je suis fier d'eux, et enfin Léa, qui a tout pour réussir de grandes choses au service de l'intérêt général.

Ce témoignage leur est dédié.

I - PAROLE PRESIDENTIELLE ET MEMOIRE

Les discours

Cela devient une sorte de jeu. Au sommet de l'Etat, on s'en étonne quand même, surtout quand tant d'expériences et de talents sont réunis au sein d'une équipe. Mais le rapport à l'écrit du président est singulier. Il travaille et retravaille ses interventions presque à l'infini. Je me souviens d'un échange avec Stéphane Le Foll : pendant la campagne, il nous a prévenus, ayant pendant dix ans au PS assumé cette exigence au quotidien, un discours de François Hollande, c'est une rude aventure pour son entourage. Parfois un enfer.

D'ailleurs l'intéressé, lors de l'inauguration en 2013 du nouveau bâtiment des Archives nationales à Pierrefitte, évoquant les manuscrits de ses prédécesseurs, aura l'occasion de sourire publiquement des souffrances infligées à ses collaborateurs dans cet exercice.

On démarre d'un projet déjà bien en forme, charpenté et nourri des idées collectives. La satisfaction est en général de courte durée car le premier retour est rarement amène : trop long, trop court, pas assez précis, pas présidentiel. Ensuite commence le ping-pong des versions, on se croit tiré d'affaire lors de la dernière nuit qui précède le moment clé, mais il y aura d'autres modifications, dans l'avion ou la voiture, ou dans les deux. Celui qui souffre le plus stoïquement est l'aide de camp chargé, où qu'il se trouve (voiture, avion, autre...) de recoller les morceaux pour fournir, parfois à la toute dernière minute, la version propre qu'il aura retapée, impavide, en liaison avec le secrétariat particulier de l'Elysée, lui-même soumis à rude épreuve.

Parfois, on a la surprise de retrouver en bout de course une version très proche du premier jet. Mais, dans tous les cas ou presque, ce qu'il dira sera d'une bien meilleure facture que ce que nous lui

6

avions soumis et il se sera, assurément, tout approprié, sur le fond et sur la forme, pouvant ainsi s'échapper d'un texte désormais pleinement maîtrisé.

Rien d'artificiel là-dedans, comme dans ces nombreux discours « plaqués » par les principaux responsables politiques, souvent interchangeables. Qu'il parle de dialogue social à Paris, d'abord le 12 juin puis le 9 juillet 2012 devant la Grande conférence sociale, ou de santé à Nice fin octobre, qu'il fasse au contraire de courtes interventions, dans une PME de l'Essonne début juin, à Chelles le 8 novembre pour lancer les emplois d'avenir, à Blois le 4 mars 2013 sur les questions de formation, la mécanique est la même, seul le nombre de versions préliminaires varie un peu. Il n'y a jamais d'intervention anodine, la moindre préface, le plus banal communiqué, l'hommage républicain, sont l'objet d'une attention scrupuleuse et se trouvent le plus souvent remis aussi vingt fois sur le métier.

Ce soin extrême dans le choix des mots, de la charpente du propos, la nécessité ressentie de faire des annonces, ne se démentiront pas, avec pour les sujets sociaux de nombreux points d'orgue, comme le discours du 11 juin 2015 devant l'OIT à Genève dont j'ai pu croire, pour une fois, que nous ne parviendrions jamais à l'achever, après avoir pourtant répondu aux commandes passées successivement – et contradictoirement- en quelques heures. Et qui, au bout du chemin harassant des réécritures, sera un grand moment d'éloquence, salué debout par les 3000 participants dans la grande salle du Palais des Nations, dont les partenaires sociaux français au grand complet, soudainement réunis –pour certains presque à leur corps défendant- sous le drapeau tricolore...

Hommage à Stéphane HESSEL

Ce discours-là, j'aurais aimé l'écrire ou y participer activement, mais je suis le seul dans l'équipe à savoir que je connaissais bien Stéphane Hessel et je ne tiens pas à en tirer un titre de gloire. Ce vieux monsieur si digne et rebelle à la fois, qui eut la gentillesse d'être mon parrain de légion d'Honneur en 2002, m'avait depuis longtemps séduit par son insondable culture, son courage, sa droiture, dont l'incroyable succès de son petit opuscule « Indignez-vous » ne fut, en réalité, qu'un bien partiel et tardif aperçu. Je me souviens de son appartement, dans le 14ème arrondissement, où il recevait, entouré de ses livres, toujours sanglé sans un impeccable costume à gilet. Un soir de 2009, je l'avais in-petto convié à une grande réunion devant...des DRH, auxquels il avait délivré son analyse de l'état du monde. Puis éblouis, ils l'avaient écouté réciter un très long poème de Baudelaire, debout et dans un assourdissant silence : certains participants m'en parlent encore.

Jeudi 7 mars 2013, dans la cour des Invalides battue par un léger crachin, la France salue solennellement cette incroyable figure, dont il me plait de penser qu'elle est partie d'un coup, dans son sommeil, en pleine possession de ses moyens, emportant avec elle le BCRA et la poésie allemande, le désir de paix au Proche-Orient et les camps, l'Eglise Saint Bernard et les jeunes révoltés du monde entier.

La sonnerie aux morts nous glace tous et j'observe devant moi plus d'épaules voutées que de jeunes silhouettes, sauf bien sûr les détachements de différentes armes, qui nous font face, stoïques dans le mauvais temps. Jean-Louis Cremieux-Brilhac, 96 ans, nous délivre un puissant hommage à son ami disparu, rappelant leur commune jeunesse et cet après-midi de 1940 où ils déambulaient tous deux dans les rues de Londres avec Jacques Bingen. Soudain, nous voici replongés, humbles forçats du temps court, dans le temps long et l'épaisseur d'une Histoire qui nous ramène à nos justes proportions, nous et nos modestes dossiers.

Et puis le Président prend la parole, prononçant un discours sobre et fort où il a manifestement mis une énergie toute personnelle. En ce moment suspendu, le voici à la hauteur de l'événement et je ne regrette plus du tout de n'avoir été, ce matin-là, que le spectateur attristé d'une belle cérémonie.

L'humour

Les anciens comme moi sont un peu frustrés de l'apparat, du sérieux des lieux, inévitables. L'équipe est joyeuse et rigole régulièrement. Evidemment pour le président, la retenue s'impose. Et, de temps à autre, le plus souvent dans une pièce où nous sommes peu nombreux, ou dans l'avion, le sourire revient, une blague fuse, comme un rayon de soleil lors d'une éclaircie...

Avec Manuel Valls, alors ministre de l'Intérieur (et donc des Cultes), qui craint de s'ennuyer à Rome en rendant visite aux cardinaux français pour une béatification et se demande de quoi il va bien pouvoir leur parler, on risque un facile « de leurs enfants ? ». Alors le président enchaîne, « tu leur demanderas s'ils sont scolarisés dans le public ou le privé ! ».

Nous aurons aussi droit, après une nouvelle averse lors d'un déplacement et alors que les journalistes commencent à l'affubler du surnom de « Rainman », à un très mendésiste : « gouverner, c'est pleuvoir ».

Hommage à René TEULADE

Février 2014, appel de Michel Debout, ami médecin, qui vient d'assister au malaise de René TEULADE, auquel il a prodigué les premiers secours avant qu'il ne soit hospitalisé à Georges Pompidou.

Comme souvent dans ces circonstances, les nouvelles contradictoires se succèdent, jusqu'à l'issue fatale assez rapidement prévisible. Une onde d'émotion parcourt l'équipe du cabinet de 1992-1993, que je préviens aussitôt.

Il me revient assez naturellement de préparer le discours que prononcera le président, lequel annonce sans tarder qu'il se rendra aux obsèques après avoir immédiatement réagi par communiqué et affirmé, chose rare, qu'il « perdait un ami ». J'écrirai le projet rapidement, comme si les mots, les anecdotes, les souvenirs, coulaient de source. Il y ajoutera évidemment bien d'autres éléments.

Le 18 février, nous partons dans le Falcon présidentiel pour l'aéroport de Brive, que je connais bien pour le fréquenter régulièrement à destination du Lot. Isabelle, faute de place dans l'appareil où se trouvent notamment le président du Sénat, François REBSAMEN et Harlem DESIR, va faire le trajet aller-retour en voiture dans la journée, avec notre ami Laurent. Cela nous vaudra de nous retrouver à Argentat, dans le cortège funèbre et de nous arrêter le cœur serré devant la mairie où René nous a mariés, 18 ans plus tôt. Les souvenirs publics et privés se mêlent donc inextricablement dans cette journée particulière.

Lors de son hommage, où se pressent plusieurs centaines de personnes dans une ville morte dont chaque commerce a baissé son rideau, le président, qui a comme prévu assez largement remanié mon texte, est manifestement ému, au point de résumer à mon avis un peu trop sèchement le bilan de l'action gouvernementale du défunt. Pour lui aussi, le départ de René c'est une tranche de vie et un peu de sa jeunesse qui s'envolent, tant leurs routes se sont croisées, en Corrèze et au-delà, depuis 30 ans. C'est un beau discours, simple et humain, qui gomme la tristesse des amis et met en relief les valeurs et enseignements que le disparu nous aura si clairement légués.

Je dois dire qu'après les péripéties judiciaires traversées par René et qui l'auront tant affecté dans ses dernières années, entendre du chef de l'Etat insister aussi manifestement sur l'honnêteté de l'homme nous aura tous rassérénés et enlevé un peu du poids qui écrase sa famille, notamment son épouse, Bernadette, dont la dignité impressionne chacun en cet après-midi gris.

6 juin 1944 - 6 juin 2014

Je profite, pour une fois, d'un privilège : assister sans raison majeure autre que mon intérêt personnel pour cette période, aux cérémonies du 70ème anniversaire du débarquement en Normandie. Plus exactement à la séquence prévue sur la plage de Ouistreham (« *Sword* ») l'après-midi, en présence de l'ensemble des chefs d'Etat et de gouvernement conviés, mais aussi d'un grand nombre de vétérans, dont nous savons tous qu'ils ne seront plus là, sauf miracle, dans dix ans.

Sous un soleil de plomb et malgré un inévitable retard sur le programme, le spectacle, car c'en est un, se déroule sans anicroche. L'équipe de l'Elysée, qui occupe un angle de la tribune présidentielle, observe le chef de l'Etat, stoïque dans la chaleur, accueillir un par un ses homologues arrivant dans une procession dont le minutage a dû mobiliser bien des talents logistiques. La massive Bentley d'Elisabeth II et le quasi-char d'assaut du président américain captent évidemment l'attention des curieux. Et la nôtre.

J'ai fait le voyage dans le train spécial affrété pour l'occasion à Saint-Lazare et où se croisent officiels, civils et militaires, avec de nombreux acteurs de l'époque, en particulier des vieux messieurs russes bardés de décorations, au milieu desquelles je distingue le plus souvent une batterie d'ordres de Lénine. Je remarque aussi un des rares survivants du commando Kieffer, béret vert vissé sur le crâne.

En gare de Caen, nous montons dans des bus spéciaux où je me retrouve côte à côte...avec le patron du MEDEF. Nous avons en effet invité tous les partenaires sociaux, après avoir reçu une demande insistante de la CGT, ce qui me vaudra de tous les saluer lors de leur arrivée sur le site.

11

Cette rencontre renforce le caractère quelque peu irréel de cette matinée, qui me parait comme suspendue entre deux orages, au sens propre et figuré d'ailleurs. Nous rentrons en fin d'après-midi à tombeau ouvert dans la voiture de la directrice de cabinet, car il faut être à Paris à temps pour le dîner d'Etat avec la reine d'Angleterre, incontestablement la grande vedette de ces festivités, effet ou non de ses tenues de couleur vive, qui semblent apporter aux Français moroses une touche de fraîcheur apaisante.

Nous aurons en outre le plaisir de constater, pour une fois, que la presse crédite le président non seulement de la bonne tenue de ce 6 juin, mais surtout du bon coup diplomatique qu'il a réalisé, en faisant se rencontrer in-petto ses homologues russe et ukrainien ainsi que le tandem pourtant pas au mieux de ses relations, OBAMA-POUTINE, formule inaugurale du désormais célèbre « format Normandie » dont seront baptisées les rencontres à venir.

En cette soirée radieuse, où flotte sur Paris comme une légèreté retrouvée, nous nous plaisons à croire que le changement météorologique puisse se prolonger sur le terrain politique : mais aucun de nous n'est vraiment dupe de la durée de cette accalmie.

Camp du Struthof

Ce dimanche 26 avril commence pour moi à Strasbourg par une audience avec les syndicats de l'entreprise Lohr, fabricant de wagons, qui s'inquiètent du sort réservé au projet d'autoroute ferroviaire entre le Sud-Ouest et le Nord, dont la réalisation doit lui garantir d'importants carnets de commande. Discussion grave, mais respectueuse : je sais que le projet est très compromis, parce que, notamment, les Landais n'en veulent pas, dénonçant les nuisances liées aux ouvrages d'art à construire pour adapter le gabarit des voies et surtout le ralentissement prévu, aux passages à niveaux, avec des convois beaucoup plus longs. Je ne connais pas suffisamment le dossier pour l'évoquer plus au fond, d'autant que la consigne est de rester discrets, à quelques jours de l'échéance qui a été fixée au 30 avril.

Je profite de ce déplacement pour effectuer la suite du programme, dont le point d'orgue est la visite du Struthof à l'occasion du 70ème anniversaire de sa libération, en cette journée de la déportation.

Comme on me l'avait indiqué, la petite taille relative du site, son emplacement en plein cœur du magnifique paysage vosgien, la bonne conservation des bâtiments, tout fait de ce lieu un endroit assez extraordinaire, vivant dans son écrin pourtant glaçant, majestueux malgré le gris qui domine. La cérémonie est émouvante depuis le chant incroyable d'une fillette tzigane qui saisit l'assistance, jusqu'au discours d'un ancien déporté, soutenu par ses petits-enfants, dont la voix de stentor se brise finalement sous l'émotion. Le Président délivre ensuite un message très tourné vers l'Europe, dont plusieurs hauts responsables se tiennent d'ailleurs à ses côtés, sous le crachin qui nous enveloppe, comme pour mieux éviter toute distraction.

Peu avant, à l'issue du buffet servi à la préfecture du Bas-Rhin et alors que la journée prend du retard pour cause de panne d'avion du secrétaire d'Etat aux anciens combattants, une visite improvisée s'effectue au pas de course dans la nouvelle bibliothèque universitaire de Strasbourg. Dans cette très belle réalisation architecturale, des dizaines d'étudiants studieux travaillent et révisent. Le calme est à l'image de celui qui règne au centre-ville en cette fin de semaine, mais la rumeur prend corps quand le président s'approche et va rapidement enfler, au point de créer une joyeuse cohue. Chacun se lève, abandonne son livre, et cherche une photo, mieux un selfie. En une petite demi-heure, ce sont des dizaines de mains qui auront été serrées, de nombreux clichés pris, de sourires et mots de sympathie échangés, parenthèse joyeuse, spontanée et authentique, dans une journée chargée d'histoire et d'émotions.

Hommage à Michel ROCARD

Durant le même week-end de juillet, la France perd Rocard et Elie Wiesel. Comme d'autres de ma génération et des précédentes, j'ai été successivement captivé, intrigué voire agacé par la « machine Rocard», dont il m'a toujours paru évident qu'à la différence de nombre de ses amis mais surtout de ses adversaires, il resterait pendant longtemps présent dans l'Histoire de la gauche.

Certes, la pluie d'hommages peine à noyer les rancœurs et les vilenies dont s'est repue la lutte au couteau entre les deux gauches : les haines que ce visionnaire exalté du progrès et du dialogue social aura suscitées semblent soudain céder le pas aux souvenirs pieux de la gauche conquérante, au combat des idées, à toute la geste du socialisme autogestionnaire puis au pouvoir. Comme Laurent Berger me l'a demandé, tous les patrons successifs de la CFDT sont présents dans la cour des Invalides pour assister à l'hommage national, durant lequel, conformément aux dernières volontés très précises du défunt, Edmond MAIRE prendra la parole juste avant le chef de l'Etat. Nous sommes des centaines, sous un soleil de plomb qui vaudra aux malheureux soldats au garde-à-vous une série d'évanouissements, à saluer la dépouille de celui qui est déjà entré de plain-pied dans notre histoire contemporaine.

Mémoire et Familles

Samedi 10 décembre 2016, nous enchaînons deux évènements.

Le second est devenu un classique : la remise de la médaille des Familles, désormais répartie entre familles nombreuses et acteurs associatifs de l'enfance. La nouveauté de ce millésime se trouve dans l'ampleur de l'assistance : chacun sait que c'est la dernière cérémonie de ce genre pour François Hollande et se souvient que son prédécesseur avait curieusement interrompu la tradition, de sorte que l'avenir est incertain. Contrairement à une idée répandue,

14

la droite n'est pas systématiquement l'amie de la politique familiale !

Auparavant s'est tenue une émouvante cérémonie au Trocadéro, en mémoire des victimes malades et handicapées de la seconde guerre mondiale. Au terme d'un long processus, marqué par une pétition en faveur de cette reconnaissance et un nouveau rapport du grand historien Jean-Pierre Azema, établi à la demande du président, nous sommes parvenus à construire cet hommage avec force et sobriété.

Tout le mérite en revient à mes collègues Nathalie Destais et Pierre-Yves Bocquet, qui s'impliquent toujours pleinement dans tout ce qu'ils font. L'équipe de Ségolène Neuville et le secrétaire général du comité interministériel du Handicap, avec lesquels la complicité est de mise, ont une nouvelle fois été au rendez-vous. Une de mes satisfactions, à l'heure des bilans, sera d'avoir pu, tant de fois, éprouver l'apport et l'efficacité du collectif, qui a guidé toute ma vie professionnelle ; le plus satisfaisant est que ces petites réussites effacent aisément les phases plus délicates, les rencontres improductives où les interlocuteurs apportent les problèmes avant les solutions. La présence attentive et souriante de ma fille aînée complète ce tableau positif.

1945-2015 : 70 ans de sécurité sociale

Avoir contribué à organiser le 40ème anniversaire de la sécurité sociale en 1985 avait été une grande aventure, avec François Mitterrand en invité vedette. Du reste, à cette époque, je n'ai pas souvenir que l'Elysée ou Matignon aient beaucoup pesé dans les arbitrages sur l'événement lui-même, au-delà des discours. Cette fois, il nous faut manifestement prendre les choses en mains, et, durant plusieurs mois, après avoir œuvré pour que l'ancien directeur de la sécurité sociale, Dominique Libault, soit adoubé comme cheville ouvrière, lui le moine-soldat de la « sécu », nous allons passer beaucoup de temps à concevoir l'événement, notamment son volet destiné aux jeunes, avec un concours très réussi pour les scolaires. Mais c'est le casting international qui nous prendra le plus d'énergie, en raison, malheureusement, de défaillances des services spécialisés du ministère des affaires sociales, que nous constatons avec effarement.

Grâce à l'allant de l'équipe en charge, les choses vont heureusement prendre tournure et très vite, nous choisissons de retenir le palais de la Mutualité comme lieu de l'événement principal. Il y a aussi de petits plaisirs, comme celui de revoir Jean-Pierre AZEMA, grand spécialiste des années 40, auquel va logiquement échoir l'introduction de la journée.

Le discours va se révéler encore plus périlleux que d'habitude, avec un nombre de versions inédit en ce qui me concerne, alors pourtant que les annonces, si recherchées d'habitude, ne manquent pas (dont la protection universelle maladie, ou « PUMA », qui va doter chaque citoyen d'une carte Vitale à vie, ou encore le Compte personnel d'activité...), que les grands principes sont convoqués comme pour toute commémoration importante et qu'enfin, j'ai pu obtenir que soit discuté en amont un plan détaillé, en sorte que nous puissions nous lancer en étant éclairés sur les demandes et orientations du patron.

La malchance s'en mêle, car, alors que nous accusons déjà un retard de vingt minutes sur l'horaire de départ et que le président vient à peine de nous rendre sa nième réécriture manuscrite, l'imprimante du secrétariat particulier fait des facéties. Je l'ignore encore mais, en attrapant fébrilement la liasse de feuilles avant de pénétrer dans la voiture où le Président vient de prendre place, il me manque la page 2 ! Heureusement, un des motards en civil qui nous escorte attrape la bonne version dans la voiture suiveuse, que lui tend l'aide de camp, puis arrive à notre niveau à tombeau ouvert, la transmet par la fenêtre au « siège » situé devant le Président, permettant à celui-ci de me remettre la bonne version. Au final, les feuilles sont mélangées, le convoi s'immobilise quelques instants puis repart. En arrivant à la Mutualité, alors que tous me pressent d'accélérer - tandis que le journaliste des Echos, Etienne Lefebvre, notre animateur tente avec brio de meubler- le Président s'assied tranquillement à son bureau de passage, entouré de Marisol Touraine et Najat Vallaud-Belkacem, pour relire de nouveau son texte.

Après cinq minutes d'attente quelque peu surréalistes, le président fait enfin mouvement. Il remet des prix à une brochette de jeunes qui ont mené des travaux originaux sur le thème du jour, puis prononce un discours dense et bien accueilli par une salle il est vrai très institutionnelle.

De cet anniversaire, que restera-t-il ? Peu de choses dans la presse, quoique plusieurs journaux aient réalisé les jours précédents des articles de fond sur la protection sociale, ce qui n'est pas si fréquent. Encore moins dans l'opinion, car rien de tout cela n'est bien visuel. Mais imagine-t-on n'avoir pas marqué cette journée avec un minimum d'éclat ?

II - GOUVERNER

Le gouvernement gouverne

En mai 2012, notre installation est collective : équipes de l'Elysée, de Matignon, des ministères, tout sent le neuf, l'encaustique, après dix ans de droite.

Mais, outre les inévitables questions de « casting » (certains ministres demandent conseil, d'autre s'en gardent bien ; je sais pour ce qui me concerne que l'on guigne ici ou là, ici et là, mon propre poste...), le grand enjeu est le réglage du moteur de cette singularité française : la dyarchie de l'Exécutif.

Nous sortons d'un quinquennat effervescent, pour tout dire agité. On a parlé d'hyperprésidence, j'y ai plutôt vu un hypo-gouvernement. Quoi qu'il en soit, François Hollande a bien indiqué (« moi, Président de la République... ») que sa pratique des institutions serait respectueuse des principes de la Vème République. Autrement dit, il entend - et nous le rappelle à plusieurs reprises - que le gouvernement gouverne et le premier ministre arbitre, même si, au fil du temps, le curseur de ce discours variera quelque peu, en fonction aussi des réactions au fil de l'eau du premier ministre.

Le ton est donné et si quelques journalistes, par bienveillance ou calcul, font d'emblée mine de me comparer à Raymond Soubie, il est clair que mon rôle sera plus modeste, en tout cas beaucoup moins dans la lumière (« conseiller de l'ombre », comme le titrera peu après Le Monde), ce qui vaudra pour tous mes collègues en charge d'un secteur important.

Le président ne me semble pas porter une importance extrême au groupe qui l'entoure : il a confiance en certains, c'est évident, apprécie leur présence familière, mais il donne le sentiment qu'il sait pouvoir se débrouiller seul. Est-ce une réminiscence de son propre statut du début des années 80, lorsque, jeune chargé de mission, il ne croisait que très rarement François Mitterrand, au point, de son propre aveu, de n'avoir jamais mis les pieds dans son bureau ? A moins qu'il ne s'agisse d'une indifférence complète au milieu ambiant, un collaborateur ou un bureau en valant un autre. Je penche pour cette hypothèse, qui permet seule de comprendre comment le président élu va se lester de personnages pourtant assez suspects, qui ne tarderont pas à exploser en vol en lui nuisant gravement...Il cloisonne, comme d'autres avant lui, mais surtout ne penche pas spontanément pour le travail collectif. C'est pour moi un sujet d'interrogation et parfois de doute, puisque ma conception du travail a toujours reposé sur l'attachement au groupe.

Laisser le gouvernement gouverner, donc. Pour nous, qui partageons tous d'emblée cette exigence de bon sens, une question va cependant rapidement émerger : comment, dans ces conditions, nous assurer comme il le souhaite évidemment avec une égale attention, que « le président préside ? ». En regardant s'opérer les ajustements, parfois les heurts, que ce subtil équilibre va provoquer, submergeant en quelque sorte nos grands principes et la bonne entente - voire l'amitié ancienne- entre les personnes, je suis assez rapidement ramené vers une de mes convictions personnelles : le « tandem » président-premier ministre n'a plus vraiment de sens, dans le cadre du quinquennat, hors bien sûr période de cohabitation. Le président le reconnaîtra d'ailleurs lui-même dans ses échanges avec les journalistes Davet et Lhomme, qui feront tant de bruit fin 2016.

En effet, quand le chef de gouvernement est très proche du chef de l'Etat (ce sera le cas de Jean-Marc Ayrault et, dans un style différent, de Manuel Valls) il lui est très difficile de prendre ses marques, surtout dans un système médiatique plus que jamais concentré sur les faits et gestes de l'Elysée ; pour peu qu'il s'en éloigne, c'est alors la crise politique inévitable. Sans même parler des affres de la cohabitation.

Pourtant, comme la situation de la France ne rend pas probable avant bien des années une réforme constitutionnelle tirant parti de cette réalité, il va falloir nous en accommoder et, petit à petit, accréditer l'idée que le changement de leadership voulu par le chef de l'Etat ne signifie en rien une absence de volonté ou un déplacement brutal des centres de décision.

De ce point de vue, la guerre au Mali, bien que naturellement circonscrite à un domaine réservé que nul ne conteste au Chef des armées, aura sans aucun doute contribué à remettre en perspective cette organisation ; la voix de la présidence est devenue clairement plus audible –ce sera plus flagrant encore après les attentats de janvier 2015-sans qu'il soit besoin de rappeler ce truisme parfois oublié par quelques-uns, notamment au parlement : un homme et un seul a été élu par les Français le 6 mai 2012.

Le travail Elysée-Matignon

Nous passons beaucoup de temps à nous coordonner. Chaque jeudi matin, les équipes sociales se retrouvent à Matignon, pour un point santé, suivi d'un autre sur les problèmes financiers de la sécurité sociale. Toutes les deux semaines, la même opération se répète, d'une part sur les sujets purement sociaux (exclusion, handicap, personnes âgées...), d'autre part sur les questions de travail et d'emploi. S'y ajoutent une réunion sur la fonction publique tous les quinze jours et des contacts réguliers avec les équipes des secrétaires d'Etat : sous le dernier gouvernement Valls, j'en serai à 4 ministres (Travail, Affaires sociales, Famille, Fonction publique) et autant de secrétaires d'Etat (Handicap, Personnes âgées, Formation, Economie sociale). Cet équilibre un peu étrange est né du besoin de régulation plus important dans la sphère de la santé, alors que l'on aurait pu attendre que ce soit le cas des dossiers de Michel Sapin, singulièrement lourds dans le contexte économique et social du moment. Je réunis pour ma part en bilatéral les directeurs des cabinets concernés, sans esprit de doublon, mais dans la mesure où cela permet d'aller plus au fond des choses.

Cette harmonie entre les deux équipes tient bien sûr aux personnes : mes trois homologues successifs de Matignon, Christophe Devys, Gilles Gateau, Aurélien Rousseau, aussi différents que possible – le premier, discret, fin juriste, connait surtout la protection sociale ; le deuxième jovial, est un homme de l'emploi ; le troisième, doté d'un humour ravageur, est un généraliste surdoué qui va se former sur le tas – sont de très grande qualité, et l'amitié, ancienne ou plus récente, fera le reste.

D'autres « pôles » fonctionnent ainsi, ce qui est plutôt satisfaisant. De fait, les réunions informelles de ce type sont bien plus productives que les interministérielles officielles, dont le rôle est plutôt notarial, dans la mesure où elles formalisent des décisions déjà prises, même celles présidées par le premier ministre lui-même.

Il arrive fréquemment que, sur un dossier, ou une préparation d'événement (déplacement, discours, interview) concernant le président, nous convoquions une réunion à l'Elysée. Leur statut n'est jamais évident d'emblée, car nous ne pouvons tomber dans le « micro-management » et en même temps il ne peut être question que des sujets devenus présidentiels par « destination » soient traités en dehors de nous.

Les résultats sont en réalité assez personnes-dépendants : par exemple, toutes les rencontres au Palais avec les équipes chargées de la Culture, autour de conflits sociaux comme ceux des intermittents du spectacle, de la distribution de la presse ou de la convention collective du cinéma, auront été de vrais moments de dialogue, d'analyse en commun et de décisions partagées.

Pour le reste, je retrouve les vicissitudes rencontrées dans le passé. La rétention d'information, qui reste pour certains un facteur de pouvoir, bien dérisoire à mes yeux, le cloisonnement presque sociologique des filières, notamment entre les financiers et les sociaux, cette plaie épargnant heureusement la Présidence grâce à la grande complicité qui y règne entre les deux sphères.

De ces dysfonctionnements, certains tout naturellement s'étonnent, d'autres se plaignent. Avec la sagesse des vieilles troupes, les anciens (notamment le regretté David Kessler, notre premier Monsieur Culture ou Marc Vizy, qui connaît tout de l'outre-mer) font, comme moi, avec. Je me remémore parfois cette phrase entendue un jour de la bouche de Pierre Bérégovoy : « il faut bien que tout le monde vive... ».

Le casse-tête de l'agenda

Toute l'activité tourne autour de l'emploi du temps présidentiel : c'est d'une grande logique et cela dure probablement depuis les débuts de la Vème République. Ce que fait le chef de l'Etat, qui il reçoit, où il se rend, tant en France qu'à l'étranger, scande naturellement la vie de l'Elysée. Or, avec François Hollande, le temps ne se dilate jamais, car il n'arrête pas un instant, nous surprenant par sa résistance physique et une capacité unique à passer d'un sujet et d'un interlocuteur à un autre, où que ce soit. Le temps des promenades sur les bords de Seine et chez les bouquinistes est bien révolu : à certains moments, il m'arrivera de penser que c'est plutôt dommage.

Les batailles internes sur le sujet sont aussi une tradition. Connaître l'agenda, c'est pouvoir peser sur des choix que l'on sait cruciaux, ne pas y accéder c'est rester réduit à un état de relative passivité. De même, on oscille en permanence, dans ces affaires, entre l'essentiel et l'accessoire, car il est bien difficile de démêler les choix de fond (« y aller ou pas » ...), des aspects matériels et logistiques (la question du « quand » étant la plus redoutable).

Il se trouve que François Hollande, dans ces matières aussi et peut-être surtout, n'aime pas se sentir contraint. Ce qu'il pouvait accepter durant la course folle de la campagne, où il n'était pas question de trancher mais de suivre le rythme échevelé des meetings et interviews, il n'entend plus se le faire imposer. Il fera ce qu'il veut, et à son idée, d'autant que les figures imposées ne manquent pas, cérémonies officielles, sommets européens et autres voyages d'Etat en tête. Et cela pourra aussi bien se traduire par des refus d'obstacle que la volonté de faire, (de fer ?) contre l'avis de son cabinet. Sa tendance naturelle est plutôt de répondre favorablement aux sollicitations, quel que soit le niveau d'encombrement de son emploi du temps, de changer souvent d'avis sur le principe, sur le moment, sur le format. Notre devoir premier, c'est de nous adapter.

Sur ce dernier registre, j'ai en tête une improbable manifestation intitulée « la France des solutions », en octobre 2013, dans l'enceinte du Palais d'Iéna. Après de multiples réunions qui nous laissent tous perplexes (directrice de cabinet, chef de cabinet, équipe communication au diapason), le Président confirmera son souhait de s'y rendre en dépit de nos communes réticences. Finalement l'événement, certes sans grand intérêt politique, se déroulera plutôt bien, même si le temps qu'il nous aura fallu pour le préparer n'aura au final que peu à voir avec la trace très éphémère de cette présence présidentielle.

Arbitrer

Dans les allées du pouvoir, disposer de l'information est un levier essentiel, ce qui conduit souvent à déployer des trésors d'imagination pour y parvenir et plus encore pour faire ensuite acte de rétention : pourquoi partager ce que l'on a eu tant de mal à capter...

Mais le sport de compétition ultime, c'est l'arbitrage. Ou plus exactement la recherche de l'influence. Dans une réunion, en général haut placée, il faut naviguer entre les deux rives, celle de la parole inutile et celle de l'incompétence. Se taire, ou plus encore admettre que l'on ne sait pas est une terrible ascèse. A la question

« qu'en penses-tu ? », répondre « pas grand-chose » ou, mieux, « il faut que je réfléchisse », semble le plus souvent hors d'atteinte.

Certes, ce n'est pas l'apanage de l'appareil d'Etat que de susciter de tels comportements, dont toute grande organisation, entreprise incluse, est coutumière : le rapport au pouvoir crée nécessairement des tensions, des rivalités, des soifs de paraître. Le problème survient quand le résultat de toute cette alchimie dépasse la simple anecdote et peut retentir sur la décision finale. Entre les avis non autorisés qui s'expriment en général bruyamment et les avis plus autorisés qui craignent d'intervenir, à supposer qu'on les y ait conviés, les chausse-trappes ne manquent pas pour le décideur final.

Au vrai, l'Elysée de François Hollande m'a paru dans l'ensemble assez épargnée de ce travers, sans en être tout à fait immunisée. Dans un tel contexte, seul vaut le degré de confiance accordée aux collaborateurs et la capacité à élargir la gamme des avis recueillis même en dehors d'eux.

Juste milieu

La « position de l'Elysée » n'est jamais une posture simple à adopter pour le conseiller concerné. Il est ainsi délicat pour lui de se prévaloir, sauf dans des cas précis, d'un avis, plus encore d'une conviction de son patron, notamment dans une réunion interministérielle.

Car, dès lors qu'elle se trouve exprimée, cette sentence « jupitérienne » doit en toute logique clore le débat, sauf à ce que l'autorité suprême se trouve contestée. Si elle ne l'est pas, au contraire, les acteurs du système peuvent se demander ce que pense l'Elysée, certains pouvant estimer de bonne foi que « qui ne dit mot consent », voire que le silence gardé vaut manque d'intérêt pour le sujet.

Intervient ici, comme souvent l'équation personnelle : le conseiller expérimenté du Président se heurtera moins, en général, à ce type de dilemme que ses cadets, à ceci près qu'avoir du poids dans le système peut aussi engendrer davantage de crispations, y compris chez certains ministres jaloux de leurs prérogatives. Bref, dans tous les cas, le « *fine tuning* » est la règle.

Une autre dimension de ce jeu subtil est la gestion des arbitrages. Un peu à l'image des paires de chaussettes qui se trouvent mystérieusement dépareillées au sein de chaque ménage, les décisions gouvernementales finissent souvent par errer dans des circuits inadaptés. Il peut ainsi arriver, soit à des sujets minuscules, de portée parfois individuelle, de mobiliser tout l'appareil d'Etat, qui plus est dans la durée, soit au contraire que des dossiers importants cheminent « sous le radar », sans que l'on puisse savoir qui a décidé de quoi précisément.

De façon générale, une régulation finit par intervenir pour éviter le pire, mais pas toujours : combien de fois depuis 2012 aurai-je découvert un amendement à un projet de loi dont je m'occupe pourtant, ou un texte réglementaire venu de nulle part, à mes yeux ? Il faut faire bien sûr la part de la tactique, qui peut assez souvent conduire à se passer de l'avis de la Présidence, souvent perçue comme l'empêcheuse de tourner en rond, mais il peut s'agir d'une simple négligence, y compris au sein du Secrétariat général du gouvernement, le fameux SGG, dont la haute expertise juridique le conduit parfois à ignorer le rôle des cabinets ou du moins assurer un service minimum à cet égard. Au demeurant, les services experts du droit sont souvent au sein de l'Etat, enclins à énumérer les raisons de ne pas faire, plutôt qu'à rechercher activement les moyens adéquats d'avancer dans le sens voulu par le décideur politique.

A la réflexion, les dix ans de cohabitation ont aussi fait leur œuvre dans cette évolution que je ressens, par rapport à mon expérience passée. Les collaborateurs du gouvernement sont toujours brillants, plutôt jeunes mais surtout inexpérimentés des affaires de l'Etat à ce niveau, le plus souvent ignorants de la scène politique et de ses acteurs et surtout de ses pièges. Ou alors, leur connaissance de l'écosystème, notamment socialiste, se déploie parfois au détriment d'un fond qu'ils ne maîtrisent pas. Peu nombreux sont les titulaires de cette double compétence, de sorte que nos processus sont souvent excessivement technocratiques ou, au contraire, insuffisamment documentés. Car, au final, celui qui tranche est toujours seul. Surtout si la décision est de haute portée.

Bilan et héritage de la droite

On se souvient de la commission du bilan, voulue par le vainqueur de mai 1981. En 2012, on se contentera étrangement d'une note de la Cour des comptes pour tout viatique sur la situation du pays.

Je comprends évidemment le souci d'être *fair-play*, même à l'égard d'un adversaire vaincu qui ne le fut en rien. Et plus encore l'idée de tourner la page sans inquiéter à l'excès l'opinion, en évitant de prendre la France à témoin du désastre des finances publiques, advenu depuis 2007 (600 milliards de dette publique supplémentaire !), sans compter bien sûr la déréliction de notre outil industriel et le moral en capilotade des services publics, à commencer par l'Ecole. Et a fortiori la volonté de ne pas assombrir par trop un moral national déjà chancelant.

Mais ce pari sur l'honneur va coûter bien cher dans les mois qui vont suivre l'alternance, car, qui les en blâmerait, les Français n'ont désormais plus cure des responsabilités de la droite, ils espèrent beaucoup de la gauche. Ces attentes exprimées aux termes d'une campagne pourtant chiche en promesses, elles seront encore trop fortes sans doute, si l'on veut bien considérer la réalité. Or, à défaut de l'avoir qualifié, au risque certes du syndrome churchillien « du sang et des larmes », nous allons devoir très rapidement endosser l'héritage et son cortège de désillusions.

Que faire ?

La tâche est immense. Je remets la main sur une note écrite à la rentrée 2011, pendant la campagne des primaires socialistes, qui me semble toujours d'actualité et que je retrouverai en fin de mandat avec le sentiment de n'avoir pas visé trop à côté de la plaque :

« Je veux une société de confiance »

1/ les Français, se défient à juste titre du pouvoir en place :
- *promesses non tenues : chômage, accès au logement, équité fiscale*
- *difficultés à vivre : profil des salaires, hausse des prélèvements et des tarifs publics*
- *crainte dans l'avenir, aggravée par les reculs du gouvernement : quel avenir pour les jeunes, les retraités, les personnes âgées ?*
- *perte des repères : remise en cause du pacte social, du « modèle » français d'intégration, des grands services publics, de la démocratie locale et de la démocratie sociale*

2/ Mais ils se méfient aussi des illusions :
- *la société est ouverte et le restera : ils ne croient pas aux solutions de repli*
- *la décroissance n'est ni souhaitable ni envisageable, mais nous devons être prêts pour une croissance sobre et équitable, ce que les Français ont bien compris*
- *les finances publiques sont dans un état désastreux, aggravé par celui des finances sociales : les Français le savent et ont compris que l'on ne pourra ni tout faire, ni s'épargner des efforts*
- *L'Europe peine à se gouverner, l'euro souffre, mais les Français ne plaident pas pour en sortir*

3/ Je propose de restaurer une société de confiance :

- *confiance dans la possibilité d'un avenir pour tous : c'est tout le sens de la priorité absolue accordée au sort des jeunes : école, formation, emploi, logement*
- *confiance dans les droits fondamentaux des personnes et des individus : libertés publiques, réforme de la justice, « retrouver le goût du travail » (notamment en réduisant la pénibilité), réassurer la protection sociale, promouvoir une fiscalité plus juste, moderniser les administrations pour simplifier vraiment les démarches*
- *confiance dans la vie collective : affirmer clairement le rôle premier des acteurs et des partenaires sociaux, mais aussi des territoires, avec une nouvelle décentralisation*
- *confiance dans un destin national : proposer un projet mobilisateur pour la France et lui rendre la fierté de ses réussites, culturelles, scientifiques, économiques (rôle des entreprises)*
- *Confiance dans nos capacités internationales : refonder le couple franco-allemand pour l'Europe, redonner à la France dans le monde une place enfin digne de son histoire*

Vaste programme...

Les bains de foule

Même si l'aimantation a sans doute un peu diminué depuis l'arrivée à l'Elysée, le contact est toujours chaleureux, recherché, jamais fui ou esquivé. Les officiels qui attendent le président en sont tous frappés.

Moins de sécurité autour de lui, plus de quartiers ou de zones en état de siège comme pendant les déplacements de Sarkozy. Mais toujours du public que le président va saluer, une rangée, et puis l'autre, en arrêtant le cortège si nécessaire pour serrer encore des mains, faire des bises, se laisser prendre en photo sur une multitude de portables. Et cela vaut pour les badauds, touristes français et étrangers, ou scolaires qui stationnent régulièrement

28

devant le Palais : on les voit, on les salue, on discute un peu, qu'il pleuve ou fasse soleil.

A Tulle, en Corrèze, chacun des déplacements sera l'occasion de le vérifier, même au plus fort de certaines crises : cet homme a le sens du contact chevillé au corps. Il nous arrivera même de froisser un peu de tôle lors d'un arrêt trop brusque en centre-ville, pour une ultime accolade, une « petite dernière pour la route » en somme.

Ainsi à Evry chez Supratech, dirigée par mon ami Jean-Marie Jestin où je propose au président de se rendre dès la mi-juin 2012 pour visiter cette PME de l'Essonne déjà très impliquée dans le tutorat des jeunes par les anciens, anticipant en quelque sorte le contrat de génération. C'est d'ailleurs la première sortie du nouvel élu dans une entreprise. Au-delà du plaisir d'échanger avec une équipe de terrain motivée et qui ne dissimule pas sa joie face à l'honneur qui lui est ainsi fait, c'est la simplicité bonhomme de cette visite qui me frappe. Chacun prend la pose avec François Hollande, les poignées de main succèdent aux bises (dont celles de quelques dames récidivistes et qui ne s'en cachent pas).

Plus tard, quand l'euphorie de la campagne aura décliné et que des délégations syndicales se feront plus nombreuses sur les sites visités, l'ambiance, finalement, ne sera pas très différente : contact direct, aucune tentative de contourner « l'obstacle », pas de périmètre de sécurité quelques mois après qu'ait pris fin la détestable habitude des visites « Potemkine », où le public était sélectionné et le reste de la population tenu à bonne distance, seuls les militants UMP étant conviés à faire la claque.

Nous allons l'éprouver les 11 et 12 mars 2013, dates retenues pour le premier déplacement organisé en province sur deux jours, avec nuit sur place. Un programme dense de visites menées au pas de charge, mais surtout de multiples contacts avec les habitants, notamment lors d'une « déambulation » dans le quartier populaire des Grésilles, à Dijon, où l'on se presse autour du président, pour un salut, ou mieux une photo. Il se prête de bonne grâce à ce sympathique rituel, tout comme il sait trouver les mots justes devant chacune des autres jeunes femmes dont il va parrainer, à la Maison de l'Emploi, l'entrée dans le dispositif des emplois d'avenir. Et, si les militants socialistes sont souvent là pour l'acclamer, nous ne traversons pas des foules artificielles : ce sont bien les Français qui, souvent nombreux, viennent à la rencontre de François Hollande, en général souriants, parfois irrités, jamais agressifs.

Mais voilà, dès le début de la visite, trois ou quatre quidams isolés ayant donné de la voix ont entraîné une réaction ferme de la police locale, qui les extirpe du convoi : ce sont ces seules images fugitives qui feront la une des journaux du soir, annihilant l'essentiel des effets positifs de cette initiative de terrain. Manifestement, la peur de l'incident, qui obsédait tous les responsables de la sécurité lors du précédent septennat, s'est encore immiscée parmi les nouvelles règles : la simplicité a décidément du mal à prendre corps, s'agissant, il est vrai, de protéger le chef de l'Etat dans une période de tension avérée.

Pour le reste, où que nous soyons (de Bordeaux à Chelles, d'Orléans à Avignon, de Rennes à Marseille, de Quimper à Dunkerque, de Lorient à la Rochelle, en ce qui me concerne, au cours de ces premiers mois), quand le préfet, un élu, un policier non averti s'émeut, plaide le retard, on le rassure maintenant d'un air entendu : c'est le président qui dicte le tempo et personne d'autre, nul besoin de s'inquiéter.

Le dernier dimanche avant Noël 2014, le citoyen Hollande ira ainsi acheter ses cadeaux à la FNAC de la Rue de Rennes, flanqué d'un seul garde du corps, une prise de risque potentiellement très élevée qui se révèlera une opération réussie, au terme d'une longue séquence d'autographes et de « selfies ». Comment trouve-t-il cette énergie pour aller vers chacun, inlassablement, comme mû par une force mystérieuse qui gommerait la fatigue accumulée ?

Accueillir le président

A la longue, les déplacements officiels se ressemblent, dans leur rythme : préparation, puis voyage en avion via la base aérienne de Villacoublay le plus souvent, salut du préfet et des élus au pied de la passerelle, cortèges, accueil républicain sur le site, visite de présentation, discours, point de presse impromptu...

Le jour J, le ballet des voitures et des motos dans la cour de l'Elysée, le savant placement dans le carré du Falcon, en fonction des personnalités présentes, la distribution des rôles de chacun (sécurité, presse, aide de camp, médecin, maquilleuse...), tout cela crée à la longue une habitude, plutôt sympathique d'ailleurs car elle secrète aussi beaucoup de cohésion, de réflexes, chacun ayant aussi la possibilité d'apprendre de son voisin. Un grand équipage en somme, où chaque poste compte.

Les variantes sont plutôt locales. Pour tout dire, on perçoit rapidement les préfets et leurs équipes aptes à éviter un double piège dans ce genre de contexte : l'excès de zèle, qui se traduit le plus souvent pas un déferlement de forces de police et donc de tensions (nous en aurons donc eu l'illustration à Dijon au printemps 2013) ; au contraire, un certain dilettantisme, qui s'alimente probablement à la bénévolence bien établie du Président, d'autant plus qu'elle contraste avec les exigences de la période précédente : nous en serons victimes à la Roche-sur-Yon en août 2013, avec un petit monôme de la « Manif pour tous », qui réussira à se faire entendre au-delà de toute raison.

Tout en faisant la part des choses, puisqu'un voyage présidentiel, surtout en province, est toujours un évènement et dès lors une source de stress assez générale, tout cela en dit long sur les hommes. Ce sera plus manifeste encore avec l'instauration de l'état d'urgence. C'est d'ailleurs assez rassurant que les procédures les mieux rodées ne soient, en définitive, que ce que le talent des responsables saura en faire.

Pour le reste, nous savons qu'à mesure du temps qui passe, le quinquennat se déroule comme s'écoule, inexorable, le sablier : avant que la croissance et l'emploi ne redémarrent vraiment, l'accueil local se fera plus exigeant, plus rude même, en fonction de l'actualité sociale, notamment dans les zones touchées par des fermetures d'entreprises ou des réductions d'effectifs : à la rentrée 2013, nous le constaterons notamment à Cherbourg, Roanne, Saint-Etienne ou Chambéry.

Municipales : veillée d'armes et remaniement

Le premier tour des élections municipales se déroule le 23 mars 2014. Le 22 à midi, dans le bureau du chef de l'Etat, je ne le trouve pas pessimiste mais fort circonspect. De fait, les résultats sont très mauvais, la droite mais surtout le FN progressant fortement dans tout le pays, au point que nous vivons une réplique des élections de 1983, qui avaient sonné comme le premier grand désaveu de François Mitterrand.

Depuis plusieurs semaines déjà, les rumeurs de remaniement allaient bon train, après s'être calmées à l'automne précédent, au point que nos collègues de Matignon affichaient une certaine sérénité. Là, le jeu apparait plus ouvert que jamais et l'entre-deux tours, comme toujours en pareilles circonstances, ne va cesser de donner lieu aux rumeurs les plus diverses.

Le Président consulte beaucoup, mais reste mystérieux quoique souriant et disert sur toutes sortes de sujets, quand nous le croisons ces jours-là. Sa semaine est fortement entrecoupée par la visite du nouveau président chinois, marquée par une polémique stupide, après que la ministre du commerce extérieur, Nicole Bricq, ait trouvé le moyen, surprise par un micro, de qualifier le dîner d'Etat de « dégueulasse » : pour y avoir assisté, cet événement prestigieux ne méritait vraiment pas une telle appréciation, au demeurant parfaitement déplacée.

En cette veille de second tour, où la gauche n'ambitionne que de sauver les meubles (Paris, Lyon, et plus difficilement Toulouse et Strasbourg), toute la classe politique a intégré que les lignes vont bouger, que le cap politique, et notamment le pacte de responsabilité, vont être confirmés, mais pour le reste ne sait en rien ce qui va advenir.

Le gouvernement Valls

Le second tour a été cataclysmique, amplifiant les effets du premier : la gauche perd 155 communes de plus de 9000 habitants. Ce n'est donc pas seulement la réplique de 1983, mais bien 1977 à l'envers.

Certes, le PS conserve Paris (certains parmi nous ont même craint le pire, dans le climat du moment), mais aussi Strasbourg et arrache Avignon. Pour le reste, la France a viré au bleu. En cette année du centenaire de la Grande Guerre, on se prend à penser à la Chambre bleu horizon de 1919.

Je me suis rendu à l'Elysée vers 19 heures pour ne pas rester à l'écart de ce moment charnière. Nous faisons la navette entre le bureau présidentiel et celui du secrétaire général, séparés par le « salon vert », où sont installés téléviseurs et terminaux reliés au ministère de l'Intérieur, permettant de suivre en direct tous les résultats.

L'ambiance est lourde. Pour la première fois, je sens François Hollande sonné par la salve des mauvaises nouvelles, dont certaines l'atteignent sans doute plus encore que les autres : l'ami Poignant est éjecté de Quimper, Brive et Limoges sont perdues, comme toute la Corrèze, où seule la réélection de Bernard Combes à Tulle dès le premier tour a permis de sauver l'honneur du fief. Le président appelle les uns et les autres, plutôt pour compatir que pour féliciter, tant les lauriers sont rares.

En quittant le palais vers minuit, j'ai la conviction que Jean-Marc Ayrault va partir mais que le président, qui en est le premier conscient, va avoir grande peine à s'y résoudre. De fait, le lendemain, les conciliabules vont bon train et ce n'est qu'à 17h30 que la télévision (BFM) diffuse la nouvelle du changement de premier ministre.

Quelques instants plus tard, je vois arriver le jeune Emmanuel Grégoire, chef de cabinet à Matignon, fils d'un de mes vieux amis trop tôt disparus, qui est discrètement venu porter la lettre de démission de son patron. Nous devisons à trois dans le bureau de Pierre-René Lemas, puis ce dernier va porter le pli cacheté à son destinataire, qui la reçoit non sans émotion. Les dés sont jetés.

La suite va aller relativement vite. Le gouvernement sera annoncé le mercredi matin, après des tractations somme toute assez classiques dans ce genre de moment. Nous comprenons, en grande partie grâce à la presse, que le « casting » butte assez longuement sur le choix du ministre de l'intérieur, qui échoit à un fidèle du chef de l'Etat bien accepté par Manuel Valls. Dès lors Michel Sapin est promis à Bercy, dont il ne voulait pas, préférant se consacrer au Travail.

Pierre-René Lemas dispose enfin de la liste, dont il va donner lecture sur le perron trente minutes plus tard : il n'a manifestement guère pesé sur les choix qu'il découvre pour l'essentiel avec les quelques-uns qui l'entourent, dont je suis. La sphère sociale reste partagée, entre Marisol Touraine aux affaires sociales (dont bizarrement le titre élude dans un premier stade le thème clé de la Santé, ce qui va faire réagir avant que n'intervienne une correction) et François Rebsamen, nouveau venu qui remplace Sapin.

Mieux encore, les équipes se mettent en place dans la continuité. L'excellent Gilles Gateau devient le numéro 2 du cabinet Valls, et conserve le social, son ancien adjoint montant d'un cran et prenant donc la direction du cabinet Rebsamen. J'ai pesé en ce sens, et le message passé est bien accueilli, notamment par la CFDT, dont le patron m'avait immédiatement fait part de sa grande inquiétude à l'annonce d'un remaniement. Plus que jamais en effet, le choix des individus est décisif, tant le dialogue social va aborder, rapidement qui plus est avec le Pacte de responsabilité, des échéances lourdes et décisives.

De ce point de vue, la première « grand-messe », c'est à dire le rituel de la réception des huit organisations représentatives à Matignon, se déroule sans encombre (malgré des compte-rendu de presse mitigés) le 11 avril. Assis à ma place habituelle en bout de table, je constate d'abord que le « tour d'images » comporte deux fois plus de caméras et appareils photos que précédemment. Et puis d'évidence, comme il l'a réussi à l'Assemblée lors de son discours de politique générale, le nouveau locataire des lieux fait preuve, en petit comité cette fois, d'une présence étonnante, doublée d'une fort bonne connaissance de ses dossiers. Lors de la pause déjeuner, en présence des ministres Rebsamen, Montebourg et Lebranchu, la discussion est dense, appliquée mais souriante. Et c'est avec chaleur que Manuel VALLS m'a salué, alors que, pour nous connaître de longue date, en Essonne et ailleurs, nous ne sommes pas vraiment intimes.

La nouvelle équipe est bien accueillie, avec une réduction à 16 du nombre de ministres et le retour de Ségolène Royal. Très rapidement, même si aucun état de grâce n'est perceptible, l'actualité créée par ce changement gomme les résultats des municipales, en tout cas les commentaires : les médias sont tous passés à autre chose.

Le samedi 5 avril, une première réunion restreinte se sera déroulée, de 11h à 15 heures avec plateaux-repas, pour passer en revue les grands sujets économiques et sociaux, autour du couple exécutif et des quatre ministres en charge du pacte. Le sentiment qui se dégage de cette séance est celui d'une grande énergie collective.

Manifestement, le nouveau chef du gouvernement, dont ces questions et notamment le Pacte de responsabilité ne relèvent guère de ses dossiers habituels, comprend vite, saisit les enjeux politiques, les expose clairement, tout en imprimant d'emblée sa marque et en déployant, sans trop en faire, son indéniable présence. Sa voix grave, au timbre presqu'artificiel, enveloppe des phrases brèves et aiguisées d'un tranchant supplémentaire.

Le président l'observe manifestement, dans une ambiance rendue joyeuse par les facéties du fringuant duo de Bercy, Sapin-Montebourg, qui se présentent drôlement eux-mêmes comme les nouveaux « Chouchou et Loulou », Montebourg s'empressant de préciser que Chouchou, c'est Sapin, évidemment. A quoi le président réplique dans un éclat de rire, en détournant une fameuse saillie à son endroit de Martine Aubry durant la primaire socialiste de 2011, « quand c'est Loulou, il y a un flou-flou ».

Pour le reste, les arbitrages qui avaient été pris antérieurement sont pour l'essentiel confirmés, sauf en matière de coût du travail, où l'on se réoriente vers un allègement de charge plutôt qu'une hausse du CICE, évolution que le patron semble avoir validée ex ante, alors que nous nous étions plutôt quittés la fois dernière sur le schéma inverse. Il est vrai que c'est l'idée de Michel Sapin, auquel le dispositif semble assez naturellement se raccrocher. Va pour cette formule, qui me convient tout autant sinon mieux, mon souci étant à cette heure que les décisions soient enfin tranchées et que le discours de politique générale du premier ministre, prévu le 8 avril, soit l'occasion de les annoncer : en quelque sorte, d'appuyer sur le bouton.

Véronique Bedague, que je retrouve après de longues années de collaboration à Paris, dirige le cabinet de Manuel Valls. Elle est manifestement impressionnée par les lieux et la poignée de main présidentielle : « je ne vous connais pas mais j'ai déjà beaucoup entendu parler de vous ». Nous sommes assis côte-à-côte dans le salon vert, échangeant des petits mots presque complices, notamment une petite vacherie sur Marylise Lebranchu, dont ma voisine me demande s'il est normal qu'elle ne comprenne rien à ses propos, à quoi de lui réponds qu'elle va devoir s'y faire...

Je dois sans doute recréer avec elle un climat de confiance, car si notre « tandem » parisien (elle aux finances, moi aux ressources humaines) avait bien fonctionné, si je l'avais très fortement aidée lors de son accession méritée en 2008 au poste de secrétaire générale, qui était pour elle un saut dans l'inconnu, la suite avait été plus complexe. Sans doute prenais-je trop de place dans un dispositif où les ambitions managériales de la nouvelle venue me semblaient un peu trop « technocratiques » à l'égard d'un corps social de 50 000 agents, dont la modernisation, pour être réussie, ne pouvait se faire à grands coups de barre et de concepts brumeux.

J'étais donc parti fin 2009, sans amertume et au demeurant soulagé après sept ans de « vie parisienne » intense : c'est plutôt la suite que je n'appréciai pas, quand tour à tour, les membres de mon équipe rapprochée furent soit remerciés, soit déplacés, de manière injuste sur le fond et globalement inélégante sur la forme.

Retrouver cinq ans plus tard, par un de ces hasards que nous réserve le pouvoir, l'ancien directeur de cabinet du Maire de Paris comme numéro 2 bis à l'Elysée et sa comparse comme numéro 1 à Matignon m'inspira, sur le coup, des sentiments mitigés, tant il est vrai que l'on peine à se départir de l'image qu'ont forgée des années de travail en commun, où ont pu apparaître tout autant les qualités et l'intelligence des personnes, que leurs petits côtés, si sensibles au soleil de l'exercice du pouvoir.

En tout cas, Véronique Bedague est bien accordée à l'image rajeunie et presque pétaradante de cette nouvelle équipe et c'est au fond l'essentiel : quelles qu'aient été les outrances dans les jugements portés sur Jean-Marc Ayrault, homme de devoir et de fidélité et son remarquable directeur de cabinet Christophe Chantepy, il est vrai que sur la durée son image s'était brouillée et que sa parole ne portait plus. Avec Manuel Valls, nul ne sait si les résultats seront au rendez-vous, si le quinquennat trouvera vraiment un nouveau souffle, mais tout se passe comme si chacun était persuadé que ce choix est le bon, bref que si l'on n'y arrive pas avec une telle boule d'énergie, personne d'autre n'y parviendra.

Je reverrai un mois plus tard le premier ministre déchu, dans la Cour de l'Hôtel de Lessay, qui m'aperçoit alors qu'il va s'engouffrer dans sa berline immatriculée 44. Le chauffeur vient d'y déposer un costume manifestement sorti du pressing. Tout en échangeant des mots aimables avec Jean-Marc Ayrault, comme toujours affable et attentionné (« alors, ça va ? »), je mesure à ces petits détails logistiques l'incroyable volatilité des positions : lui que la chancelière Merkel, de passage à Paris, vient pourtant de décorer avec élégance, que pèse-t-il désormais et qui peut bien encore se soucier de ses avis sur la marche des choses ? On est encore loin de son retour au Quai d'Orsay.

Remaniement

Jeudi 11 février, les jeux sont faits, rien ne va plus. Annoncé depuis des semaines, suspendu au débat sans fin sur la réforme constitutionnelle et son volet relatif à la déchéance de la nationalité, le grand jour du remaniement est advenu.

La veille, à l'occasion d'une nouvelle réunion ministérielle sur le projet de loi El Khomri, nous avons pu mesurer l'état de tension du moment quand le premier ministre a remis sèchement Michel SAPIN à sa place, face à un président médusé, qui venait de demander son avis autorisé à son ministre des Finances : « tu n'es plus ministre du Travail ! … ». La phrase a retenti comme un claquement de fouet dans l'atmosphère feutrée du Salon vert.

Comme toujours les supputations vont bon train, alimentées par la presse politique qui adore ce genre d'épisodes où les dagues sortent des fourreaux, tandis que les confidences de ceux qui parlent mais ne savent rien, font pièce au silence des rares personnes qui en savent un peu mais ne disent mot. Pour ma part, je n'ai aucun pronostic, même en aparté, simplement quelques intuitions : le nouveau directeur de cabinet au Quai d'Orsay était le conseiller diplomatique de Jean-Marc Ayrault, ce qui ne peut être un complet hasard ; je ne crois pas un instant au départ de Manuel Valls, dans ce moment politique ; je ne pense pas davantage que l'équipe sociale va beaucoup bouger, la ministre du Travail car elle vient d'arriver, la ministre de la santé car on ne saurait ni la promouvoir, ni la congédier. Ma seule certitude est qu'il y aura, nécessairement, quelques surprises.

La principale viendra du remplacement sans préavis de mon amie Fleur Pellerin, par ma talentueuse collègue Audrey Azoulay, rue de Valois. Le monde de la culture ne fait pas de cadeau et il est vrai que Fleur, outre quelques bévues médiatiques, a paru « imprimer » difficilement sa ligne et son action elle qui avait, au début du quinquennat, réalisé un remarquable parcours dans l'économie numérique. Dans un monde où les sentiments n'ont guère leur place, je suis à la fois chagriné pour elle, content pour Audrey, dont j'ai appris à connaître le potentiel et quelque peu perplexe sur la méthode.

Finalement, le remaniement n'a pas recherché un effet médiatique, mais un impact politique et, davantage encore, partisan. Au-delà de quelques ajustements liés aux personnes (je me félicite à cet égard de la promotion comme ministre à part entière de l'excellente Laurence Rossignol, qui va connaître la polémique, en héritant à la fois de la famille, de l'enfance et du droit des femmes....), le président a réussi avec un art consommé du dosage, à circonvenir les écologistes – la présidente de EELV et les deux présidents de groupe deviennent ministres- et le PRG, petit parti qui pèse lourd en ces temps de disette parlementaire, avec l'arrivée de l'attendu Jean-Michel Baylet, que ne vont pas manquer de saluer ses journaux, de la Dépêche du Midi à Sud-Ouest.

L'interview donnée le soir même aux journaux de 20 heures de TF1 et France 2, sera réussie et suivie par plus de 10 millions de téléspectateurs. Pourtant, la presse de lendemain est catastrophique et pour cause : ce remaniement est illisible en dehors des cénacles de la scène politique, aucune surprise ou nouvelle véritable tête d'affiche n'apparaît ; les Hulot, Anne Sinclair, Delanoë, un temps cités, n'en sont pas ou ont même publiquement décliné. Chacun y va de son commentaire, les uns tentant de retrouver la patte du premier ministre dans ces choix (notamment la rétrogradation de MACRON dans l'ordre protocolaire, qui sent la petite vacherie), les autres sa mise sous tutelle par le président (retour des verts et d'Ayrault, notamment).

Si ce remaniement est, au total, le meilleur compromis accessible dans le contexte, on peine tout de même à y déceler les ferments d'un nouvel élan, la garde montante ne semblant pas tout à fait taillée pour surmonter le marasme ambiant. Et moins encore pour préfigurer l'équipe de campagne de 2017 : dans ces conditions, rien ne dit que ce remaniement sera vraiment le dernier avant la grande échéance.

Elections européennes

Après la claque des municipales, une réplique était attendue ce 25 mai 2014. C'est un nouveau séisme : le FN caracole à 25% devant une UMP à 20% et le PS qui s'écroule à moins de 15%.

Au fond, l'ordre d'arrivée est pour une fois conforme aux pronostics, mais avec des écarts bien plus marqués que prévu. Au-delà du score historique de l'extrême droite, qui dans certaines régions dépasse les 30%, avec une implantation massive chez les jeunes (un de ses électeurs sur trois a moins de 30 ans...), c'est l'étiage de la gauche qui retient l'attention : moins de 35% des voix, en intégrant le Front de gauche, qui subit aussi un lourd revers.

Voir Mélenchon à terre, après qu'il ait passé des mois à diriger ses tirs vers le seul parti socialiste et des semaines à vomir l'Europe avec des ritournelles en effet très « frontistes », est une douloureuse satisfaction. Assister, en quelques heures, au délitement de l'UMP sous l'effet du scandale Bygmalion et au départ à la cloche de bois de Coppé, dans l'ombre portée de Sarkozy, provoque aussi quelques sourires. Mais ces évènements, qui en temps normal auraient eu des allures de victoire, au moins de très bonnes nouvelles, ne rehaussent guère le moral des dirigeants et des militants, tant le malaise est profond.

Le fait que le FN n'ait pas fait plus de voix qu'aux présidentielles, compte tenu de la vague d'abstention, ne console personne, car les autres partis ont réalisé des scores presque ridicules en regard. Le Front a séduit près d'un militant syndical sur cinq au total, jusqu'à 30% dans le cas de Force Ouvrière – mais toutes les organisations sont concernés par le sujet-, ce qui est proprement stupéfiant quand on connaît l'histoire du syndicalisme français.

Que faire ? Il me semble que deux raisons d'espérer subsistent dans ce marasme général. D'abord le temps : malgré le rythme effréné d'un quinquennat, les choses peuvent évoluer rapidement, y compris pour la mère des batailles, celle de l'activité et de l'emploi. Ensuite, la réaction au FN : certes celui-ci est désormais bien implanté et le vote en sa faveur tout à fait décomplexé. Mais l'électorat, du centre gauche à la gauche radicale ne peut pas se complaire dans une telle dérive et sa propension aux déchirements internes est sans doute susceptible de céder enfin le pas à une mobilisation commune pour les valeurs républicaines.

Disant cela, j'ai bien le sentiment de prendre en partie mes désirs pour des réalités, surtout lorsque, de nouveau, la vague des contestataires du groupe socialiste refait surface : les 41 « indignés » qui n'ont pas voté la confiance à Manuel Valls se disent désormais gros de 100 députés qui ne tardent pas à dénoncer le pacte de responsabilité ou plus exactement à en présenter une version telle que cela revient au même, pour le plus grand bien du gouvernement bien entendu. Nous vivons une époque formidable.

Le lundi 26 mai, Jean-Pierre Jouyet réunit de manière impromptue le cabinet, pour un rapide échange de nos analyses. Trop bref à mon goût, mais utile. J'aurais, comme d'autres collègues, préféré que nous soyons tous réunis pour l'annonce des résultats le dimanche soir, ce qui aurait été au surplus un facteur de cohésion. Face à ce genre d'évènements et même à un tel niveau de responsabilité, rester groupés m'a toujours paru préférable. Sans doute ma déformation de « DRH » ...

Quoi qu'il en soit, l'intervention télévisée du président à 20 heures, solennelle et bienvenue, suscite peu de retombées, comme s'il s'agissait d'un exercice imposé, mais sans réel relief. En outre, les grands titres traitent prioritairement des déboires de l'UMP et de ses fausses factures. S'ensuivra un diner informel des 28 à Bruxelles, dont rien de bien neuf ne sortira sinon la confirmation que le choix du successeur de Barroso sera long et complexe, de quoi décourager un peu plus les derniers europhiles sur le fonctionnement de cette lourde machinerie.

Pour couronner le tout, les chiffres mensuels du chômage sont mauvais, progressant encore de près de 15 000 pour le mois d'avril. Bref, cette semaine mal commencée se termine sur des bases pires encore. Pour ma part, je rédige une courte note blanche sur mes idées pour relancer l'emploi, car mon inquiétude reste plus que jamais notre capacité à débrider la machine à recruter, dont tout me rappelle, au quotidien, qu'elle est quasiment à l'arrêt, au moment même où nos voisins sont en train de prendre la vague de la reprise.

Evidemment, la tentation est grande, dès lors que ces mauvais résultats ont à voir avec le contexte économique et social intérieur, de dénoncer la politique du gouvernement sur le thème du « on vous l'avait bien dit «. De bonne foi, quoique les arrière-pensées soient légion au sein même de la majorité et du PS, nombreux sont les élus et responsables persuadés que le salut se trouve du côté de la relance et notamment de la demande, du fameux pouvoir d'achat. Car cet espoir est flatteur, justement c'est un espoir, dans un moment où l'horizon semble bouché.

Comment faire admettre que les choses ne sont pas si simples et qu'en effet tous les économistes un tant soit peu sérieux savent qu'en France les entreprises, déjà trop petites, ploient sous les charges et les contraintes ? Comment accréditer l'idée que ce n'est pas faire le jeu des patrons de rappeler que seules les entreprises, surtout les PME et TPE, créent de l'activité, ceci quels que soient la doctrine diffusée par le Medef et les mouvements de menton de ses ténors ?

Plusieurs organisations syndicales l'ont compris, elles, notamment celles qui ont écrit un remarquable document sur la compétitivité en 2011, de concert avec l'UIMM, largement passé inaperçu : elles sont les premières étonnées de voir que leurs principaux critiques se situent dans le camp du pouvoir, celui-là même qui tente de mettre ces idées en œuvre. En somme, le monde à l'envers. Je n'ai pas fini de constater que l'entreprise, pour une bonne partie de la gauche, reste suspecte, et pas uniquement dans les réunions de section du Parti : tout cela ne me dit rien qui vaille pour la social-démocratie et les efforts qu'il va nous falloir conduire dans les mois à venir.

Pour le reste, le doute, c'est vrai, commence à tarauder les plus volontaristes. Et si la crise de langueur de l'économie française durait, et si nous ne parvenions décidément pas à boucler le plan de 50 milliards d'économies ? En toute objectivité, tout nous pousse à estimer que c'est possible, que nous avons tout fait pour y arriver mais, d'évidence, rien ne nous garantit d'arriver au port.

C'est la guerre, économique, politique, dans une adversité à peu près totale, mais c'est aussi dans ce cadre si déprimé que nous

43

devons trouver le ressort et que la véritable stature de François Hollande s'affirmera ou pas. A cette heure, je ne me résigne pas à ce que l'enjeu de 2017 consiste simplement à se qualifier pour le deuxième tour afin de défier l'héritière de Jean-Marie Le PEN, comme un mauvais remake de 2002, fut-il gagné en bout de course.

Elections départementales

Le scrutin des 22 et 29 mars 2015 s'annonce très mal, avec un fort risque d'une nouvelle raclée pour le PS, en somme une réplique aux municipales qui, un an plus tôt, ont sonné le glas de l'époque Ayrault.

Assez curieusement, ou sans doute en raison même de cette sombre prévision, le choc du premier tour sera rude, comme celui du second, mais pas cataclysmique. Nous perdons certes des bastions symboliques, l'Essonne, que je suis plus personnellement, étant impliqué dans ma commune de Verrières et la Corrèze, où la brillante réélection du maire de Tulle, Bernard Combes, n'efface pas l'effet médiatique de ce revers. Mais en revanche, des départements qui avaient paru chanceler, comme la Seine Saint-Denis, le Val de Marne, ultime bastion du PCF ou encore la Loire Atlantique, ont tenu.

La carte de France est constellée de taches brunes, celles du vote FN qu'elles symbolisent d'ailleurs bien, mais le grand Sud-Ouest tient bon, comme une réminiscence des provinces hostiles au royaume de France, à ceci près que le gouvernement central est cette fois du côté des minoritaires. Le PS contrôlait deux tiers des conseils généraux et la droite un tiers, la proportion s'inverse donc et l'on en revient à un schéma des années 80-90.

Très vite, il va apparaître que le chef de l'Etat fait de nécessité vertu : il ne changera pas de ligne, car il n'en est pas d'autre sérieuse et donc gardera Manuel Valls. A partir de là, il va surtout s'agir de montrer que le cap est maintenu mais qu'il se passe néanmoins quelque chose, en termes d'approfondissement et de rapidité.

Le 8 avril, le conseil des ministres se prolonge en séminaire avec, à la sortie, une série d'annonces fortes sur la relance de l'investissement privé comme public, qui vont être bien accueillies, de l'aile gauche du PS (c'est étudié pour, en pleines tractations avec Martine Aubry en amont du congrès de Poitiers) jusqu'au patronat (Gattaz et Asselin, le nouveau patron de la CGPME, reçus le 9 avril, ont bien voire très bien réagi...).

Ces annonces sont complétées par celle, plus sensible encore, concernant la mise en place d'un compte personnel d'activité, autrement dit le CPA. C'est ainsi que le Président a rebaptisé le projet de compte social universel, vieille idée consistant à faire en sorte que le salarié qui dispose de « temps » divers dans ces dispositifs (compte épargne temps, nouveau compte formation, futur compte pénibilité, voire congé parental...), puisse les utiliser plus facilement, notamment en les additionnant, pour un motif familial, un projet personnel, une formation longue...Il s'agit d'un grand dessein, fort ambitieux et très complexe à concevoir : cette impulsion présidentielle que nous attendions va nous permettre en tout cas de lancer un chantier qui s'annonce titanesque.

Pour le reste, ce vaste cadrage a aussi comme mérite de fermer enfin clairement d'autres pistes à la fois ineptes sur le fond et dangereuses politiquement, comme l'idée d'un contrat de travail unique, et quelques autres marronniers : ainsi le principe d'un CDI à motif de rupture anticipé, à laquelle le MEDEF s'accroche, sans réaliser qu'une telle usine à gaz serait un merveilleux terrain à contentieux, au moment précis où le patronat dénonce, non sans arguments, le caractère imprévisible des juges en matière de droit du travail.

Elections régionales

Jusqu'aux attentats de novembre, ces élections régionales s'inscrivaient dans une chronique de défaite annoncée. Comme une suite inexorable de mauvaises nouvelles, entamée lors des municipales de 2014, confirmée avec les départementales du printemps suivant, chacun, Sarkozy le premier, anticipe un contre-choc : le PS ayant quasiment fait le grand chelem en 20004 puis 2010, enlevant 21 régions métropolitaines sur 22, la droite est vouée à faire de même, avec au moins 11 à 12 régions sur 13, en vertu du nouveau découpage intervenu entre temps.

Le premier tour, le 6 décembre, confirme malheureusement la poussée du FN. Il progresse partout et si les scores des dames Le Pen en PACA et dans le Nord Pas de Calais dépassent 40%, comme d'ailleurs le prévoyaient les sondages. C'est surtout la moyenne très élevée réalisée ailleurs qui retient l'attention : le Front va pouvoir se maintenir dans les 13 régions et se trouve en position favorable pour en enlever trois, y compris quand sa tête de liste n'est pas une personnalité de premier plan.

Le PS va très rapidement décider de se désister face à Marine Le Pen et sa nièce, seul Jean-Pierre Masseret, dans le Grand Est, s'y refusant, comme on pouvait s'y attendre compte tenu de son profil. Le débat agite à juste titre les militants : front républicain évident pour les uns, constat amer que la droite ne fait aucun effort et qu'un retrait unilatéral n'a guère de sens dans ces conditions, pour les autres.

Au soir du second tour, alors que nous prenons connaissance à l'Elysée des sondages sortie des urnes devant les écrans du ministère de l'Intérieur, les résultats donnent plutôt raison à la première thèse : le FN se voit barrer la route du pouvoir et n'emporte aucune présidence. Mieux, les reports ont fonctionné, bien en PACA, très bien dans les Hauts de France (Nord-Pas de Calais-Picardie) sur le nom de Xavier Bertrand, lequel saura d'ailleurs le souligner avec élégance lors de son discours de victoire. En outre, les voix de gauche se sont fortement concentrées, sur nos candidats, ce qui va nous permettre d'enlever la Bourgogne Franche-Comté et le Centre, une bonne surprise, à peine altérée par la perte in extremis de la Normandie, que nous croyions acquise jusqu'à 21 heures.

Malheureusement la perte de la région capitale obscurcit le bilan. Claude Bartolone est battu sans contestation possible par Valérie Pecresse : celle-ci a su capter 4 points du vote frontiste du premier tour, ce qui est efficace à défaut d'être glorieux ; celui-là pourra regretter une campagne en demi-teinte, probablement fondée sur une trop grande confiance dans des études d'opinion optimistes. En outre, le militant de base que je suis a pu mesurer, dans l'Essonne au moins, combien la communication avait été défaillante et la logistique de campagne (tracts, affiches…) lacunaire, au regard des enjeux d'un tel scrutin.

Quoi qu'il en soit, si la gauche conserve donc cinq régions, ce qui était encore inespéré quelques mois plus tôt, si la droite dite républicaine apparait plus divisée que jamais et le FN en définitive assez « contenu », le bilan reste très mitigé pour le gouvernement. Les meubles sont sauvés, mais la maison du pouvoir est ébranlée sur ses bases ; il va falloir réagir, sans donner pour autant un sentiment de panique ou d'agitation. Le Président est encore sur sa posture régalienne, au-dessus de la mêlée et doit, de l'avis général, y demeurer.

Mais en même temps, c'est à lui qu'il revient, dans ces circonstances, de répondre aux attentes du pays : nous pressentons que la « rentrée dans l'atmosphère » sera le grand enjeu du début 2016.

III - Au Palais, la vie de château ?

Le quotidien

L'Elysée est une horlogerie sereine et compassée. Je suis très vite frappé par l'équanimité de ses équipes, la gentillesse souriante de tous ceux qui nous entourent, gendarmes et civils. Je comprends que nous le devons aussi à un contraste que beaucoup nous disent ressentir avec l'ambiance précédente : il est vrai que saluer celles et ceux qui sont là pour nous faciliter la vie détend l'atmosphère. L'exemple venant d'un haut, la cordialité bien connue du président et de son secrétaire général fait le reste, de sorte que l'équipe, qui ne compte pas a priori de réel mauvais coucheur, est vraiment à l'unisson.

Toute médaille a son revers, et si les personnes sont serviables et aimables, l'organisation n'est pas toujours un modèle de modernité. On sent que la tradition des lieux a fortement imprimé celle des procédures, rarement claires, souvent dédoublées. La messagerie semble d'ailleurs avoir induit un surcroit de complexité, puisque chacun peut désormais donner un avis, sans toutefois converger vers la solution opérationnelle. Le « on a toujours fait comme ça » constitue un viatique apparemment précieux dans les services administratifs. De même, je m'interroge rapidement sur l'intérêt d'un circuit de signatures aussi complexe pour valider les réponses au courrier, même le plus banal, alors que le service ad hoc prépare le plus souvent un projet parfait, qui déclenche pourtant en rafale cinq à dix visas selon les cas. Quant au recours au parapheur électronique, ce sera manifestement pour (bien) plus tard.

Paradoxalement mieux protégés par les impératifs d'excellence qui leur sont imposés, les services techniques sont au contraire réactifs et rarement dépourvus de réponse. Le moteur de la logistique tourne rond, dès l'aube : le geste est sûr, le rythme soutenu, même s'ils ne passent à la lumière qu'à la faveur des grandes occasions, comme les dîners d'Etat, l'Arbre de Noël ou les journées du

Patrimoine. Un seul regret : l'absence assez stupéfiante de tri sélectif, au motif que nos papiers passent à la broyeuse, alors qu'il aurait été si simple de fournir à chacun deux poubelles...

Comme dans tous les palais nationaux, le site n'a rien de fonctionnel, les bureaux étant trop grands, ou trop exigus, les salles de réunion trop peu nombreuses, les espaces collectifs presque inexistants (la « moyenne salle » de réunion, sombre et décatie et l'appartement dit de permanence étant nos rares lieux de repli pour accueillir plus de trois visiteurs...). Les conseillers qui ont le privilège d'y travailler (par contraste avec les diplomates et les militaires, situés rue de l'Elysée mais surtout les quelques collègues exilés à l'Hôtel Marigny, qui passent leur temps à travers l'avenue éponyme) se répartissent entre une aile Est un peu décatie, et une aile Ouest, où j'ai la chance d'avoir atterri n'étant pas arrivé parmi les tout premiers, car je m'y trouve situé à une jetée de marches du président et du secrétaire général.

Au risque de prononcer un jugement quelque peu hâtif, disons que cela fait une moyenne acceptable pour travailler dans de bonnes conditions ; les perturbations essentielles ne sont presque jamais le fait de ces acteurs de l'ombre.

Mais surtout, entrer au Palais tous les jours, aux premières heures de l'aube, alors que se pressent les livraisons, les gendarmes qui prennent la relève et le personnel du ménage, souriant autant que méticuleux, ou bien le mercredi aux aurores quand les râteaux s'activent pour lisser au plus près les graviers de la cour en léger dévers, avant le conseil des ministres, c'est toujours un petit pincement au cœur, une émotion. Les lingères ployant sous leurs lourdes nappes blanches, les fleuristes et leurs tâches de couleur dans la pénombre, glissent sur la moquette bleue comme les ouvrières d'une vaste fourmilière. Chaque mardi à 7h30, c'est au tour de l'horlogère, qui rituellement toque à ma porte en me rappelant qui elle est, comme un symbole : une semaine qui s'écoule, au rythme des aiguilles dorées, effaçant la précédente comme par l'effet d'une ardoise magique...

Cette agitation du quotidien, la simplicité des salutations, les bruits familiers de Paris qui s'assourdissent une fois franchis ces hauts murs, n'enlèvent rien au fait que l'on se trouve bien dans le saint des saints, l'Elysée. J'aurai le plaisir de partager ces impressions en organisant plusieurs visites familiales ou amicales, notamment avec mes parents, mes enfants, Marie, Thomas et Léa, ainsi que deux de mes belles-filles très visiblement enceintes.

Protocole

Les huissiers sont aussi sympathiques qu'amidonnés dès qu'il leur faut annoncer : « Monsieur le président de la République ». Des fois qu'on ne l'aurait pas vu entrer. Je trouve cette tradition désuète, presque ridicule et gênante pour l'intéressé, surtout quand un petit groupe l'accueille, d'autant plus en alerte que chacun n'est là que pour lui et l'attend. Il faut croire que le nouvel occupant du palais voit moins d'inconvénient à maintenir ces vieilles coutumes qu'à les modifier.

L'accueil républicain, toujours lui, est aussi de mise, pour le moindre déplacement, le plus souvent par des membres du gouvernement, concernés par le sujet ou le lieu de la visite. Il arrive même, dans les embouteillages parisiens que le convoi présidentiel n'évite pas, car il n'est plus question de gyrophares, de deux-tons hurlants et de gymkhanas dans les couloirs de bus, les fameux « Bertrand » (autre changement spectaculaire pour les équipes de sécurité), que le Président doive s'arrêter en chemin. En effet, il faut, en cas de retard des autorités censées l'accueillir, leur laisser le temps de doubler afin d'arriver dans les délais. Ainsi, même au sommet de l'Etat, le temps peut se figer pour des raisons ancillaires, comme suspendu. Un répit quelque peu dérisoire, mais au fond bienvenu dans la course folle du quotidien. Trois ans plus tard, avec l'état d'urgence lié aux attentats, les choses changeront et les convois reprendront leur forme ancienne, vitesse élevée et feux rouges avalés, car la sécurité dictera alors le retour aux fondamentaux.

Les ministres peinent aussi à prendre leurs marques dans ces lieux. Les amis proches et tous ceux que le Président a côtoyés pendant tant d'années au PS ou sur le terrain des campagnes hésitent entre le « tu » et le « vous », la plupart lui donnant, dès lors que la réunion même interne compte plusieurs participants, du « Monsieur le président ». Car échanger dans l'intimité du bureau présidentiel est une chose, dans une salle de réunion (sans parler du Conseil des ministres au salon Murat, plus tard au Salon des Portraits quand cette assemblée se sera allégée) en est une autre, se retrouver en présence de tiers, est une affaire encore différente.

J'observe ce ballet avec un certain amusement. Il est vrai que pour les collaborateurs, les choses comptent moins. Il me semble toutefois que cet environnement pèse quelque peu sur le degré de conformisme ambiant : on contredit moins aisément le locataire des lieux, quelle que soit sa qualité d'écoute bien connue de tous.

Pour ce qui est des conversations, je me cale sur lui : à une question sur le mode du tutoiement, je réponds sur un registre identique, sauf si nous sommes en présence de personnes extérieures. Quand cela ne s'y prête pas, j'emploie la formule magique : les phrases impersonnelles

Intérim

En août 2012, le Palais est presque vide (ce ne sera pas le cas un an après...). Lemas me demande de m'installer dans son bureau pendant une semaine pour assurer son intérim. En m'asseyant dans cette pièce, que je connais pourtant bien, j'ai une première pensée pour Jean-Louis Bianco, auquel me lie une vieille amitié et qui a officié ici durant neuf ans, avec talent et hauteur de vue. J'en ai une autre pour mes grands-parents paternels, venus de si loin dans les années 20, qui n'auraient évidemment jamais imaginé pareille évolution pour leur progéniture. J'en ai une dernière, plus sombre évidemment, en me disant que j'occupe le fauteuil depuis lequel Guéant a sans doute ourdi tant de complots et autres manœuvres...Si les murs de cette grande pièce aux tentures surannées pouvaient parler, la République aurait sans doute bien souvent vacillé sur ses bases.

Au vrai, la période est assez calme, même si le président, depuis le Fort de Brégançon, reste très actif, multipliant les déplacements de terrain et les entretiens diplomatiques, pour l'essentiel téléphoniques. Une de mes tâches est de superviser la pluie de communiqués de félicitations, à mesure que tombent les médailles françaises aux JO de Londres. Avec Marc Vizy, notre monsieur Outre-Mer, nous recevons une délégation tahitienne qui multiplie les photos pour immortaliser l'instant. Le téléphone blanc étiqueté « Monsieur le Président », discrètement installé au coin du bureau Empire, est assez impressionnant mais sonne bien peu à l'heure du portable. Encore une trace des méthodes révolues dont le Palais peine à se débarrasser.

Enfin, bien que le flux du courrier diminue durant cette parenthèse estivale, je peux mesurer la masse de papier sous laquelle croule le secrétaire général, des plus sensibles (services de renseignement, ministres...) aux plus prosaïques. Ce qui explique notamment qu'il soit un des rares de l'équipe a si peu sortir de ces murs et ne jamais apparaître dans les déplacements, menant véritablement une vie de moine-soldat.

Bref, j'ai pris cet intermède comme un gage de confiance, tout ceci me paraissant somme toute naturel mais tout de même singulier à la réflexion.

Mouvements

A force de rumeurs sur le départ de Pierre-René Lemas, il fallait bien que cela advienne. Le 8 avril au matin, le site du Nouvel Observateur annonce sans équivoque son remplacement par Jean-Pierre Jouyet, confirmant ainsi une information que certains d'entre nous avions partagée, sans certitude absolue.

Comme souvent dans ce genre de cas, les choses ne se déroulent pas avec grande élégance, puisque Lemas doit bien se résoudre à confirmer l'information à la presse, perdant tout le bénéfice de l'avoir annoncée lui-même. Pire, il devra, le lendemain matin, pousser le dévouement jusqu'à présenter sur le perron, alors que chacun connait sa situation, la liste des 14 secrétaires d'Etat complétant le gouvernement.

Malgré son sourire bonhomme, nous le savons atteint. Pas tant par son départ, qui était dans l'ordre des choses après pratiquement deux ans, mais la véritable campagne de presse qui l'a précédée, manifestement orchestrée par ses adversaires de l'intérieur, sans que le Président ne semble avoir déployé des trésors de solidarité avec son plus proche et sans aucun doute son plus dévoué collaborateur. Les mots échangés lors d'une réunion de cabinet improvisée sonnent assez creux, l'équipe semblant groggy, après avoir été sevrée du moindre échange collectif depuis deux semaines, ce qui me parait incompréhensible.

Certains en font reproche au secrétaire général en place, estimant qu'il aurait dû prendre ses responsabilités, en quelque sorte « renverser la table ». Quelques-uns se doutent qu'au-delà des questions de tempérament, la situation est d'abord liée à l'ambiguïté du mandat conféré par le chef de l'Etat lui-même à son bras droit : il n'a certes pas souhaité disposer une sorte de « vice-président », comme l'étaient Claude Guéant pour Sarkozy ou Villepin pour Chirac, ni même d'un véritable premier de cordée « technique » (sur le modèle Bianco). Quoi qu'il en soit, j'estime pour ma part, connaissant bien les deux protagonistes, que tout cela se tient mais que seul le résultat compte : le secrétaire général n'est de fait et n'a jamais été en situation d'assumer totalement l'ensemble des responsabilités attachées à ce poste qui reste pourtant, dans la République, une véritable institution.

Pour l'heure, il va pouvoir « échanger son job » avec son successeur et obtenir ainsi le prestigieux fauteuil de patron de la Caisse des dépôts. Un début de polémique se fait jour dans la presse, car Lemas n'a pas précisément un profil financier. Cela dit, sa longue expérience des affaires publiques et notamment du logement social, qui est une des activités majeures de la Caisse, plaide pour lui et les escarmouches médiatiques s'éteignent assez vite. Je ne suis d'ailleurs pas mécontent de le voir se mobiliser, se battre presque, pour réussir ce mouvement, en prenant des contacts multiples, en se montrant pugnace et convainquant, comme si, libéré de la tutelle élyséenne, il donnait enfin le meilleur de lui-même.

Quant aux agitations relayées dans la presse politique parisienne, qui en fait son miel, pour voir les uns et les autres intriguer auprès des nouvelles équipes de Matignon, je ne suis nullement étonné par ces agissements. L'Elysée reste le lieu des ambitions, grandes et petites et de tout temps, on s'y est écharpé ou trahi, au profit d'un clan ou de soi. Avoir pensé qu'il en serait autrement dans cette équipe ne m'était pas venu à l'esprit, ce qui n'enlève rien à la déception de devoir le constater aussi crûment.

Le pot de départ du secrétaire général, le 15 avril, sera un bref intermède de convivialité en présence de quelques anciens conseillers, dont les amies fidèles Sandrine Duchene et Hayet Zeggar. Mais il flotte un imperceptible malaise dans le jardin d'hiver où nous sommes réunis, manque de chaleur dans les discours, interrogations de l'équipe sur la suite, sans doute aussi onde de choc toujours présente dans les esprits du formidable fiasco des municipales. Après lui, de nombreux collègues s'en iront, pour diverses raisons, ce qui me semble naturel après ces deux années, même si, dans certains cas, le vide du départ ne sera pas comblé.

La nomination de Jean-Pierre Jouyet nous rassure cependant tous. La stature de l'homme, son parcours presque unique, sa proximité connue avec le Président, le qualifient plus que quiconque pour occuper le secrétariat général.

A titre personnel, je l'ai aussi connu dès le début des années 80, à l'occasion d'une mission commune, appelée à un certain écho, sur les questions de retraites complémentaires, que nous avions conduite entre l'IGAS et l'IGF. Tout s'annonce d'autant mieux que ses premiers mots traduisent avec une grande finesse la vision de son rôle et le dévouement qu'il souhaite y mettre, dont personne ne doute. Et puis cet homme aime le football en général et l'AS Monaco en particulier, nous voici dotés d'un autre sujet de discussion sans risque. Nous partagerons les soirées du Mondial 2014, notamment un mémorable France-Suisse suivi en famille dans les salons, avec l'ensemble des personnels du Palais.

Cela dit, la période est tellement tendue que plusieurs de mes collègues trouveront le successeur de Lemas assez cassant dans les réunions de cabinet, semblant subir la pression et la diffuser plutôt que l'amortir. A ce stade, j'y vois plus un phénomène de « rodage », d'autant plus délicat à ce poste surexposé, que nous sommes au plus mal politiquement et que l'affaire Morelle va éclater dès après ce changement : on pourrait rêver mieux comme débuts.

IV - Dialogue social

Un grand disparaît

J'apprends la mort de François Chérèque, vaincu par la maladie, lui le grand costaud formé à l'école du rugby. Nous le savions malade et surtout une récente rechute était de bien mauvais augure.

Loin de Paris, je ne pourrai assister à ses obsèques, qui seront un grand moment et un bien bel hommage à celui qui a tant marqué l'histoire syndicale au tournant du siècle. Nous étions proches, avec avoir compagnonné quand il dirigeait la fédération « santé-sociaux » de la CFDT. Puis, devenu numéro 1, nos routes s'étaient souvent croisées, parfois dans les stades, souvent dans des débats et bien sûr lors des campagnes présidentielles, surtout 2007 puis 2012.

Le grand fait d'armes de Chérèque, qui lui vaudra tous les quolibets y compris du PS (dont le Congrès fera un triomphe à Bernard Thibault et huera la CFDT, au point qu'il sera conseillé à son patron de ne pas faire le déplacement...) aura été la réforme des retraites de 2003, quand il topera avec Chirac et Fillon, estimant avoir sauvé l'essentiel. Il recommencera en 2010, dans un autre contexte. Poursuivi de sa vindicte par Sarkozy, il osera tout de même s'accorder avec Parisot et Thibault pour révolutionner en 2008 les règles de la représentativité syndicale, vieilles lunes datant de 1964.

Prenant mes fonctions à l'Elysée, il sera un de mes premiers rendez-vous. Par un début d'après-midi pluvieux, en ce mois de mai 2012, attablés au Café de Flore, nous passons en revue les priorités, mais l'essentiel est ailleurs : se retrouver là, en confiance, alors que tout commence et que nous pouvons encore espérer, malgré les difficultés, aller de l'avant sur tous ces fronts. Il me parle avec chaleur de son successeur désigné Laurent Berger et je me remémore ce que m'avait dit Nicole Notat de lui en 2002 : de fait, la

CFDT a des défauts, mais sait choisir, préparer et accompagner ses dirigeants, ce qui n'est pas une vertu si répandue.

Salut François, ta trace sera durable.

Les deux premières conférences sociales

Cette idée est née très tôt durant la campagne et même à l'occasion des primaires socialistes. Les principaux échanges ont été menés, au quotidien, avec Jacky Bontems, ex-numéro 2 de Nicole Notat à la CFDT, et Jean Grosset, n°2 de l'UNSA, lequel est et restera une inestimable source d'analyse et d'information. Les deux sont de fortes personnalités, d'une loyauté totale, de véritables soldats, l'un ayant mené à la hussarde la « normalisation » de la CFDT après la réforme des retraites de 2003 qui avait vu s'exprimer une très forte opposition interne à la centrale ; l'autre venant de l'extrême-gauche puis de FO et connaissant tous les recoins de la scène sociale dont il a gagné le respect. Il ne se passera guère de semaine, sinon de jour, sans contact ente nous trois.

Nous savions à l'époque que les lendemains de victoire seraient rudes, compte tenu de la situation économique, qu'en particulier la CGT et FO se raidiraient immanquablement et qu'il faudrait se doter d'une méthode et d'une organisation sans faille pour avancer, une fois passé un état de grâce de très courte durée. Nous ne pensions pas si bien dire...

Durant la campagne, l'estime respective permet de se parler franchement puis d'élargir le cercle aux politiques, les plus impliqués étant alors, en réalité, Stéphane Le Foll et Claude Bartolone. Combien de diners, coups de fil, mails, réunions et autres rencontres, officielles et officieuses, en veillant toujours à ce que les apparences soient sauves, pour que l'ensemble des élus et experts mobilisés se sentent pleinement utiles et écoutés : c'est cela aussi une campagne, beaucoup de pilotage « RH », où les envies d'exister le disputent à la crainte de ne pas paraître....

L'idée commune est donc que, dès les premiers mois, la violence de la crise va rendre très tendus les rapports sociaux et que c'est une raison de plus pour soigner la méthode de travail. Bref, à peine installés, il est clair qu'il va falloir tenir rapidement cette grande conférence sociale.

Les leviers de réussite sont nombreux. D'abord, ce travail d'intense préparation et les contacts de tous types avec les partenaires sociaux : il apparaît alors nettement que le projet est possible mais aussi souhaité. Ensuite, la détestable ambiance qui a marqué la fin de la période Sarkozy et presque traumatisé l'ensemble des acteurs, patrons compris (comme me l'avouera rapidement Laurence Parisot) : retrouver non seulement un dialogue naturel mais rehaussé à un tel niveau, pour la première fois, ne peut que les satisfaire. Enfin, nous comprenons vite que la crise fait son œuvre, créant, tout à la fois, des contraintes majeures mais aussi une sorte de responsabilisation collective, qui rend crédible que chacun accepte de s'asseoir autour de la table et participe activement aux discussions, en laissant les postures les plus radicales de côté. Au moins pour un temps...

S'engage alors, avec l'aide précieuse de Matignon et un investissement exceptionnel de l'équipe Sapin, une véritable « blitzkrieg », tant logistique que technique, car il va falloir, pour la première fois en France, conduire deux journées de rencontres au Palais d'Iéna, avec toutes les organisations, y compris non représentatives au sens du droit, ainsi que les collectivités locales et divers autres acteurs. Cela sur sept thèmes dont chacun est déjà gigantesque et chargé de sujets aussi complexes que conflictuels : emploi, formation, redressement productif, vie au travail et égalité professionnelle, protection sociale et retraites, rémunérations, fonction publique.

Les 9 et 10 juillet, ce sera, à tous points de vue, un grand succès, de l'avis général, dont la qualité du discours du président aura d'emblée posé les jalons, en début de session (venant après un premier discours le 12 juin devant ce même CESE sur sa vision du dialogue social). Même le « coup de sang » inattendu de la patronne du MEDEF, lors de la conclusion, dont je comprends rapidement le caractère prémédité et donc essentiellement tactique, ne nuit pas à l'ensemble.

Nous parvenons, vers trois heures du matin, à diffuser à tous les participants et à la presse la feuille de route d'une quarantaine de pages, qui synthétise l'ensemble des orientations dégagées durant les débats et les engagements des parties. Objectivement, du bel ouvrage : mais aussi tant d'énergies et d'espoirs, qu'il va falloir canaliser et ne pas décevoir. Après ce marathon, j'ai en tête, malgré l'euphorie ambiante, que le plus dur reste à faire. Mais cette Conférence, devenue « grande » presque par effraction, s'est tenue dans les meilleures conditions possibles, au point qu'elle va inspirer très largement le format de la conférence environnementale qui se déroulera mi-septembre, puis de la conférence sur la pauvreté et l'exclusion.

L'édition de 2013 se présente de manière plus contrastée. D'une part, le contexte économique et social s'est encore dégradé. D'autre part, nous n'avons plus l'attrait de la nouveauté, le support de la page blanche. La presse a par avance décidé que l'exercice sera moins intéressant, plus convenu en somme et nous aurons toutes les peines du monde à remonter cette pente.

Nous avons choisi d'anticiper la date : ce sera les 20 et 21 juin. Il s'agit d'abord de préserver tout le mois de juillet pour la concertation sur les retraites, qui sera le grand plat de résistance. Ensuite, la présidence du Medef doit changer de mains début juillet et il semble justifié, pour tout le monde, de plutôt convier l'équipe sortante. Enfin, la CGT a signifié qu'elle ne pouvait accepter, pour des raisons internes, la date initialement prévue des 13 et 14 juin.

Durant ces deux journées, nous vivrons un contraste saisissant, entre la qualité et pourrait-on dire la sérénité des discussions en tables rondes, sur des sujets pourtant fort sensibles (chômage, retraites, services publics...) et les déclarations presque guerrières de Jean-Claude Mailly et, en mode mineur, de Thierry Le Paon, dès qu'ils croisent caméra ou micro. Ceci a le don d'énerver les autres organisations, qui valident la méthode et trouvent surtout un intérêt de fond à ces échanges : en effet, elles ne peuvent guère répliquer aux critiques sans paraître voler au secours du gouvernement. Bref, le piège est assez redoutable.

Nous nous résignons à ce que la tonalité des médias, pour toutes ces raisons, apparaisse, au mieux, mitigée : l'essentiel est que nos règles de travail soient désormais bien établies. Car chacun aura pu mesurer, au vu du bilan de la première conférence, que la feuille de route de 2012 a été très largement respectée et que les résultats du travail engagé depuis un an sont, de fait, considérables.

Et puis, côté coulisse, force est d'admettre que l'expérience de la première édition nous aura ôté beaucoup de stress dans l'organisation de la suivante – logistique, sécurité, communication...-, d'autant que nous restons dans les mêmes lieux. La question est maintenant de savoir ce que nous devons envisager pour la suite : recommencer, innover ?

70 ans du CESE

Alors que les discussions vont bon train au palais sur la perspective d'un « grand discours économique et social », dont je pressens qu'elles risquent de durer longtemps, j'ai l'idée que le 70ème anniversaire du Conseil économique permettra au moins de traiter du volet social, de surcroit dans un lieu de la République et à l'invitation d'une institution. Autrement dit sans aucune prise à la critique toujours possible d'avoir organisé une sorte de réunion politique à la gloire du chef de l'Etat.

Patrick Bernasconi abonde évidemment dans le même sens, quelques jours auparavant, lors d'un entretien que je lui ai ménagé avec le Président, mon complice Jean Grosset ayant enfoncé le clou de son côté.

Comme il se doit, le discours va constituer une aventure. Après avoir validé l'idée d'une évocation large de notre modèle social, le Président me demande de recentrer le propos sur l'événement, en évoquant surtout le CESE et ses activités, ce qui m'étonne quelque peu. En définitive, la version finale, adornée de quelques ultimes ajouts effectués jusque dans la voiture, drapeau tricolore au vent pour la circonstance, évoquera bien la plupart des grandes réformes du quinquennat, au terme d'un discours fortement applaudi dans une enceinte pourtant réputée pour sa traditionnelle froideur.

La 3ème conférence sociale

Nous avons bien cru ne pas pouvoir la tenir, dans un tel climat, compte tenu notamment de la cassure intervenue, au moins dans le ton, avec la CFDT, suite aux déclarations de Manuel VALLS dans les Echos.

En réalité, les choses vont, comme souvent, se dérouler sur la base d'une sorte de compromis, d'ailleurs non négocié.

La CGT et FO participent à la première journée, marquée par la désormais traditionnelle rencontre autour du Président, avec le gouvernement et les organisations représentatives, puis par le discours du chef de l'Etat. Moyennant quoi, CGT et FO annoncent qu'elles seront absentes le lendemain, manière surtout de boycotter le discours du premier ministre. Solidaires ne viendra pas du tout, ce que peu d'observateurs remarquent. Quant à la FSU, soucieuse de se démarquer, elle débutera les tables rondes du mardi matin, dans lesquelles elle a ardemment souhaité siéger, pour mieux les quitter au bout d'une heure, dans une pantomime assez ridicule.

Evidemment, les journaux du premier soir font une large part aux déclarations des absents du lendemain. En revanche, la journée du mardi va être productive, probablement parce que les organisations présentes ont à cœur d'avancer dès lors que les opposants sont partis et ont fait place nette.

Le premier ministre paie de sa personne. Il arrive en fin de matinée au Palais d'Iéna et nous nous enfermons avec Laurent Berger et mon homologue de Matignon, pour examiner les « buts de guerre » de la CFDT. Modeste et réaliste, sa principale demande consiste à confirmer les arbitrages initiaux concernant la « garantie jeunes », destinée aux jeunes en difficulté d'insertion : nous en sommes à 10 000, nous viserons bien 100 000 en 2017 et 50 000 dès 2015, alors que nous pensions, dans le cadre des économies, en rester à peu près au niveau déjà atteint en 2013. De son côté, le premier ministre a déjà validé une rallonge de 200 millions en faveur de l'apprentissage, dont les statistiques montrent une décrue, alors que nos objectifs sont ambitieux.

L'accord ainsi conclu, et après le désormais traditionnel déjeuner du gouvernement dans la salle à manger du président du CESE, nous retravaillons le discours de Manuel VALLS : comme avec Jean-Marc AYRAULT, l'exercice me semble bien plus aisé qu'avec le président...De fait, à l'issue des restitutions des tables rondes effectuées par les « facilitateurs », devant le premier ministre qui a tenu à les écouter (c'est une première bienvenue), ce dernier fait une intervention de très bonne qualité, avec contenu et conviction. Ce qui lui vaut de longs applaudissements sur tous les bancs, rarement constatés par le passé, même en 2012.

La « feuille de route » traditionnelle qui décrit les conclusions de la conférence, nous semble pouvoir être bouclée rapidement dans ces conditions. Elle le sera à 5 heures et demie du matin, preuve que le document est dense, chacun ayant tout de même fait une courte pause à 21 heures pour regarder la demi-finale du mondial brésilien.

Au total, l'exercice me semble globalement réussi, tout se passant même comme si les choses s'étaient clarifiées : au demeurant, plus de 60% des Français interrogés vont critiquer le boycott CGT/FO. Comme les conflits de la SNCF, de la SNCM et même des intermittents du spectacle ont, sur une courte période, suscité le même type d'incompréhension de l'opinion, il se confirme que les postures constructives ont plutôt le vent en poupe.

J'observe aussi que durant ces derniers jours, Pierre Gattaz a tenu sa langue (notable exploit...) et laissé s'exprimer Jean-François PILLARD, la voix du dialogue social au MEDEF. Bref, avec la pause estivale qui s'annonce, flotte comme une odeur de trêve, en ce début d'été, probablement assez trompeuse, mais qui permet de ne pas sombrer dans le syndrome habituel des « rentrées chaudes » que rien n'annonce vraiment. Ce qui ne nous empêche pas, bien au contraire, en cette mi-juillet, de préparer les mois à venir, avec une série de rendez-vous annoncés lors de la Conférence, sur le dialogue social, l'apprentissage, le suivi par branches du Pacte, l'emploi des seniors et le chômage de longue durée : j'ignore comme chacun si l'automne sera tendu, mais je sais déjà qu'il sera très chargé sur le front social. Quant à la conférence elle-même, il est trop tôt pour en déterminer l'avenir, mais j'ai l'intuition qu'il faudra, en 2015, que sa forme évolue. Le président indiquera dès février 2015 qu'il penche pour des réunions thématiques, sur le modèle de ce que nous avons fait en matière d'apprentissage en septembre précédent.

La 4ème conférence sociale

La 3ème conférence en 2014, nous avait laissé un léger goût d'inachevé : de très bons résultats au terme de discussions approfondies et riches, mais un ensemble terni par le départ spectaculaire de la CGT et de FO. Dans un premier temps, il est implicitement convenu que l'on changera de format, au profit de réunion thématiques plus ponctuelles et ramassées, telle celle que l'Elysée organisera à la rentrée 2014.

Paradoxalement, alors que l'échec de la négociation sur le dialogue social aurait dû nous conforter dans cette voie de relatif repli, c'est le contraire qui se passera. Sans que l'instruction n'ait jamais été donnée bien clairement, l'idée s'affirmera au fil des semaines qu'une nouvelle conférence s'imposait mais qu'il faudrait, en effet, en adapter la structure. Ce sera donc sur une seule journée un programme identique aux précédents, mais en mode réduit : trois tables-rondes au lieu de sept, l'ensemble sous une bannière implicite : l'avenir du travail. On y évoquera ainsi le futur Compte personnel d'activité, autour de Myriam El Khomri, la transition écologique dans la perspective de la COP 21 avec Ségolène Royal, enfin la politique industrielle et notamment les enjeux du numérique, sous la houlette d'Emmanuel Macron.

La désormais traditionnelle rencontre entre les organisations représentatives et le président est aussi maintenue, pour le coup sur une durée longue : 8h30-11h. Au demeurant, elle ne s'achèvera qu'à 11h30, prouvant bien à quelques collègues qui me suggéraient de faire plus court que cela aurait été contre-productif. De fait, la discussion est animée, mais de qualité : il faut dire que les signataires de l'accord sur les retraites complémentaires sont encore, sinon dans l'euphorie du succès, du moins portés par un courant favorable. Pierre Gattaz est le plus emballé, comme s'il était touché par la grâce des nouveaux convertis : la veille au soir il m'a tardivement fait part de son idée de transformer l'essai en proposant un nouveau pacte ou - pour ne pas utiliser ce terme désormais déposé - un agenda social partagé avec les organisations réformistes. Je lui fais part de mon scepticisme s'il s'agit de le mettre immédiatement sur la table, tout en lui concédant que l'idée vaut d'être creusée en prenant le temps nécessaire.

Cette fois, la CGT a mal joué, en annonçant quelques heures avant la conférence qu'elle ne viendrait pas, alors qu'elle avait décidé en sens inverse la semaine précédente, tout cela accréditant clairement que Philippe Martinez cherchait un prétexte, qu'il a trouvé avec Air France, faisant peu de cas du fait que les thèmes de la conférence sont pourtant des identifiants historiques de son organisation.

De fait, si le JDD a complaisamment fait sa une le dimanche précédent sur ce boycott, comme pour mieux passer sous silence le succès de la négociation ARCCO-AGIRC, la CGT ne crée pas l'événement et son absence passera, cette fois, assez largement inaperçue. Le plus savoureux est que le vendredi 16 octobre 2015 se tient une réunion du Conseil national de l'industrie, en préambule à la conférence sociale, réunion à laquelle la CGT participe comme toujours activement dans ce cénacle, pour mieux se priver ensuite de son débouché : comprenne qui pourra.

Le discours du Président a comme il se doit été beaucoup travaillé, mais j'ai cette fois la surprise de constater, depuis le perchoir de l'hémicycle du palais d'Iéna, qu'il suit de très près son texte, sans s'en éloigner comme il en a l'habitude.

Tout s'est objectivement bien passé, d'autant que notre temps de préparation a été court depuis la rentrée. La feuille de route que nous publions dans la nuit est très nourrie, en dépit du nombre réduit de sujets traités, qui rend d'ailleurs l'exercice plus exigeant. Aucune des craintes que nous pouvions avoir ne s'est réalisée et l'on peut même penser que les tensions liées à Air France ont comme revivifié l'intérêt de la presse politique pour ce grand rendez-vous, qu'elle observe, depuis 2013 en tout cas et après l'édition inaugurale de 2012, comme une séquence plutôt technique. De fait, le point de presse « off » que j'ai tenu avec mes collègues de Matignon et du Travail quelques jours auparavant fait plutôt recette. C'est en interne à la conférence que l'ambiance semble morose : les applaudissements sont polis, comme pour saluer la qualité d'un exercice imposé avant de passer à autre chose.

Pourra-t-on tenir une édition 2016, en pleine pré-campagne présidentielle, à l'heure où ce grand bâtiment de béton gris, emblême de l'architecte Auguste PERRET, replonge dans son calme habituel ? Je n'en prendrai pas le pari.

Rapport Combrexelle

La mission donnée à cet excellent juriste, visant à renforcer la négociation collective, s'achève mi-septembre. Nous avons multiplié les échanges avec l'ancien directeur général du Travail, qui vient notamment présenter ses constats et conclusions au président et au premier ministre quelques jours avant la conférence de presse.

Je suis frappé par le souhait, il est vrai naturel, de ne rien modifier à la copie et moins encore au calendrier des travaux. Contrairement à une idée reçue, surtout dans la presse, le « calage » n'est pas si rigide : à preuve, Combrexelle va réunir pour la dernière fois sa commission le lundi 7 après-midi, quelques heures à peine après la conférence de presse présidentielle. Ce timing étant prévu depuis des semaines, on n'en changera donc pas.

De même, deux rapports sont sortis simultanément, sous le timbre des *think tanks* vedette : l'Institut Montaigne et Terra Nova. Le bruit court que nous avons ourdi cette mise en scène, pour mieux mettre en relier la convergence des conclusions, alors que chacun est simplement parti de son côté, dans une course de vitesse. Mais il est vrai que, pour une fois, tout cela va nous servir, d'abord parce qu'en effet les thèses se recoupent, ensuite dans la mesure où les deux autres documents sont éclairants, mais d'un niveau bien inférieur à mon sens.

Leur tort relatif est en effet de pousser le bouchon trop loin. Ainsi, Gilbert Cette, économiste attachant mais décapant, qui a écrit pour Terra Nova avec son compère Barthélémy, avocat réputé, croit devoir commencer sa démonstration par un long développement...sur la nocivité du SMIC. Or, ce n'est clairement pas le sujet. De même, Montaigne accrédite l'idée que l'ampleur prise par la négociation d'entreprise et de branche pourrait être telle que le code du Travail deviendrait presque décoratif : ce n'est ni très réaliste, compte tenu de la situation de départ, ni très opportun, car apeurer les salariés n'est sans doute pas la meilleure façon de les faire adhérer au projet de simplification censé nous réunir tous.

Le rapport officiel est bien plus astucieux. Sous des dehors assez patelins et toujours pragmatiques, il présente des constats forts et un ensemble de propositions très consistant.

Il décrit d'abord un paradoxe français : depuis dix ans, un nombre important de textes est venu renforcer les capacités de négociation collective et celles-ci sont en fait peu utilisées, à commencer par le patronat pourtant prompt à demander que cette évolution se poursuive. Or, d'évidence, le code du Travail qui s'est sédimenté, en large part à la demande des partenaires sociaux, ne parvient plus à répondre au besoin croissant d'adaptation que ressentent les entreprises, face à la mondialisation et à la digitalisation de l'économie, mais tout autant les salariés, auxquels il faut savoir apporter des réponses sans cesse plus individualisées. La seule manière d'y parvenir, c'est de se rapprocher du terrain mais, pour éviter des dérives, ceci suppose deux conditions : s'appuyer sur des branches plus fortes, donc moins nombreuses ; passer par la règle démocratique et exigeante des accords majoritaires.

Le rapport et la présentation qu'en fait le premier ministre à la presse sont bien accueillis. A l'exception attendue d'une CGT de plus en plus illisible (elle critique ainsi les accords majoritaires dont Bernard Thibault a pourtant été le héraut en 2008...) et de Force ouvrière, l'ensemble des organisations est sensible à l'ambition de la réforme et surtout à sa cohérence. Voici une mission qui n'aura pas déçu ses commanditaires.

Dans le même temps paraît le rapport commandé au DRH d'Orange, Bruno METTLING, sur les conséquences de la numérisation de l'économie, sujet plus obscur a priori, mais qui va aussi susciter un assez large intérêt et contribuer à alimenter la réflexion sur les enjeux sociaux de « l'ubérisation » et de la "plateformisation" en cours, à laquelle je réfléchis depuis plusieurs semaines avec mes collègues de la présidence plus directement compétents sur les sujets du numérique proprement dit.

Nous tenons en tout cas un bon filon pour la conférence sociale 2015, annoncée le 19 octobre.

Recomposition syndicale

Les vicissitudes du dialogue social entrepris depuis la mi-2012, ont depuis confirmé ce que peu, à gauche, intègrent aisément : la CFDT est bien la seule organisation réformiste importante, tandis que FO, où l'on se prévaut d'indépendance syndicale tout en arborant sa carte du PS (pour certains des principaux dirigeants), la ligne trotskyste assumée est assez simple : ne rien faire qui puisse aider un gouvernement de gauche, tout en se réservant de signer des accords, en règle générale dans des dispositifs que l'on a gérés et dont on rêve, un jour, de reprendre le contrôle (ARCCO-AGIRC, UNEDIC).

De fait, à toutes les grandes étapes, avec Michel Sapin puis François Rebsamen, nous retrouverons la même configuration : les accords importants sont construits entre MEDEF et CFDT, face un axe improbable du refus, qui ne cesse de s'affirmer, entre les deux « sœurs ennemies » du syndicalisme français : la CGT et FO.

Outre un long compagnonnage partisan, assez peu en phase avec la sacro-sainte charte d'Amiens, la difficulté de la prise de conscience est bien réelle : Jean-Claude Mailly est un brillant dialecticien, fin et sympathique, auquel un grand nombre de socialistes pardonnent beaucoup, sans se rendre bien compte qu'il les instrumentalise avec un tel savoir-faire qu'il fait mine de passer, lui, pour leur pion.

Même Jean-Marc AYRAULT s'y laissera prendre en début de quinquennat, avant de réaliser la situation. L'attitude des « aubrystes » au parlement comme à Solférino, où se rend régulièrement Stéphane LARDY, l'un des numéros 2 de FO, est à cet égard caricaturale : comme souvent, on y considère avec hauteur ces petits choses de la politique, pour mieux s'en faire des affidés, en oubliant que cette organisation compte sans doute dix fois plus de cartes que le PS. A ce jeu, on voit bien, en réalité, qui tient qui...

Dans un tel contexte, marqué en outre par la dérive totale de la CGT, où la question n'est plus de savoir si Thierry Le PAON sera bien un jour débarqué, mais quand cela se produira, le salut ne peut venir que de la mise en place d'un véritable pôle réformiste.

Du côté des forces, l'étroitesse des liens avec l'UNSA est un acquis majeur. Mais pas suffisant. Car les faiblesses sont évidentes. Ainsi, la CFDT, bien que plus encline, avec Laurent Berger, à ne pas jouer un rôle hégémonique, peine encore à faire les gestes nécessaires vers les « petits », comme si sa puissance bien réelle ne lui permettait pas, à peu de frais, d'exercer un leadership parfaitement incontesté dans ce camp. Ce manque d'empathie agace l'UNSA, inquiète une CFTC déjà en perte de vitesse et ne contribue pas à stabiliser la relation avec la CFE-CGC, dont la ligne apparait assez flottante depuis l'élection de Carole COUVERT à sa tête. Si l'on ajoute les coups de boutoir réguliers de Gattaz, qui font à chaque fois le jeu des opposants à la réforme, on conçoit que la construction rêvée soit encore loin de sortir de terre. En tout cas, la digue que nous tentons de monter patiemment reste bien fragile face à tous ces courants adverses.

Comme mes deux soutiens principaux dans ces affaires, Jean GROSSET et Jacky BONTEMS, j'ai évidemment en tête que ce qui se joue ici n'est pas seulement de bâtir l'un des piliers de la social-démocratie dont la France a tant besoin, mais aussi, à plus court terme, une des conditions du succès en 2017.

D'ailleurs les réflexions transcendent les frontières, et je m'attache, avec eux et d'autres, à faire communiquer les réseaux : R812 qui regroupe déjà plusieurs centaines de syndicalistes et dirigeants d'entreprise, Démocratie 2012 qui fonctionne depuis les primaires, notamment autour de l'avocat Dominique VILLEMOT et bien sûr le « courant », Répondre à Gauche, trop peu actif à note goût, au point qu'un message d'alerte passé de diverses parts au président et donc à Stéphane Le FOLL aboutira à une relance heureuse des initiatives à l'été 2014, alors que les grandes manœuvres du prochain congrès vont commencer.

Or, nous estimons que le « courant » est devenu bien isolé, puisque les responsabilités majeures ne sont pas franchement situées dans des mains « hollandaises », c'est le moins que l'on puisse dire. Tout cela dans un contexte où mon patron, comme d'habitude, ne manifeste aucun empressement particulier à organiser les choses, ou même se soucier qu'elles le soient.

Bureau international du Travail, Genève, 11 juin 2015

Se rendre devant la Conférence internationale du travail (CIT) qui se tient au mois de juin chaque année, est une obligation présidentielle : Mitterrand le premier dès 1982, Chirac en 2006, Sarkozy en 2009, y ont sacrifié.

Après avoir décliné, pour des motifs d'agenda, les éditions 2013 et 2014, nous y sommes. En outre, le thème de la CIT est le climat, de sorte que le Président va pouvoir inscrire cette échéance sur son planning bien chargé de promotion tous azimuts de la COP 21, dont on connaît l'importance stratégique à ses yeux.

J'ignore pourquoi, mais ce déplacement, du moins sa préparation, sera jusqu'au bout un chemin de croix. D'abord, après qu'il m'ait répondu « oui » sur le principe, j'éprouve toutes les peines du monde, au printemps, à faire confirmer cette venue, qui suppose tout de même une intense préparation. Je sens bien que, pour d'obscures raisons une partie de mes collègues en charge de l'agenda tentent de le dissuader. De guerre lasse, il faudra que je force quelque peu la porte du bureau présidentiel pour expliquer en quoi cette échéance est incontournable, d'autant que tous les leaders sociaux français seront sur place et comptent bien le rencontrer, comme il est d'usage.

Ensuite le discours, dont on a dit de quels rites et de quelles tensions sa préparation est en toutes circonstance entourée, se révèle cette fois quasiment impossible à boucler. Déjà accaparé par l'intervention prévue le lendemain devant le congrès de la Mutualité, je ne comprends pour une fois pas du tout ce que sont les attentes, au fur et à mesure des échanges de versions entre nous : il arrive d'ailleurs que de l'une à l'autre, les corrections du patron remettent en cause celles qu'il a lui-même apportées au texte précédent.... Cela va continuer jusque dans l'avion et la voiture qui nous mène au Palais des Nations en tournicotant dans les petites routes sur les hauteurs genevoises.

Au vrai, je ne me fais pas de souci plus que de raison, car je mets ces réactions sur le compte d'un agenda démentiel (mais voulu) et d'une probable fatigue bien masquée. En définitive, comme on pouvait le prévoir, outre une heure d'échanges détendus et précieux avec les partenaires sociaux (même Philippe Martinez a décidé d'être constructif), le discours devant 3000 délégués sera de très bonne facture, déclenchant des applaudissements debout fort nourris : assis à la tribune, je constate non sans plaisir qu'au premier rang de cette marée humaine et colorée, « l'équipe de France » du dialogue social, pourtant si divisée, de la CGT au MEDEF, s'est aussi levée comme un seul homme, sans bouder son approbation. Je recevrai sur le chemin du surtout plusieurs sms félicitant le chef de l'Etat de son intervention, lui transmettant ces messages sympathiques, alors que le vol de retour, en présence de François Rebsamen que nous ramenons à Paris, se déroulera évidemment dans une ambiance souriante et fort apaisée...

Europe sociale

Le congrès de la Confédération européenne des syndicats, la CES, se tient à Paris le 29 septembre. 900 délégués de 34 pays européens sont présents, et autant d'invités : tous les leaders syndicaux aussi. C'est l'occasion d'illustrer la méthode du dialogue social à la française - marque de fabrique du quinquennat – que vient d'analyser l'ouvrage de Jacky Bontems, Aude de Castet et Michel Noblecourt du Monde, pour la fondation Jean Jaurès – mais aussi la vision européenne du Président, au moment où il vient, à la faveur de la crise grecque, de préconiser un renforcement de la zone euro.

La CGT, qui participe aux travaux de la CES depuis la fin des années 90, est manifestement gênée aux entournures, car sa coexistence avec les réformistes lui pèse de plus en plus : j'apprendrai d'ailleurs lors de la visite préparatoire que son service d'ordre, dont la réputation de sérieux n'est plus à faire, a trouvé un prétexte pour se retirer de l'organisation de l'événement ; ceux de la CFDT et de l'UNSA prendront le relai, mais ce pas de côté est significatif d'une dérive que nous ressentons tous.

Le président délivre un message clair sur l'affaiblissement de l'Europe sociale – la période Delors et les accords de Val Duchesse en 1985 sont bien loin- et son impérieuse nécessité dans le contexte. Il propose en particulier que fasse écho à l'Eurogroupe des ministres des finances, un Eurogroupe social permettant aux pays de la zone euro d'avancer plus vite vers l'indispensable convergence des protections sociales, notamment en matière de minima salariaux. Il évoque aussi la priorité que constitue la lutte contre les fraudes au détachement des travailleurs, véritable plaie en France notamment dans le BTP.

La préparation du discours a été une nouvelle foi chaotique. Outre un apparent problème de transmission (une version corrigée et envoyée depuis l'avion présidentiel en partance vers l'Assemblée générale de l'ONU à New-York, ne nous ait jamais parvenue...), notre patron qui vient d'atterrir à Villacoublay est manifestement fatigué et, fait rare, l'échange avec lui, produit une version actualisée, qu'il va reprendre dans la voiture où je prends place à ses côtés pour les derniers réglages.

Audiences syndicales

Le rituel est toujours impressionnant, même pour des syndicalistes engagés dans des combats particulièrement médiatisés. A l'Elysée surtout, où est d'abord reçue l'intersyndicale de Florange, dans une ambiance grave mais très chaleureuse, d'autant que nous avons donné notre accord pour laisser entrer au Palais quelques-uns des « marcheurs » qui ont rejoint Paris à pied durant la campagne, depuis leur base lorraine. La séance d'autographes et de photos va durer un bon quart d'heure, sous les ors du salon des Aides de camp. Nous connaissons ces figures rencontrées durant les mois précédents et déjà très médiatisées. D'ailleurs la presse ne s'intéresse qu'aux plus connus, les rendant ainsi forts et fragiles à la fois. En les accueillant puis en les guidant dans les couloirs silencieux du pouvoir, on ne peut que ressentir cette ambivalence.

Avec PSA, moins de chaleur sans doute, mais une ambiance tout à fait détendue, même si chacun sait la lourdeur des enjeux, principalement pour le site d'Aulnay. Nous avons préparé la réunion en détail, il a fallu faire preuve de fermeté pour limiter à deux personnes chaque délégation. Encore une fois le Président sait trouver les mots, ne rien promettre d'excessif, marquer un engagement d'autant plus crédible qu'il a vu quelques jours plus tôt, à Rennes, les délégués de l'autre grande usine PSA touchée par le plan de restructuration, avec encore, à la sortie, photos et autographes. Chacun peut s'exprimer, le Président prend des notes, en apparence désordonnées, mais qui lui permettent, en temps réel, de structurer la synthèse qu'il va proposer ensuite, comme réponse et pistes de travail tout à la fois, nourries de la discussion et des éléments qu'il aura retenus de la note qui lui a été remise en amont. Au fond, rien n'est improvisé, ce qui est naturel à ce niveau, mais le Président conserve une liberté totale d'appréciation.

Avec Pétroplus, son arrivée est une surprise. Il avait posé la question et nous lui confirmons, vers 20 heures par texto, que son passage serait utile dans la « salle moyenne », où nous sommes entassés avec l'équipe Montebourg et nos très nombreux invités (le Maire de Petit-Couronne et le député Bachelay se sont joints comme souvent). Effet garanti quand un huissier à chaîne annonce « Monsieur le Président de la République ». Avec Macron, nous échangeons un regard complice, cette séquence fonctionne.

Ces rencontres ont certes une fonction de « décongestion », le fait qu'elles se tiennent ayant une valeur intrinsèque supérieure à ce qui en sort le plus souvent. C'est d'ailleurs la même chose lorsque ces audiences sont présidées par un ou plusieurs collaborateurs, moi-même le plus souvent. Mais elles prennent leur sens du fait de la gestion très attentive de chaque dossier, avec le cabinet Montebourg, celui du premier ministre et entre nous bien sûr. Par rapport à Sarkozy, nous avons le sentiment de moins nous exposer, de surtout moins parler et promettre, même s'il faut parfois que la parole ministérielle, a fortiori présidentielle, redonne espoir alors que la situation n'est guère brillante.

L'empathie du président peut prêter à sourire, elle joue en fait un rôle clé. Sans créer par elle-même les conditions de la solution, elle instaure un climat, un espace plus ou moins vaste, où chaque partie accepte insensiblement d'aller au fond des choses, d'explorer les pistes, d'admettre les impasses, bref de rendre la suite des évènements possible et de ne fermer aucune porte. Combien de

74

sites et d'emplois aurons-nous préservés « à la fin de jour » comme disent les anglais, nul ne peut le dire ex ante. Mais si tout n'a jamais été tenté en cas d'échec, rarement un tel investissement aura été consenti.

Pour le conseiller social, être en première ligne est souvent plus prosaïque. Il faut se tenir prêt à accompagner le président quand une demande d'audience quelque peu complexe est formulée. Le plus souvent, ce sont même plusieurs audiences. Ainsi à Avignon, en marge du festival, j'enchaînerai à la préfecture, à défaut de représentations théâtrales, une série de rencontres avec des syndicalistes de PME, de grandes entreprises, de l'hôpital. Il en ira de même à Rennes, sur le site même d'un salon agricole, où les plus attendus sont évidemment les représentants du personnel de l'usine PSA. Ici encore, des impressions mitigées : la « magie » du contact avec l'équipe élyséenne est perçue comme une sorte de talisman, alors que nous sommes surtout dans l'écoute ; mais, simultanément, ces entretiens nous en disent plus que les échanges nationaux ou les notes dont nous sommes abreuvés. En somme, la vraie vie s'y niche le plus souvent.

Et surtout, ils fournissent la mesure des espoirs soulevés par l'élection présidentielle, formidable encouragement et terrible pression tout à la fois, dans un contexte économique aussi tendu. L'expérience du dialogue social sous toutes ses formes est évidemment indispensable pour aborder ces moments charnière. Nécessaire, elle n'est pas suffisante : encore faut-il avoir le « goût des autres », contre vents et marées. Le ressentir est le meilleur antidote aux frustrations des dossiers qui n'avancent pas ou de la crise qui érode toutes nos marges de manœuvre.

Avec le temps, les choses deviendront plus complexes.

Pour preuve cette audience accordée à la direction de la CGT en mai 2014, pour parler énergie, à la demande de Thierry Le Paon. Avec mon collègue chargé de l'industrie, nous montons le rendez-vous, en nous appuyant sur l'efficace directrice de cabinet de la CGT. Or, la veille du jour dit, une information policière nous apprend que la CGT va organiser, devant le Palais, une manifestation des anciens de Petroplus. J'apprécie peu ce mélange des genres et nous remettons la rencontre à plus tard. Rien n'y fera : le même petit groupe reviendra à cette nouvelle date. Pour le coup, je les fais maintenir à distance respectable de l'Elysée et ne manque pas de souligner à nos interlocuteurs que cette attitude est bien peu digne des pratiques du premier syndicat français. Silence gêné des responsables de la délégation, manifestement débordés par leur base...

Le premier ministre a aussi toute sa part dans ce genre d'exercice, avec une dose supplémentaire de figures imposées, comme recevoir une à une les huit organisations représentatives au niveau interprofessionnel mais aussi UNSA, Sud et Solidaires d'une part, FNSEA, UNAPL et Economie sociale de l'autre, soit quatorze réunions bilatérales le plus souvent répartics sur une journée et demie.

Ainsi, en un peu plus d'un an, ce balai se sera déroulé par moins de quatre fois, une par conférence sociale (suivi dans ce cas d'une douzième réunion collective, dite « de méthode » avec les huit...) et une autre pour les retraites. Cela en fait des fiches et des éléments de langage pour mes collègues de Matignon, alors que je peux, de mon côté, me contenter d'assister à ces échanges, souvent bien plus intéressants que ne le rapportent les intéressés une fois sortis, à la presse qui les interroge.

Vœux aux forces vives

Comme prévu, ce 21 janvier 2013 doit permettre « d'enfoncer le clou » du Pacte de responsabilité, devant un parterre de partenaires sociaux et de responsables économiques évidemment très avertis de ces questions.

Inévitablement, le travail préparatoire aura été périlleux. Le projet de discours pourtant fourni largement à l'avance a déjà fait l'objet de multiples moutures.

En ce 21 janvier, le Président organise dès 8 heures du matin une réunion de ministres autour de lui, en présence bien sûr du premier ministre, à propos du Pacte. Vers 9h30, après avoir conclu un échange de vues constructif et réparti les rôles, il nous retient, avec Michel SAPIN, pour revoir une nouvelle fois le discours.

Autour de la petite table de réunion du bureau présidentiel, règne une certaine tension. Manifestement, rien ne va plus dans ce texte, que je trouve pourtant solide. Les ratures et modifications vont s'enchaîner et, à mesure que nous les reportons, je vérifie l'inexorable fuite du temps. La dernière page de l'ultime version du texte sera validée à 11h10, alors que tous les invités sont dans la salle des fêtes depuis au moins 20 minutes.

Le Président peste contre ces conditions de préparation « à la dernière minute », ce qui d'évidence est une marque d'agacement sans véritable fondement, car tout était bien prêt à temps.

Nous savons qu'il a d'autres préoccupations en tête et chacun des membres de l'équipe ici impliqués se garde de réagir. De fait son intervention sera charpentée et inspirée, ce que me confirment au moment du cocktail de nombreux invités, dont la majeure partie de mes contacts quotidiens, au sein des organisations professionnelles.

Au-delà de ces angoisses de dernière minute qui saisissent parfois la machine élyséenne devant tant de pression, j'estime que l'exercice est réussi et que nous avons su, au total, franchir une sorte de troisième haie sur le chemin de cette grande initiative. Au fond, c'est ce qui restera de cette matinée quelque peu échevelée.

Une CGT aux abonnés absents

Ce 13 mai à l'aube, je me rends dans un café de la place de la Nation pour rencontrer discrètement dans un lieu choisi par lui, Philippe Martinez, leader de la CGT.

L'ambiance est fraîche, malgré le tutoiement. L'intéressé se plaint du manque de contacts avec l'Exécutif. Je lui fais remarquer qu'il ne donne jamais aucune nouvelle, voire ne répond pas à une invitation de la ministre du Travail. Il a d'ailleurs indiqué au Président, lors d'un de leurs rares face-à-face, qu'il privilégie les visites de terrain aux ors de la République. Ambiance.

Le récent congrès de Marseille a stupéfait même les plus endurcis des observateurs, par la virulence des attaques contre la gauche et la CFDT. La fameuse « ligne » de la CGT s'est définitivement dissoute dans un salmigondis radical, dans laquelle les derniers communistes authentiques doivent, s'il en reste encore, ne plus du tout se retrouver. On repère même dans les instances, pour la première fois, des responsables trotskystes du POI, phénomène proprement inimaginable jusqu'alors. Le nouveau secrétaire général, désigné dans la confusion de l'affaire Le Paon, a décidé d'asseoir son élection et donc son fauteuil en fédérant autour de lui grâce à un durcissement généralisé. On voit mal comment ce choix peut tenir dans la durée.

Au vrai, la maison mère de Montreuil ne semble plus avoir de prise sur le terrain, ne produit plus rien, ne travaille pas, mais la voici optiquement rassemblée autour de son nouveau chef sur une ligne dure. Nous allons rapidement en faire les frais en ce mois de mai 2016.

Derniers vœux

A l'occasion des vœux de début d'année, cette longue litanie qui me semble parfois d'un autre âge, nous avons le sentiment d'une interminable cérémonie des adieux. Ayant plus particulièrement en charge la séquence consacrée aux « acteurs de l'entreprise et de l'emploi », autrement dit aux « forces vives », dont tous les leaders syndicaux et patronaux, je sais d'emblée que je vais souffrir sur le projet de discours.

En effet, la question centrale est de définir ce que devra être la part du bilan du quinquennat, dont je connais l'ampleur et qui va nécessiter de faire des choix. Il faudra aussi déterminer si le président souhaite rebondir sur les nombreux débats qui, déjà, jalonnent la pré-campagne présidentielle : sécurité sociale, emploi public, 35 heures...

Je ne serai pas déçu, avec une douzaine de versions dont les principales modifications porteront en réalité sur les propres corrections précédemment introduites par le patron. Pour couronner le tout, Jean-Pierre Jouyet se risque à faire quelques remarques de forme, au demeurant intéressantes, mais qui vont donner au président, très sourcilleux sur ce plan, le sentiment qu'on n'a pas suivi ses consignes, tout ceci débouchant comme prévu sur un sympathique bazar dans le suivi du texte.

Heureusement, dans ce grand désordre qui impose de conserver son calme, je sens s'élaborer sous les monceaux de papiers et de ratures en bleu, une approche, une inspiration dont petit à petit la solidité va finir par se manifester. Et de fait, le discours prononcé sera solide, étayé, inspiré – les remarques de l'assistance me le prouveront- ce qui dissipera comme souvent la fatigue accumulée dans ce genre d'exercice.

Conseil économique, social et environnemental

Raymond SOUBIE m'avait prévenu : le renouvellement du CESE serait « une croix ». Il avait géré le cru 2010, j'avais expérimenté en 2014 avec le cabinet de Jean-Marc Ayrault le tour de chauffe du choix des personnalités associées, de moindre statut : mais en

2015, se profile le renouvellement général du Conseil économique, social et environnemental, une toute autre paire de manches.

Premier sujet, indirectement lié à cette échéance, le choix du président, élu par ses pairs et non pas désigné par le pouvoir. Jean-Paul Delevoye, figure sympathique du gaullisme social, passé par la droite et désormais acquis à l'ouverture, aurait dû faire l'unanimité, après un premier mandat commencé en 2010 un peu par hasard, faute de combattants crédibles. Mais patatras, pour des raisons diverses – en particulier un sens du travail collectif largement contesté-, la greffe n'a pas pris, de sorte que quelques poids lourds plutôt réformistes ont tôt entrevu la nécessité d'une candidature de substitution. Avec Jean Grosset à la baguette, je vois bientôt se former un large front, qui prend fait et cause pour Patrick Bernasconi patron d'ouverture qui a notamment piloté l'ANI du 11 janvier 2013 : tout le patronat, mais aussi CFDT, CFTC, CFE-CGC, UNSA, ainsi que la Mutualité et l'économie sociale, France nature environnement, ce qui n'exclut pas la bienveillance de la FNSEA. Bref un pack a priori imbattable, même si, dans la dernière ligne droite CGT, FSU et Solidaires lancent la candidature de témoignage de Gérard Aschieri, qui devrait plutôt gêner le plus faible au premier tour, Delevoye, auquel tout laisse pourtant à penser que ces progressistes proclamés se rallieront en cas de second tour. Curieuse alchimie...

Le président ne veut évidemment pas se mêler de cette tambouille interne assez peu passionnante, mais il ne saurait s'en désintéresser, car le résultat sera scruté de près : un bloc « social-réformiste » peut-il s'imposer sur une base aussi large, ou devra-t-il s'incliner face aux organisations qui ne se retrouvent que sur le refus des réformes et un procès plus ou moins latent en illégitimité fait au pouvoir en place depuis 2012 ? Je suis personnellement les opérations de très près, pour les mêmes raisons, sans ne m'en mêler jamais directement.

Je suis tout autrement accaparé par les désignations relevant du gouvernement. Les 40 « personnalités qualifiées » seront finalement nommées lors du conseil des ministres du 5 novembre, qui se tient exceptionnellement un jeudi pour cause de voyage officiel en Corée. Plus de 400 candidatures se seront manifestées, dont certaines émanant de hautes personnalités fort insistantes, par courrier, mail, ou téléphone, que je ne citerai pas par pure charité : je me demande à maintes reprises à quoi peut rimer un tel activisme, un siège au CESE n'étant tout de même pas l'équivalent d'une place sous la Coupole !

Avec l'amical secours de Thierry Lataste, directeur de cabinet et grâce à une inaltérable alliance de travail entre nous deux, nous parviendrons à boucler l'opération malgré de multiples revirements, au terme d'un processus qui aura duré au moins 2 mois dans sa phase intense. Même si nous avons immanquablement fait plus de 300 mécontents, le résultat se tient bien et l'article de l'excellent Michel Noblecourt dans le Monde, soulignant que le président est parvenu à ouvrir le CESE à la société civile, en le rajeunissant notablement, est le plus bel hommage qui puisse être rendu à ce travail obscur et, au total, peu roboratif.

Quant à la présidence, Patrick Bernasconi sera élu sans coup férir au 1er tour, son prédécesseur, comme surpris par un échec pourtant inévitable, choisissant de démissionner. Je recevrai dans la minute un texto rageur de Mailly dénonçant le soutien du gouvernement au « patronat ». C'est assez risible, car d'une part, aucune communication n'a été faite et la plus grande neutralité est demeurée de mise durant toute cette période (je n'ai pour ma part appelé personne pour soutenir qui que ce soit) et de l'autre, le leader de FO ne s'est pas fait faute, de son côté, de multiplier les pressions pour son candidat dont on ne sache pas qu'il soit un parangon du socialisme. Il reste, mais est-ce surprenant, que nous sommes satisfaits de voir émerger aussi clairement une majorité réformiste et ouverte au dialogue social, dont l'élection de Jacky

Bontems à la tête de la section des personnalités qualifiées constitue l'un des symboles visibles.

V - NEGOCIATIONS ET ACCORDS

L'accord du 11 janvier 2013 et la loi du 14 juin 2013 sur la sécurisation de l'emploi

Cette haie là, sur le chemin escarpé du dialogue social initié lors de la Grande conférence sociale serait haute, très haute, nous le savions.

Les sujets sur la table étaient d'une grande complexité, tous « chargés » politiquement : les termes de flexibilité et de compétitivité avaient été, en outre, largement démonétisés par les coups de boutoir de l'équipe Sarkozy qui, comme souvent, n'avaient d'ailleurs débouché sur rien.

Dans la coulisse, les travaux avaient pourtant débuté et permis d'avancer sur de nombreux points, dès avant la campagne présidentielle, autour de deux hommes remarquables : Laurent Berger, futur n°1 de la CFDT et Patrick Bernasconi, patron de la Fédération des travaux publics et futur patron du CESE. Ce binôme a vite compris deux points majeurs : la France souffre de règles excessivement rigides en matière de marché du travail qui, en réalité, pèsent autant sur les entreprises que les salariés ; mais conclure un accord sur ces questions nécessitera un grand sens de l'équilibre et de véritables avancées, auxquelles le MEDEF reste dans l'ensemble très rétif sur le fond.

Avant les élections, nos contacts permettent de faire valoir que mieux vaut geler ces échanges et les reprendre ensuite au grand jour, entourés des meilleures conditions de succès. Ce sera fait, l'accord de principe se nouant in extremis lors de la conférence sociale (encore...) : CGT et FO acceptent de venir à la table, toutes les organisations conviennent qu'il faut aborder l'ensemble des questions, y compris la précarité de l'emploi, les garanties individuelles (formation, protection sociale...) et collectives (notamment le rôle des acteurs sociaux dans l'entreprise, la place

83

de l'accord en cas de difficultés, etc.). Nous voilà partis pour 3 mois en eaux profondes, avec pas moins de 10 séances de négociations.

Dans cette apparente euphorie, je vois poindre des obstacles de toute nature.

D'abord, l'excès d'optimisme. Cette négociation sera dure, il ne peut en être autrement et elle peut donc échouer.

Ensuite, le « *wishful thinking* », concernant en particulier l'adhésion de FO. Je fais évidemment tout pour convaincre Jean-Claude Mailly, mais peine à expliquer que celui-ci, comme toujours et surtout avec un gouvernement de gauche, fera son choix à l'ultime minute et pour des raisons ayant peu à voir avec le contenu du texte, dans lequel il pourra, avec le talentueux aplomb qu'on lui connaît, trouver tout autant de raisons de signer que de s'opposer.

De même, beaucoup ne mesurent pas l'impact du jeu des acteurs, plus exactement de la modification radicale de la scène sociale : la CGT va changer de tête, dans des conditions les pires que l'on pouvait imaginer et qui ne vont pas inciter ses nouveaux dirigeants à aller sur des terrains nouveaux. La CFDT aussi : même si les choses ont été très fluides, Berger, qui était l'âme de la négociation, n'est plus autour de la table et doit se contenter de piloter à distance. L'UPA tout autant, dont nous rendrons compte dans la dernière ligne droite que le dauphin du Président Lardin est, non sans raison, inquiet du volet pourtant clé de la complémentaire santé. Ceci sans compter la crise latente de succession au sein du Medef, qui va gêner considérablement son chef de file Bernasconi, d'évidence « papabile », mais aussi le lourd conflit entre les deux têtes de la CFE-CGC, sans oublier les états d'âme de la CFTC, qui craint de disparaître en 2013 du fait des nouvelles règles de représentativité.

S'il est constant que la négociation et aussi une affaire de personnes et requiert des relations stables, nous voilà servis comme jamais...

Mais nous avons aussi des atouts. Le premier est le contexte : processus positif de la conférence sociale, insistance mise par le président sur la compétitivité, prise de conscience collective que le sursaut est indispensable face à la crise et que tous doivent en prendre leur part. Et puis bien sûr un ministre exceptionnel de finesse et de sens politique, Michel Sapin, qui, appuyé par son équipe de choc, fédère les énergies et transforme l'action de chacun en carburant pour le succès. Je n'en doutais pas mais à nul autre moment que ces semaines d'intenses efforts pour aboutir, cela ne sera apparu aussi clairement. Les articles louangeurs de la presse dont il bénéficiera après la signature ne seront que justice.

Les deux derniers jours (10 et 11 janvier) sont éprouvants. Le téléphone sonne en permanence. Le président a revu Berger puis Parisot et Mailly, les positions tendent à se figer. Je parle à tous, en veillant à répondre et ne plus appeler, puisque c'est la ligne que nous avons fixée du côté du pouvoir : elle me convient, car c'est maintenant l'heure des seuls négociateurs.

Mais nous sentons que la présidente du Medef, pourtant décidée à lâcher sur le point clé de la taxation des contrats courts, ne se ferme pas non plus l'option de l'échec. Elle pense, non sans raison, que le refus de Mailly fragilisera l'accord au parlement, où FO compte autant de relais, traditionnellement, à droite qu'à gauche. Nous lui faisons valoir qu'à défaut d'accord, la discussion parlementaire sera bien plus périlleuse encore pour le patronat. Autre argument sur les contrats courts, que Sapin va utiliser avec une insistance qui se révèlera payante : si le MEDEF refuse toute taxation, il n'est pas exclu que nous soyons contraints d'exclure ces contrats du calcul du crédit d'impôt. Autrement dit faire peser sur les entreprises un « risque » de 3 milliards au moins, prix du refus d'un geste qui ne leur coûterait pas plus d'une cinquantaine de ...millions.

Après un ultime sac de nœuds sur la généralisation de la complémentaire santé, qui met indirectement aux prises les acteurs et concurrents de ce secteur (assureurs, mutuelles, organismes de prévoyance), qu'il nous faut calmer successivement, la fumée blanche sort vers 20h. Cela n'empêchera pas les ultimes interruptions de séance (y compris pour prendre le temps d'imprimer à chacun la version finale du texte). Parisot et Berger me confirment que la chose est faite mais il faudra près de deux heures pour que les négociateurs sortent et que les signataires annoncent la bonne nouvelle. Elle passera de ce fait un peu inaperçue, après les journaux du soir, surtout que le président vient, en fin d'après-midi, d'annoncer l'intervention française au Mali.

Cette grande nouvelle, qui me soulage comme tous les amis de ce beau pays d'Afrique, va certes atténuer l'impact médiatique de notre succès. Cela me semble naturel sur le fond. En outre, il n'est pas mauvais de ne pas figurer sous les feux de la rampe, lesquels ont naturellement tendance à éclairer davantage les problèmes que les solutions, les critiques que les approbations.

Ainsi, la CGT part en guerre contre le texte, comme prévu, car il lui faut bien mobiliser ses troupes pour faire oublier la palinodie de la succession de Thibault et il s'en est fallu de peu que l'on entendit qu'elle. De fait, les réactions publiques sont dans l'ensemble très favorables, les observateurs les plus éloignés du sujet sentant bien qu'il s'est passé quelque chose. Seul Barbier de l'Express, qui s'est cru autorisé une semaine plus tôt à annoncer l'échec pour mieux interpeller le gouvernement sur ses intentions, ne pipe mot, ce qui est sans doute préférable pour lui.

Mon prédécesseur Raymond Soubie, mais aussi Borloo et Bayrou, certes de droite, auront au moins l'élégance intellectuelle de saluer cette bonne nouvelle pour la France. Les commentaires laudateurs de l'OCDE, des économistes du travail, des DRH, voire de Bruxelles ou du gouvernement allemand, vont certes attiser les critiques surtout du côté du Front de gauche : elles me laissent de marbre, car seuls des esprits tortueux, même n'ayant jamais mis les pieds dans une entreprise, peuvent encore croire que tous les patrons sont des voyous (équivalent de l'équation libérale : fonctionnaire = feignants) et que mieux vaut ne rien décider quand une affaire va mal que de négocier au grand jour.

En croisant dans les jours suivants tous ceux qui me félicitent gentiment, en lisant l'ensemble des messages qui vont dans le même sens, je mesure d'un coup le chemin parcouru, des idées à la réalité, surtout quand je tente d'imaginer les conséquences qu'auraient revêtues un échec, pour le président et le gouvernement. Nous avons joué gros et gagné, ne boudons pas notre plaisir même s'il faut rester sobres avant d'aborder la phase parlementaire, avec toutes les conditions de sécurité, pour respecter notre engagement d'une transcription fidèle de l'accord dans le droit du travail.

En moins de trois semaines, les équipes réussissent ce tour de force de rédiger un projet de loi d'autant plus compliqué à concevoir que l'accord traite de nombreux sujets eux- mêmes ardus et que, comme toujours, les négociateurs ont rédigé les choses dans des termes assez éloignés de la syntaxe du Code du travail.

Comme souvent, les réactions des multiples juristes, experts et observateurs – dont l'intensité traduit, au passage, l'importance de l'accord et me fait mesurer combien une grande réforme sociale peut, directement générer de l'activité -ne portent pas sur les principaux points de droit. Les intérêts se déchainent plutôt parmi les organismes gérant des régimes complémentaires santé, chacun redoutant que la généralisation, i.e. l'extension aux 500 000 salariés des TPE/PME de cet avantage, ne vienne grossir l'escarcelle du concurrent, sans qu'aucun n'ait, depuis toutes ces années, vraiment formulé de proposition précise sur la meilleure manière de parvenir à cet objectif. La charité conduira ici à ne citer personne...

Compte tenu de la lenteur des débats et d'une saisine du conseil constitutionnel par l'opposition, qui n'a pu s'en empêcher (ledit conseil qui censurera l'article relatif à l'extension de la complémentaire santé au terme d'un raisonnement juridique dont j'espère que la doctrine soulignera un jour la totale inanité), la loi sera finalement promulguée le 16 juin 2013, soit près d'un an après sa mise sur orbite par la première conférence sociale. Comment faire admettre à l'opinion qu'une telle débauche d'énergie n'ait pu nous éviter des délais aussi longs ?

Adoption du projet de loi sur la modernisation du dialogue social en conseil des ministres

Après l'échec de la grande négociation sur le dialogue social en début d'année, il a donc fallu reprendre la main. Celle du cabinet Rebsamen n'a pas tremblé, et, objectivement, cette jeune équipe a abattu un travail de titan pour aboutir à un texte ambitieux, mais aussi équilibré.

Les commentaires interrogatifs de la presse politique démontrent surtout son insuffisante maîtrise d'une matière des plus arides. Seuls les quelques journalistes spécialisés appréhendent, au-delà des inévitables compromis qu'il a fallu consentir, l'ampleur des simplifications, voire des bouleversements, que la réforme va introduire au quotidien dans le dialogue social de la grande majorité des entreprises. Il faudra probablement du temps pour en prendre la mesure.

Deux autres volets du projet de loi ont cependant focalisé l'attention. D'abord un seul article de principe, confirmant la création en 2017 du compte personnel d'activité ayant vocation, à terme, à permettre à chacun de capitaliser des droits à ce jour éparpillés. Il s'agira pour l'essentiel, on l'a dit, de temps, exprimé en journées : compte épargne-temps, compte formation, compte pénibilité, voire d'autres supports comme l'épargne salariale ou d'autres droits, tels que le congé parental. Cette grande idée, qui plonge ses racines dans les réflexions des années 90 sur la sécurité sociale professionnelle, m'a toujours paru essentielle...mais fort compliquée à concevoir en pratique. Sans doute au bénéfice des discussions d'avant-congrès avec Martine Aubry qui est favorable au concept, celui-ci retient soudain l'attention, d'abord du premier ministre puis du président : j'en suis le premier ravi, quoique mesurant d'emblée la hauteur du défi qui nous attend.

Autre volet, la création de la prime d'activité, en substitution à la PPE et au RSA activité. Nous y avons travaillé intensément depuis des mois, sur des bases pour une fois très rationnelles puisque le cadrage a été arrêté clairement et au plus haut niveau, nous permettant de « monter les murs » sur le socle de fondations robustes. Et pourtant...

Dans un premier temps, le président nous fait part d'une inquiétude légitime, mais paradoxale puisque justement les choix ont été faits. En gros, il s'inquiète que des bénéficiaires potentiels de la nouvelle prime puissent ne pas la recevoir (ce qui était la situation dans trois quarts des cas pour le RSA activité) : de fait, avoir sciemment supprimé le crédit d'impôt qu'était la PPE implique, sauf à créer un autre crédit d'impôt, que l'on accepte une formule moins automatique. Je m'attache à le démontrer, tout en soulignant que la nouvelle prime sera gérée de manière plus proactive, en clair que les CAF et les services fiscaux pourront détecter les droits, « aller vers » les bénéficiaires potentiels, de sorte que ces droits soient vraiment utilisés.

Autre débat qui resurgit, le sort des étudiants et des apprentis. Nous avons d'emblée prévu que les jeunes actifs de moins de 25 ans bénéficient de la nouvelle prime, dont c'est d'ailleurs l'un des apports majeurs. Mais, objectivement, il ne peut être question d'intégrer l'ensemble des étudiants qui font un petit boulot : en somme, les étudiants salariés occasionnels seraient hors champ, tandis que les salariés faisant des études en feraient partie.

Or, dans une émission sur Canal Plus du dimanche 19 avril, le président semble ouvrir la voie à un élargissement de cette définition, ce qui va nous valoir une belle cacophonie gouvernementale, que j'avais clairement vu venir. Je plaide dès lors pour clarifier les choses et indiquer que les jeunes en question devront avoir une activité leur rapportant au moins 80% du SMIC pour être éligibles, de manière cohérente avec la philosophie de la prestation, qui est d'encourager la prise d'activité ou le retour sur le marché du travail et pas de contraindre les étudiants à travailler.

Cette idée sera retenue, de sorte qu'à la sortie du conseil des ministres, l'expression de François Rebsamen et Marisol Touraine semblera stabilisée. Mais, une nouvelle fois, sur un sujet quelque peu tête d'épingle, nous sommes parvenus à brouiller le message inhérent à une réforme d'importance et attendue depuis longtemps. Pour le coup, j'espère que la discussion parlementaire nous épargnera de nouvelles avanies et si possible redonnera l'élan qu'il mérite à ce dispositif : le choix comme rapporteur de l'excellent député et futur ministre Christophe Sirugue nous permet de raisonnablement l'espérer.

Emplois d'avenir

Rarement réforme aura fait une telle unanimité. Dès les lendemains de la Grande conférence sociale, la concertation autour du projet de loi s'engage et va se tenir à très vive allure, car les objections sont peu nombreuses. Bâtir, dans la période de crise que nous traversons, des emplois aidés clairement orientés vers les jeunes peu ou pas qualifiés, nul n'y trouve à redire, au contraire, de la CGT jusqu'au Medef. Même au Parlement il faudra que la droite se contorsionne à diverses reprises pour aboutir à ne pas voter le texte, alors que plusieurs députés d'opposition sauront prendre leurs responsabilités.

Ensuite la publication du décret et de la circulaire d'application sera aussi bouclée en un temps record, dans cette configuration, rare au niveau interministériel, où chacun est là pour trouver des solutions et non pas élever des objections. Il faut dire que le président, parmi les mesures annoncées à la rentrée, a donné comme cap de signer les premiers contrats en novembre. Ce sera fait, par lui, le 8 novembre à Chelles en Seine et Marne, avec une douzaine de jeunes dont le sourire fait plaisir à voir. Une semaine avant, dans une ambiance plus compassée, le premier ministre a néanmoins réussi à donner du souffle au lancement des conventions cadres signées avec les associations d'élus, la SNCF, le musée du Louvre...pour favoriser le développement de ces emplois d'avenir.

L'objectif de 100 000 en 2013, puis de 150 000 en 2014 sera difficile à atteindre, si l'on veut vraiment s'adresser aux jeunes qui en ont le plus besoin, mais la dynamique est lancée.

Un mot sur le volet Education nationale. Il a fallu concéder que 6000 de ces emplois soient destinés au contingent de formations nécessaire au grand plan de relance des effectifs dans ce secteur. C'est une commodité assez bienvenue, mais au prix de divers artifices. Heureusement pour le dispositif principal, la relative euphorie créée par la réforme, fait quelque peu passer au second plan cette scorie, ce qui n'est pas pour me déplaire.

Nous consacrerons au cours des mois suivants une grande énergie à faire valoir les souplesses du texte et la nécessité de les utiliser (notamment l'ouverture possible au secteur privé), en ne manquant jamais une occasion pour aller de l'avant, en signant notamment des contrats au cours de déplacements, en faisant le point avec les préfets et le service public de l'emploi (nous réussirons même à tenir un séminaire en présence de nombreux DRH en mai 2013), en accumulant les communications en conseil des ministres. Ce qui n'empêchera malheureusement pas les grandes collectivités locales, alors majoritairement socialistes, de bouder le dispositif, pour des raisons bien peu claires, Lyon s'illustrant ici avec un aplomb tout à fait déroutant.

Mais, après un décollage difficile, dû aux exigences sociales que nous nous sommes fixées (ce système est dédié aux jeunes les plus éloignés de l'emploi, ce qui suppose bien souvent de savoir « aller les chercher », ce qui ne va pas de soi pour les missions locales), le dispositif finit par se déployer fortement, au point que le seuil des 50 000 sera dépassé dès le mois d'août, celui des 65 000 début octobre. Le forcing, y compris auprès de quelques préfets inégalement motivés - parfois surpris lors d'une visite que le sujet fasse l'objet de la première question posée par le président, qui rentabilise le traditionnel trajet dans la voiture jusqu'au site à visiter - a donc payé. C'est de bon augure pour la suite.

Le Pacte de responsabilité

Lors de ses vœux du 31 décembre 2013, le Président lance un pavé dans la marre, avec l'idée d'un pacte de responsabilité, fondé sur un vaste donnant-donnant : une nouvelle réduction du coût du travail, avec des contreparties pour les salariés. Le premier objectif passera par la suppression ou la compensation des cotisations familiales payées par les entreprises (30 milliards), le second par une série d'engagements, en matière de création d'emploi et d'amélioration du dialogue social. Depuis les Antilles, où je passe quelques jours de congés, je comprends que la fusée est désormais sur orbite et, accessoirement, que cela ne va pas contribuer à alléger ma charge de travail dans les temps à venir...

Clairement, comme nous l'avions envisagé à l'automne, l'idée est de prendre le Medef au mot. Après avoir fait sa campagne sur le thème d'une réduction de charges de 100 (puis de 50) milliards, Pierre Gattaz a changé d'angle, sous l'influence de son équipe sociale, notamment le patron de l'UIMM, Jean-François PILLARD : les allègements sont un levier, mais l'objectif sera la création d'un million d'emplois d'ici 2017. Nous phosphorons de concert avec Emmanuel MACRON.

Cette idée de contrepartie me semble séduisante, à condition de l'organiser et de l'adosser à un dispositif robuste. J'y vois aussi le moyen de faire un lien fort avec d'autres chantiers, comme le contrat de génération ou la reprise des discussions sur les institutions représentatives du personnel (IRP), avec l'idée par exemple de revoir les rigidités des seuils sociaux en échange de nouveaux droits syndicaux, notamment dans les TPE.

Finalement, le président va encore plus loin, car il embarque dans le Pacte les sujets fiscaux, qui avaient paru réservés au premier ministre, dans l'annonce, en novembre, d'une « remise à plat fiscale », concernant tant les entreprises que les ménages. Certains y verront une forme de reprise en main présidentielle. Quoi qu'il en soit, à ces chantiers, se trouve aussi ajouté en toute logique, celui des simplifications, au bénéfice des professionnels, que le chef de Après les vœux, qui créent une grande surprise dans la classe politique, au point de tétaniser non pas tant la gauche du PS que l'UMP, il faut préciser les choses. L'occasion toute trouvée est la 3ème grande conférence de presse prévue le 14 janvier, devant l'Etat ira, dès le 9 janvier, illustrer sur le terrain, à Toulouse.

plus de 600 journalistes. Ce sera fait et bien fait, tant dans son intervention liminaire que dans les réponses aux questions : par petites touches, le Pacte se précise.

J'ai, seul ou avec Emmanuel MACRON, rencontré à plusieurs reprises les responsables du patronat, Medef, CGPME et UPA. Je fais en sorte que, très vite, le Président voit tous les grands acteurs sociaux en « off », ce qui sera fait en quelques jours. Ceci avant le troisième temps de l'opération que seront les vœux aux « forces vives », à l'Elysée, le 21 janvier, ou l'ensemble du dessein devra être rappelé, sur la base d'une pédagogie répétitive.

Lors de ces échanges, guère de surprises : les syndicats réformistes sont au rendez-vous tout en faisant part de leurs exigences en termes de contreparties du côté du patronat, tandis que le tandem

CGT/ FO, même si leurs patrons sont, dans le bureau du Président, cordiaux voire constructifs, ne s'annoncent pas des appuis fiables dans une telle démarche.

Nous partons pour une vaste entreprise, d'ici à la prochaine grande conférence sociale, qui a vocation à en être le terme, en juin 2014. Mais force est d'admettre que le lancement est réussi : si les Français font toujours grise mine au chef de l'Etat dans les enquêtes d'opinion, tout démontre qu'ils accueillent plutôt bien le Pacte, une majorité d'électeurs de droite estimant même que l'UMP devra le soutenir. Au demeurant, le Président a cette suprême habileté d'indiquer que le gouvernement présentera les résultats, le moment venu, au Parlement et qu'il engagera sa responsabilité à cette occasion. Autrement dit, les fortes têtes savent qu'elles seront neutralisées, ce qui nous vaut quelques commentaires aigres, de peu d'importance.

Evidemment, toute cette séquence se trouve percutée par « l'affaire Closer », qui explose à la veille de la conférence de presse, provoquant une réelle sidération dans l'équipe. Le plus surprenant, au-delà des épisodes dont nous sentons bien qu'ils vont se succéder sans visibilité, sera la solidité d'airain de l'homme François Hollande, debout pendant près de trois heures à son pupitre devant toute la presse nationale et internationale, qui ne laissera rien paraître de ses émotions et, de l'aveu général, réussira un quasi-sans-faute.

La suite des évènements laissera aussi largement place à l'imprévu. Ainsi Pierre Gattaz, convié en février dans la délégation officielle du Président aux Etats-Unis, va parvenir de façon lourdaude à perturber cette visite d'Etat pourtant marquante, en déclarant à des journalistes sachant y faire combien il croit peu au Pacte. Y compris à l'objectif de créer 1 million d'emplois, alors que lui-même arbore un pin's peu discret sur ce thème précis depuis des semaines.

Nous sommes furieux, évidemment et il faudra plusieurs explications franches pour que le patron du MEDEF rétropédale et déclare fortement qu'il jouera le jeu. Resté à Paris, je sais pouvoir compter sur le talent de mon collègue Macron pour passer les messages. De mon côté, c'est avec la CFDT que je tente de limiter la casse : une fois de plus Laurent Berger fait preuve d'une grande maîtrise, face à de telles inconséquences.

Finalement, le MEDEF invite enfin les partenaires sociaux à se retrouver le 28 février pour évoquer les fameuses contreparties. Je conclu que cet épisode aura peut-être été un mal pour un bien, car la sortie de route de Gattaz affermit la position des négociateurs et peut ouvrir la voie à un accord significatif.

Il reste que ce genre d'affaires a un coût, en temps d'abord, en retardant un processus déjà délicat, ensuite en apportant de l'eau au moulin des contestataires, qui ne veulent (FO) ou ne peuvent (CGT) jouer le jeu du compromis.

L'accord du 6 mars 2014

La négociation des « contreparties » au Pacte s'annonçait, aux yeux de certains, comme une sorte de formalité.

Evidemment, les choses se révèlent plus compliquées. D'abord, Pierre Gattaz continue de souffler le chaud et le froid, ou plutôt le tiède et le glacé. Outre ses saillies en terre américaine, il ne trouve rien de mieux que de se laisser aller à déshabiller le projet de texte patiemment préparé par ses troupes avec la CFDT, sous les coups de boutoir de la CGPME laquelle, décidément, joue la politique du pire.

Au total, quand le MEDEF envoie sa copie le 5 mars au soir, c'est la consternation : le texte est insipide et les objectifs évanescents, même sur un plan qualitatif. Laurent Berger nous alerte, il a même le Président au fil. Je rejoins ce dernier dans son bureau pour appeler Gattaz de concert et je rassure ensuite. Le ton est ferme et le patron des patrons est sommé de renouer le fil, ce qui sera fait le 6 mars vers 8 heures en amont de la séance officielle prévue en fin de matinée.

Comme prévu, les numéros deux (Jean-François PILLARD et Véronique DESCAQ pour la CFDT) parviennent rapidement à converger sur un retour à la version initiale, d'autant plus aisément qu'ils en étaient les auteurs.

Je ne suis pas encore totalement rassuré et tente de ne pas le faire transparaitre dans les échanges de textos avec le Président : je ne suis pas là, surtout dans ce contexte, pour expliquer ce que sont les multiples obstacles sur la route du succès mais pour faire en sorte de l'obtenir.

Il faut d'abord fixer le clan patronal, car c'est une bizarrerie de l'époque : les tensions entre les trois composantes sont fortes et elles se doublent de rivalités internes féroces. La CGPME finit pas céder, sous le coup de nos arguments (il n'y aura pas de mesures de baisse du coût du travail sans accord et nous ferons savoir qui a bloqué le compromis) et de l'UIMM, qui sait rappeler à propos à sa « petite sœur » qui finance qui. A sa relative décharge, je comprends que le premier ministre, voulant bien faire, a donné l'impression au Président ROUBAUD qu'il le soutenait, alors que le but de son appel devait plutôt être de « l'ambiancer ».

L'UPA qui faisait mine de s'opposer pour ne pas en rabattre vis-à-vis de la CGPME revient aussi dans le jeu, d'autant qu'elle sait que le gouvernement veut faire un geste pour les indépendants et notamment les artisans.

Ensuite, la CFE-CGC se met à tanguer, entraînant dans son sillage la CFTC pourtant d'accord sur le fond. Je vais multiplier les coups de fils aux uns et aux autres, y compris les négociateurs de ces deux organisations qui sont de fortes têtes peu inspirées. Après un après-midi épuisant, je comprends que le ciment a enfin pris : trois organisations patronales, trois syndicales, outre l'approbation franche et nette de l'UNSA, qui suit cela de l'extérieur mais se réjouit de la tournure des évènements.

Il y aura encore les délais de confirmation par chaque organisation et, jusqu'au 9 mars les échanges se poursuivent, notamment avec Carole COUVERT, car la CFE-CGC vacille fortement, preuve que son accrochage au camp réformiste reste fragile, face à une aile poujadiste qui se découvre des points communs avec FO.

Mais c'est a priori gagné et d'ailleurs la force du texte, la référence à des accords de branche que même CGT et FO risquent de signer en nombre, apparait enfin aux observateurs avertis. La presse n'est pas prolixe, car l'actualité est focalisée sur la crise ukrainienne. Quelques heures après, nous apprenons que l'INSEE valide le fait que le chômage a baissé au 4ème trimestre 2013, de sorte que la courbe s'est bien « inversée ». Là non plus, les échos ne sont pas très notables : cela dit, les deux évènements coup sur coup sont de bonnes nouvelles

Le contenu du Pacte

Tous les chantiers progressent ensemble. La grande affaire, c'est quand même le coût du travail et la manière de réaliser les allègements supplémentaires promis par le président.

L'enjeu est de 10 milliards car le CICE en représente 30 et l'engagement porte en réalité sur ce total.

Le débat est d'abord économique, celui du niveau des salaires auquel nous considérons que l'effet sur les créations d'emploi sera maximisé : toutes les études, en dépit du caractère souvent auto-réalisateur des modèles (ici celui du Trésor, qui répond au doux nom de Mésange), démontrent que l'impact majeur se situe autour du SMIC.

Mais nous sommes aussi sensibles au fait que la compétitivité, le signal envoyé aux marchés, l'effet de réputation, imposent de traiter des niveaux de rémunération supérieurs au salaire médian (1,6 SMIC), notamment d'un point de vue international. Comme nous devons conserver 2 milliards pour les indépendants (en particulier les artisans) et un autre pour lisser des effets de seuils divers, il va donc s'agir de répartir en deux fractions égales les 8 milliards restants.

Le président nous indique clairement que, si son but n'est pas de « faire plaisir au patronat », il n'est pas davantage de le braquer et d'investir 10 milliards, de faire ce pari risqué pour la relance, fondé sur le principe de confiance, pour ensuite se heurter à un front du refus ou du scepticisme.

Je sens dans les multiples échanges à l'Elysée ou avec les partenaires sociaux avec lesquels les contacts officieux sont constants, que le premier ministre est tenté de faire plus pour les bas salaires, sans se rendre compte du risque de rupture avec l'ensemble du patronat ni d'ailleurs que la CFDT est aussi alignée sur notre position, puisque son souci est de ne pas paraître privilégier des emplois peu qualifiés. Nous allons devoir, tout en douceur, amener chacun sur cette position d'équilibre.

Il est vrai qu'en filigrane se profile un remaniement pour début avril 2014, qui tend les relations et électrise l'ensemble de la classe politique. Il est manifeste en ce mois de mars, que clôturera le scrutin municipal, que Jean-Marc Ayrault est très actif dans les médias, sans que l'on sache bien si c'est l'affirmation d'un chef de gouvernement qui a l'assurance de le demeurer ou une tentative désespérée de rester à bord : sans disposer d'information précise, ni plus ni moins que quiconque d'ailleurs, il me semble alors que le premier scénario est le plus crédible et que les changements seront plutôt ciblés vers les ministres, dans le sens d'un resserrement de l'équipe.

Notre problème est en fait celui du calendrier. Nous ne pourrons ni dévoiler le Pacte, notamment son volet d'économies, avant le second tour des municipales, d'autant que le Parlement ne siège pas, ni attendre trop en avril, puisque la France doit envoyer son Programme de stabilité à Bruxelles avant le 1er mai et le transmettre au moins deux semaines plus tôt à l'assemblée : or, ce « PSTAB » sera immanquablement marqué par le Pacte de responsabilité, puisqu'il doit décrire nos choix de finances publiques.

J'ai en outre le sentiment que le président devra réunir de nouveau les partenaires sociaux à l'Elysée pour leur faire part lui-même de ses choix, en matière sociale et fiscale, avant que le gouvernement ne se rende au parlement. Le 11 mars, nous avons l'occasion de le lui faire annoncer, afin de « caler » le calendrier.

En effet, sur la suggestion de Michel Sapin, nous accueillons au palais 100 jeunes en emploi d'avenir et leurs tuteurs, pour une matinée d'échanges directs et de bilan de leur expérience. Bien préparée, cette manifestation sera à la fois vivante et authentique malgré la solennité des lieux et permettant aux participants, presse en tête, de se rendre compte que ces fameux emplois aidés sont incarnés dans des jeunes garçons et filles transfigurés, passés pour la plupart de la galère à l'insertion professionnelle, aux projets, à l'estime de soi.

Malgré une préparation du discours comme toujours assez tendue, j'estime que le fait marquant serait l'annonce par le président de mon idée de rencontre sociale en avril pour dévoiler le Pacte : il n'en dira finalement pas un mot. C'est évidemment l'indice qu'il n'a pas encore trouvé le moment propice ni sans doute statué sur la pertinence de ce schéma. A ce niveau de finesse et de solennité des arbitrages, je ne ressens aucune déception car j'estime que lui seul peut définir le bon tempo et trancher entre les propositions qu'on lui présente.

Ce qui n'empêchera pas le président de s'attarder dans un « off » inopiné avec quelques journalistes présents ce 11 mars pour leur préciser que la baisse du coût du travail se fera bien pour partie via de nouveaux allègements sur les bas salaires et pour partie sur les salaires plus élevés, afin de concilier les deux objectifs de soutien à l'emploi et à la compétitivité. Cela, en revanche, nous ne l'avions pas prévu mais, au bilan, la matinée s'est bien déroulée et nous avons progressé un peu plus vers l'objectif. Un an plus tard, ce sera le verre à moitié plein, avec 11 branches ayant signé des accords couvrant 6 millions de salariés, soit la moitié de ceux inclus dans le périmètre des adhérents du MEDEF : bien, mais peut mieux faire.

Réforme de la formation professionnelle

Dans la nuit du 13 au 14 décembre 2013, à 4 heures du matin, l'accord est conclu entre Medef et UPA pour le patronat, la CFDT, la CFTC, la CFE-CGC et même FO, pour les syndicats.

Ce qui a retenu l'attention, pour une fois, ce sont les dissensions profondes et publiques qui ont opposé Medef et CGPME. Rien n'y a fait, y compris les concessions accordées sur nos instances par celui-là à celle-ci. Le fond de l'affaire est que la CGPME ne veut pas prendre de risque avec sa poule aux œufs d'or, l'AGEFOS, qui lui fournit la majeure partie de ses ressources et que le nouveau texte verrait perdre sa rente de situation. L'intérêt général des petites entreprises a bon dos. Mon intuition est que cette attitude laissera des traces, alors même que le projet de loi qui va suivre l'accord prévoit, entre autres sujets sensibles, un nouveau cadre de mesure de la représentativité patronale et du financement des organisations.

Sur le fond, l'accord est ambitieux, en instaurant un compte personnel formation (CPF) pour tous les salariés[1], mais aussi plus

---

[1] J'ignore alors que ce chantier m'occupera largement lorsque je rejoindrai la

100

de moyens pour les demandeurs d'emploi et une simplification radicale de l'usine à gaz qu'est devenue le système de formation.

A priori plus simple que d'autres, car touchant à ses sujets faiblement connus du grand public, cette négociation me semblait depuis le début pouvoir prospérer. Lors d'un dîner informel quelques semaines plus tôt, en compagnie des principaux négociateurs des deux bords, je suis frappé par le caractère très positif, presque grave de mes interlocuteurs, tous se disant conscients des enjeux sur le thème « on ne peut pas échouer ».

Encore une fois, alors que les tensions restent vives en Bretagne, chez les artisans et les professions libérales, au parlement, malgré l'effet de parenthèse dû à la mort de Mandela et à l'opération armée en Centrafrique, la méthode du dialogue social, contre vents et marées, a marché. On doit ce succès aux acteurs eux-mêmes, je pense notamment à ce grand monsieur qu'est Marcel Grignard qui a conduit là son dernier chantier à la tête des équipes de la CFDT, et dont je devine la patte derrière tout cela.

Bien étrange négociation cependant. Aux difficultés attendues, surtout dans la période, s'en ajoutent d'autres. A commencer donc par un « *mano a mano* » tout à fait inédit, par sa violence et son caractère public, entre MEDEF et CGPME.

Certes, cette dernière entre dans le processus à reculons, car la question du financement, que nous voulons régler lui fait particulièrement grief, puisque l'AGEFOS-PME pèse donc, par ses subsides, bien plus lourd que les cotisations des adhérents, dans les ressources de la confédération. Ce problème était cerné depuis le début : ce que personne n'avait anticipé, était que rien ne ferait bouger la délégation, il est vrai particulièrement virulente, s'exprimant normalement au nom des PME, y compris lorsque le MEDEF lui fera quelques concessions bienvenues. Ce face-à-face marquera d'ailleurs les négociateurs syndicaux, tous m'indiquant à divers moments et dans des termes très proches, n'avoir jamais vu ça...

Finalement après de très longues heures de discussions largement préemptées par ce conflit, l'accord se fera, sur des bases ambitieuses, avec d'une part une volonté concrète de recentrer l'effort de formation sur les publics les plus fragiles, notamment les chômeurs, d'autre part et cette fois dans une proportion inédite, une simplification devenue urgente du dispositif des organismes collecteurs. Mieux encore, FO signera, et la CGT sera très proche de le faire, après qu'un invraisemblable retournement de situation aboutisse à ce que Thierry Le Paon, pourtant favorable comme son équipe rapprochée, renonce au dernier moment pour de sombres raisons dont la plus claire, sera, une nouvelle fois, l'instabilité de son leadership sur le premier syndicat du pays.

En réalité, cet accord, déjà essentiel, est un train qui en cache plusieurs autres. Car la loi qui le transposera traitera aussi de nombreux dossiers sensibles : le financement des syndicats et du patronat, la représentativité patronale, la réforme de l'inspection du travail, la fin des élections prud'homales, devenues inutiles, bref, un menu particulièrement lourd.

Certains, dans la majorité, s'émeuvent qu'un texte de cette importance puisse être discuté aussi rapidement, avant la clôture de la session parlementaire, prévue fin février pour cause d'élections municipales. Michel Sapin considère et je le soutiens pleinement, qu'il faut au contraire aller vite, pour « marquer le coup », mais aussi car rien ne garantit que les choses seront plus simples quelques mois après.

Cette véritable cathédrale juridique, il faudra la bâtir pendant les fêtes, au pas de charge, pour parvenir à faire adopter le projet de loi par le conseil des ministres du 22 janvier 2014.

Nous tiendrons les délais et la loi sera définitivement votée le 28 février, dans de bonnes conditions puis publiée au JO le 6 mars. Finalement, nous ne devrons renoncer qu'à un article relatif à l'inspection du travail : comme souvent droite et communistes se retrouveront pour repousser la mesure, la première estimant qu'elle va trop loin, les seconds qu'elle est trop timide. Quoi qu'il en soit de ce bal des contraires, cela ne gâchera pas notre satisfaction car cet article manquant sera, sans tarder, restauré dans un autre texte.

Accord sur l'assurance-chômage

Vendredi 21 mars, minuit, tout est de nouveau bloqué. Mais cette fois entre le négociateur du MEDEF, Jean-François Pillard et le président Gattaz. Alors que l'interruption de séance duré déjà depuis une dizaine d'heures de rang, durant lesquelles les rencontres bilatérales n'ont pas cessé, voici donc un nouveau rebondissement, après tant d'autres.

Car la phase amont a déjà été compliquée. Nous avons que la CFDT ne veut pas d'un accord trop dur et que le MEDEF ne peut pas s'en contenter. Pour couronner le tout, Laurent Berger apparaît pour la première fois atteint par les attaques de ses homologues de la CGT et de FO, mais aussi par des critiques internes, qui me sont rapportées de diverses sources, ceci quelques semaines avant son premier congrès, à Marseille.

Le MEDEF lui, veut faire un exemple sur le dossier des intermittents et sait que les syndicats, sauf la CGT, sont excédés par ce « sparadrap » qui pèse sur leurs négociations, sans qu'ils n'aient rien demandé. De son côté, le gouvernement fait aussi le grand écart, espérant 1,3 milliard d'économies rapidement et si possible plus de 4 d'ici 2017 pour combler le déficit du régime. Or, il est clair qu'un tel quantum ne rencontrera qu'une ferme opposition de la CFDT.

Le jeudi 20 en soirée, alors que je suis une nouvelle fois arrivé en retard à ma réunion de section du PS à Verrières, j'ai plusieurs échanges avec les négociateurs, qui démontrent que l'axe MEDEF/CFDT est très vacillant. Les uns et les autres me l'affirment dans les mêmes termes : « on est très loin ».

La journée de vendredi, comme souvent, traduira des avancées, chacun ayant à cœur de ne pas porter le poids de l'échec, quels que soient les coups de menton des uns et des autres. Je perçois que l'un des enjeux de l'accord sera d'avancer de manière assez nette sur les intermittents. Dès lors, il va falloir se préparer à un conflit dans ce secteur, ce que la ministre de la Culture ne peut facilement accepter et moins encore son cabinet, qui semble ne pas comprendre qu'à défaut d'accord, nous risquons de devoir prendre nous-mêmes les décisions impopulaires.

Force ouvrière va finalement faire bouger les lignes. Attachée presque sentimentalement à l'UNEDIC qu'André BERGERON a si longtemps présidée, cette organisation a pourtant radicalement changé de ligne politique depuis l'accession à sa tête, en 1989, de Marc Blondel, qui vient justement de disparaître. Le grand écart permanent entre la droite voire l'extrême-droite et l'activisme trotskyste de Lutte ouvrière, lui est une seconde nature, qui rend à tout le moins ses positions stratégiques difficiles à prévoir. J'ai la conviction que Jean-Claude Mailly, en redoutable tacticien qu'il est, ne veut ni « servir la soupe » au gouvernement, surtout quand il est de gauche, ni rester trop longtemps associé à la CGT, dont toute l'histoire de FO fait un repoussoir. Dès lors, signer l'accord UNEDIC aux côtés de la CFDT, juste après avoir défilé le 18 mars en la vilipendant, voici un pied de nez bien tentant.

Alors que la rédaction du compromis s'élabore presque tranquillement sous la plume du MEDEF, qui sait pouvoir désormais compte sur l'aval de la CFDT et de FO, mais aussi de la CFTC, voici donc que Pierre Gattaz remet en cause le schéma. Il feint d'en découvrir les termes, alors qu'il a été dûment informé de chaque étape de la négociation. Son point est notamment de ne pas vouloir signer pour deux ans mais seulement pour 6 mois. En effet, nous avons poussé et obtenu à la fois un terme suffisamment éloigné pour montrer que le système est pérennisé et une clause de revoyure avant fin 2014 pour préciser un certain nombre de règles qui n'auront pas pu l'être avant. C'est ambigu à souhait car notre idée est d'en profiter pour réaliser de nouvelles économies : mais il ne faut pas « précariser » le régime ce qui ne peut que créer de la tension jusqu'à ce nouveau rendez-vous.

Comme souvent, nous nous déployons avec Emmanuel Macron, successivement mais toujours bien coordonnés, auprès des principaux décideurs, sachant que de mon côté j'ajoute à ce réseau d'échange les négociateurs qui sont physiquement autour de la table, et dont l'influence est toujours décisive lors des derniers moments.

Finalement l'accord se fait vers minuit, avec près de 800 millions d'économies dont 120 sur le régime des intermittents (soit un tiers de son impasse). Aux intervenants de la dernière heure qui considèrent que l'accord est a minima (et assez contradictoirement qu'il est à la fois sévère mais pas assez « rentable » financièrement) je demande ce que serait notre situation s'il n'y avait pas eu d'accord, donc constat d'échec et renvoi des décisions au gouvernement. Le président, que je croise le vendredi soir puis le lendemain à midi pour un point dans son bureau, ne cache pas sa satisfaction et, en toute objectivité, il est dans le vrai.

Mais le volet relatif aux intermittents se révèle assez vite mal ficelé, puisque le différé d'indemnisation pèse en réalité davantage sur les moins rémunérés. Les partenaires sociaux ont l'honnêteté de le reconnaître et vont se remettre à la tâche pour ajuster le dispositif. Cependant, face à la grogne des milieux artistiques (qui n'est pourtant rien à côté de celle de 2003...), la ministre de la culture commet l'erreur de s'attribuer le mérite de cette « renégociation », ce qui va faire perdre des jours précieux, ni la CFDT, ni FO ne le

MEDEF n'appréciant la forme et le fond de cet ukase : car, nous le savons, la tentation est grande pour les partenaires sociaux de « refiler le bébé » au gouvernement, ce que, précisément, nous voulons à tout prix éviter. Ce n'est que le 25 avril, soit après un mois d'échanges en pointillés, que la nouvelle version sera conclue, sans bien entendu que nous soyons assurés que le calme va revenir, alors que la saison des festivals se profile. De fait, la situation va rapidement se dégrader.

Retraites complémentaires

Le 16 octobre, l'échéance est fixée : il y aura ou pas un accord à l'ARRCO et à l'AGIRC et de cela dépendra non seulement le sort de ces régimes de répartition essentiels à la retraite des salariés (or leurs réserves s'épuisent) mais encore l'avenir du paritarisme et avec lui du dialogue social, jusqu'à la fin du quinquennat.

Les choses sont mal engagées. D'un côté, il faut faire des économies sérieuses et donc impopulaires, tant le mur du déficit est élevé, pour des raisons démographiques aussi connues que prévisibles dans ces systèmes où les actifs du moment paient les retraites des pensionnés du moment. Les marchés et Bruxelles nous observent de près, car chacun sait que la capacité de la France à se réformer sera notablement jugée sur ce dossier-là. Enfin, le climat syndical est très détérioré, du fait à la fois des dérives de la CGT qui tangue comme un bateau ivre à la recherche d'une ligne, et des incidents graves à Air France, avec les images de la chemise arrachée de son DRH en fuite, qui ont fait le tour du monde en quelques heures.

Le MEDEF a dans cette négociation entretenu une certaine ambiguïté. Claude Tendil qui pilote les échanges connaît son sujet mais pratique le dialogue à sa manière : ainsi ne trouve-t-il rien de mieux d'annoncer mi-juin que la prochaine réunion sur ce dossier pourtant stratégique aura lieu...4 mois plus tard.

La CFDT, flairant le piège –on la fait « lanterner » avant de mettre sur la table un projet qui sera alors à prendre ou à laisser- a bâti son contre-projet, plutôt malin : en gros, elle propose que tous les retraités, sauf les plus modestes, contribuent solidairement pour rééquilibrer les comptes, là où le patronat préconise des abattements sur le niveau des pensions, fondés sur un critère d'âge.

Dans un premier temps, FO, dont la signature est vivement souhaitée par Laurent Berger qui ne veut pas se trouver seul à porter cette charge, paraît pouvoir converger avec le schéma CFDT. En réalité, il n'en sera rien et FO pèsera surtout en faveur d'un accord a minima, lui permettant avant tout de rester dans le jeu de ce régime auquel l'histoire la rattache.

Président et premier ministre, instruits du danger, voient Pierre Gattaz et évoquent un schéma de compromis que nous avons imaginé avec Matignon : un système de « bonus/malus », moins brutal que celui avancé par le MEDEF mais intégrant bien des bornes d'âge, avec l'idée que les salariés doivent être découragés de partir tôt et plutôt encouragés à différer quelque peu ce départ.

Comme dans toutes les grandes occasions de ce type, il faut se mettre aux manettes et je corresponds en direct avec le président qui se trouve à l'étranger. J'appelle les uns, les autres, répond aux sollicitations, quand il faut rassurer A, convaincre B, pousser C dans ses retranchements. Le MEDEF fait monter les enchères pour que la hausse des cotisations qu'il doit accepter soit partiellement compensée sur le secteur des accidents du travail : c'est notre idée, d'autant que cette baisse-là avait sa logique propre. Après une ultime interruption de séance, nous tenons un accord de principe (qui sera ensuite signé formellement le 31 octobre), entre le patronat réuni, CFDT, CFTC et CFE-CGC. CGT et FO sont hors-jeu, avec pour cette dernière la sanction immédiate puisqu'elle perd la présidence du régime, la CFDT cumulant celle de l'ARRCO et celle de l'AGIRC, au grand dam des cadres qui vont récupérer en échange celle de l'APEC.

Outre cette petite cuisine institutionnelle, c'est un beau résultat, après la douche froide du blocage sur le dialogue social fin 2014 pourtant bien moins complexe sur le fond, mais quelle énergie dépensée : je songe au fait que nos amis de Bercy considèrent sans doute ce débouché comme allant de soi puisqu'ils ont inscrit, impavides, « dans le compte » les économies espérées...

Avec la baisse marquée du chômage que nous allons annoncer le 26 octobre, 10 jours plus tard, qui marque le plus fort recul enregistré depuis 2008, nous sommes dans une belle décade, d'autant qu'à mi-chemin surgit la conférence sociale.

Un seul échec : la négociation sur la modernisation du dialogue social

Il fallait bien que la belle série s'interrompe. Après sept accords de grande portée, le huitième espéré ne viendra pas. Même les trains d'enfer s'arrêtent.

Le 22 janvier 2015, après une ultime tentative de compromis, Laurent Berger m'appelle pour me dire simplement « c'est fini », puis Pierre Gattaz me le confirme. Le Président subit le choc, lui qui, à la demande de la CFDT, mais sans forcer sa nature dans le contexte, s'est très fortement engagé lors de des vœux aux partenaires sociaux le 19 janvier, rappelant que personne ne comprendrait un échec sur le sujet quelques jours après ce formidable élan d'union nationale.

Il m'appelle vers 22 heures le mercredi 21, pour savoir où en sont les choses et je dois bien lui confirmer que l'on n'y arrivera pas. Comment l'expliquer ?

A tête reposée, une fois passée la déception et les multiples réponses aux journalistes qui voient pour la plupart l'occasion de relancer les critiques sur le gouvernement (l'esprit « Je suis

Charlie » est déjà loin...), je discerne cinq causes d'inégale importance.

La plus lourde est à porter au débit du MEDEF. Gattaz paie cash l'atmosphère délétère qu'il a entretenue depuis des mois, créant beaucoup de défiance avec la CFDT. Il n'a pas compris d'emblée que le projet d'accord, très favorable aux entreprises, ne pouvait passer pour la centrale réformiste qu'en contrepartie de véritables avancées pour les syndicats. Quand il le réalisera, il sera trop tard, ce qui accentuera encore l'incompréhension mutuelle, puisque, désormais de bonne foi, le patronat aura le sentiment d'avoir « tout fait » pour finalement échouer à conclure.

En second lieu, nous avons collectivement sous-estimé la « hauteur de la marche ». Prévoir une instance unique du personnel constituait un véritable saut accréditant d'ailleurs qu'il s'agissait de remettre en cause le CHSCT, donc l'un des acquis des lois Auroux, ce qui, le temps passant, a fini par motiver négativement de très nombreux syndicats et fédérations de toutes tendances.

Ensuite, la CFE-CGC a confirmé son manque de fiabilité déjà observé lors de la négociation sur le pacte de responsabilité, au mois de mars précédent. Carole Couvert, en butte à de grandes fédérations qui lui font la vie dure –et auront finalement sa tête-, avait sans doute depuis le début décidé de ne pas y aller et la CFDT l'a rapidement compris, alors même qu'il ne pouvait s'agir, pour Laurent Berger, de porter seul un accord. Je n'apprécie pas cette attitude fausse, consistant à paraître avancer dans les échanges au sommet et à ne donner aucune consigne à ses négociateurs dans la voie du compromis. Le summum est atteint le 21 janvier, lorsque, prétextant son anniversaire, la présidente de la CFE-CGC disparaît soudain des écrans radars au plus chaud des négociations.

Par ailleurs, de nombreux organismes et cabinets d'audit spécialisés notamment dans la santé au travail, ont monté un véritable front du refus de l'accord craignant que la simplification des instances ne se traduise par une réduction des budgets de conseil et donc de leur chiffre d'affaires. Ce lobbying, d'autant plus efficace qu'il couvre du manteau de l'intérêt général des préoccupations clairement mercantiles, pèsera finalement plus que prévu.

Enfin, dans une moindre mesure, il apparaît clair que les négociateurs directs, qui sont le visage humain de ce marathon, ont manqué d'expérience et fait preuve, comme souvent dans ce cas, d'une excessive raideur, peinant à accompagner les mouvements de leurs chefs de file situés à distance et plus encore à trouver des voies de passage, ce qui suppose de ne pas se perdre dans les détails et de savoir arrondir les angles quand l'enjeu est de modifier une virgule.

Quoi qu'il en soit, l'échec montre que négocier sur la négociation, en l'occurrence dialoguer sur le dialogue, est un défi inextricable pour les acteurs sociaux, qui ont déjà butté, pendant quatre ans, sur le thème voisin des institutions représentatives du personnel, tandis qu'un avis récent sur le sujet du Conseil économique et social, le CESE, pourtant très consensuel, a finalement été rejeté dans cet hémicycle.

Gilles Gateau à Matignon, Pierre-André Imbert qui dirige désormais le cabinet du ministre REBSAMEN, celui-ci directement, sont en relation constante avec moi et il est fréquent que nous nous trouvions dans le même bureau pour appeler ensemble les protagonistes.

A l'occasion d'un long déplacement en Seine et Marne dans la voiture du ministre pour nous rendre à l'enterrement de la première victime des tueurs de Charlie Hebdo, salarié de SODEXO, nous évoquons évidemment le sujet, qui nous préoccupe aussi fortement. Nous savons bien, dans la dernière ligne droite, que nous n'arriverons pas à redresser le tir, mais il est pour nous tous hors de question de ne pas tout tenter jusqu'au bout.

Comme j'en ai l'habitude en pareilles circonstances, je constaterai dans les derniers instants que c'est vers moi que convergent les ultimes appels, étant entendu que le Président échange aussi directement, surtout avec Berger. Quand l'échec est rendu public, du moins les acteurs communiquent-ils sobrement, un accord moral ayant été passé entre eux de ne pas s'agresser. La sortie du siège du MEDEF devant les caméras est, de fait, plutôt digne.

Le premier ministre et le ministre du Travail réagissent vite et bien, annonçant qu'ils recevront toutes les organisations successivement pour faire le bilan et, clairement, envisager de reprendre le sujet dans un projet de loi, ce qui s'annonce ardu mais inévitable si nous ne voulons pas laisser ce dossier en jachère.

Nous partageons le goût amer que laisse cet immense dossier non abouti, qu'il va nous falloir un peu de temps pour remettre sur l'ouvrage, face à une majorité sans doute dubitative et une opposition qui ne fera aucun cadeau, quel que soit le contenu de notre texte. En politique comme ailleurs, le succès est parfois à ce prix, ne pas se résoudre à l'échec, surtout quand on est passé si près du but.

Le rétablissement se fera finalement sans accroc, le premier ministre recevant le 25 février tous les partenaires, pour présenter le projet de loi que le gouvernement va initier faute d'accord. Le travail de préparation intense mené avec le cabinet Travail a porté ses fruits, puisque les soutiens ne manquent pas et les critiques semblent comme retenues. Dans un contexte politique rendu sensible par la loi Macron et son adoption au forceps du 49-3 en première lecture, il est vrai que chacun marche un peu sur des œufs.

VI – LA COMMUNICATION

La presse

Dans les allées du pouvoir, les relations avec les journalistes ont une nature le plus souvent hystérique.

A l'Elysée, il y a d'abord les journalistes accrédités, qui travaillent souvent sur place, dans la salle de presse et qui font partie de notre décor comme nous du leur : nous les croisons fumant leur cigarette –on fume beaucoup dans cette corporation, comme au sein des cabinets - sous le porche qui sépare la cour Ouest de la cour d'honneur, voire dans les couloirs.

Un deuxième cercle est composé par les mêmes et d'autres de leurs confrères, qui suivent le « Hollande tour », chacun des déplacements en France (dont les pittoresques convois aériens dans un transport de troupes bien peu confortable, l'avion militaire de fabrication espagnole « Casa ») mais aussi les voyages à l'étranger, qui attirent les chroniqueurs politiques.

Enfin, chacun de nous est sollicité par des journalistes plus spécialisés dans un domaine, ainsi, quand elle existe, que par la presse professionnelle.

Bref, cela fait beaucoup de monde à traiter, avec d'autant plus de sensibilité que la période traversée est délicate et la tendance des sondages médiocre. Au demeurant, nombre de nos interlocuteurs sont plutôt compétents et sympathiques, mais travaillent pour des chaînes, des quotidiens ou des hebdomadaires qui ne rechignent ni à la critique systématique, ni à l'outrance : c'est un peu perturbant, pour qui ne pratique pas cet écosystème depuis des lustres. Plus encore l'est la manie qu'à chacun de corroborer ce que l'autre a pu écrire, a fortiori sur un site internet : à cette course au scoop, on voit bien que personne ne gagne vraiment et que c'est, trop souvent, la qualité de l'information qui en pâtit.

Pour le reste, je m'en tiens à des principes appliqués ailleurs dans d'autres circonstances. Il faut se taire au maximum, ne rien divulguer évidemment en amont, mais assurer le « service après-vente » des décisions, des réformes, des prises de position, afin de les éclairer et d'éviter les contresens, volontaires ou pas. De fait, tous les cabinets échangent avec la presse, les grandes administrations aussi (avec une mention spéciale pour Bercy) - ce qui ne va pour le coup pas de soi - de sorte que nos interlocuteurs sont moins à la recherche d'un scoop improbable, que d'un recoupement de l'information déjà glanée.

Fondées sur une estime et un respect mutuels, ces relations ne sont alors pas « dangereuses », même si un écart ou un incident est toujours possible, qu'il ne faut alors jamais laisser passer. Certains journalistes qui se veulent « accrocheurs » ont le don de chercher la petite bête et de tout surinterpréter : on ne les trouve pas uniquement dans les « petites » rédactions, loin s'en faut. J'ai du mal à comprendre leurs ressorts car, à l'évidence, leur mauvaise foi envahissante même si elle leur permet de faire illusion avec quelques articles plus ou moins remarqués, finit par leur nuire car plus personne ne leur dit rien de substantiel. Autrement dit, ils sont « débranchés ».

Pour autant, quand la presse estime que vous êtes au bon sens du terme transparent, que vous ne cherchez pas à lui « vendre » quelque chose, que vous ne pratiquez pas la langue de bois, que vous maîtrisez les règles du « off », il est rare qu'un échange avec elle soit inutile. Chacun fait alors son métier du mieux possible et, avec le temps, mon intuition se consolide : l'immense majorité des journalistes vaut bien mieux que les médias qui les emploient.

Conférence de presse du 13 novembre 2012

Chacun a « gratté » son stock de fiches, sur tous les sujets. Ils ne manquent pas, en particulier sur le front social. Dès 16h, la salle des

Fêtes de l'Elysée a des allures de Madison Square Garden. 400 journalistes en rangs serrés, des câbles partout, reliés aux camions-régie gigantesques qui entourent le palais comme de gros insectes. Bref, ambiance des grands jours. Les ministres arrivent en flot continu dans un salon adjacent où nous sommes étrangement confinés avec eux, comme dans un vestiaire de foot avant le coup d'envoi. Le premier ministre me prend à part pour évoquer rapidement les dysfonctionnements récurrents du ministère de la santé. Les journalistes sont impatients, nous interrogent : n'y-aura-t-il vraiment aucun scoop, comment est-il, etc.

Et bien il est, comme prévu, à son meilleur. Après quelques minutes de « chauffe », la machine est en marche et ne s'arrêtera plus pendant deux heures et demie. Du grand art, qui nous rappelle pour pourquoi c'est lui le Président, tandis que les autres écoutent. Je songe d'ailleurs que Jean-Marc Ayrault va encore devoir « ramer » pour suivre ce nouveau tempo très exigeant. Nous plaisantons dans notre salle, devant les deux grands écrans, la tension a rapidement chuté à mesure que le « niveau de jeu » du champion s'élevait au niveau requis.

A la fin, la troupe ministérielle revient vers nous, faisant cortège au président, chacun se dirigeant vers le petit cocktail. Même en faisant la part des choses, notamment des habituelles flagorneries, tout le groupe sent bien que l'exercice à remarquablement fonctionné. Ce soir et surtout demain, la presse le reconnaîtra de manière aussi moutonnière qu'elle a cédé précédemment au « Président *bashing* », inaugurant une embellie dont toutefois nul ne sait parmi nous si elle sera plus ou moins durable.

Conférence de presse du 5 février 2015 et Seine et Marne

La 5ème conférence de presse semestrielle s'annonce, pour la première fois, dans un contexte plus favorable ou du moins neutre, les précédentes ayant été parasitées par divers évènements pesant pour le président, même, voire surtout, sur un plan privé.

La difficulté cette fois, est autre : il s'agit de rester au niveau des évènements, dans la continuité de « l'esprit du 11 janvier », tout en délivrant des messages clairs et concrets aux Français, qui ne peuvent se contenter d'un discours sur les valeurs républicaines. Beaucoup a été changé pour marquer cette rupture, à commencer par la brièveté du propos introductif – il durera 15 minutes au lieu d'une quarantaine précédemment-, ou la priorité accordée aux sujets internationaux, sur lesquels portera la première salve de questions. Enfin, l'équipe de communication a distillé des éléments tout au long des jours précédents, au risque selon moi de « dévitaliser » quelque peu l'exercice, mais en réalité avec efficacité, puisque la presse aura ainsi l'occasion de revenir, d'approfondir ceux des thèmes que le chef de l'Etat veut mettre en avant.

Le résultat sera à la hauteur de l'intense travail de préparation auquel se livre l'équipe, travaillant sans relâche à préciser, polir, clarifier, des propositions à la fois précises et pas trop détaillées, question d'éviter l'effet « boîte à outils » si souvent reproché lors de précédentes interventions médiatiques : rôle de l'école, développement économique des quartiers, dialogue social...les grands sujets ne manquent pas. Le président va se sortir remarquablement de l'exercice, sur le fond mais aussi sur la forme, trouvant un ton simple, grave, convainquant et en même temps pénétré de son rôle, comme jamais. Les éditorialistes doivent bien le reconnaître à l'unisson, il a endossé l'habit présidentiel, certains faisant mine de considérer qu'il y aura mis le temps, d'autres ayant l'honnêteté d'admettre qu'ils l'ont sans doute sous-estimé, tant il est vrai qu'à ce niveau on ne se révèle pas brusquement.

La veille est paru un curieux article du Nouvel Observateur mettant en avant la « jeune garde » de l'Elysée, photographiée plein cadre et en couverture de l'hebdomadaire. Je trouve que cet effet générationnel est plutôt sympathique, d'autant que les intéressés sont bourrés de talents (Constance Rivière, Jean-Jacques Barberis, Audrey Azoulay...). Mais tout ceci va déclencher une double réaction, somme toute naturelle. Externe d'abord, puisque les remarques pleuvent sur le côté formaté de cette équipe de trentenaires super-diplômés et « propres sur eux », peu ouverte à la diversité en tout cas, autant de sujets de grincement à prévoir dans les sections socialistes ; interne aussi, car de nombreux collègues, plus expérimentés et dont le rôle est équivalent voire plus important ressentent logiquement un petit pincement de déception. N'aimant pas qu'on parle de moi et ayant déjà fait l'objet de plusieurs portraits, je me sens à l'abri de ce sentiment mais peux le comprendre.

Plus généralement, les reportages conduits au sein de la présidence – selon la formule *« embedded »* -, qu'ils soient sous forme audiovisuelle ou écrite, me laissent toujours un sentiment mitigé, car évidemment les journalistes choisissent des angles très partiels, le plus souvent appuyés, qui donnent bien peu à voir du véritable fonctionnement et de ce qu'est notre quotidien. A vrai dire, tout cela n'a pas une bien grande importance.

En effet, dès le 16 février, nous sommes à Montry en Seine et Marne, dont je connais le maire depuis des lustres, pour visiter l'EPIDE, établissement qui accueille des jeunes en difficulté d'insertion, dans un cadre quasi-militaire, avec des taux d'insertion remarquables. Le Président venant d'annoncer que les capacités du dispositif vont progresser d'un quart, soit 1000 jeunes supplémentaires, il s'agit d'illustrer plus concrètement l'apport de cette formule, qui s'inscrit dans un arsenal diversifié : service civique, garantie jeunes, emplois d'avenir voire service militaire adapté (SMA), dont il est décidé d'importer la formule, bien établie outre-mer, en métropole.

Ce déplacement a été monté en un temps record, grâce à la réactivité de la nouvelle directrice de l'EPIDE, issue du cabinet Sapin, ce qui nous vaut en ce lundi matin frisquet et après une Marseillaise chantée par les jeunes devant les couleurs, d'assister à un échange très riche avec les 150 pensionnaires. C'est le début d'une série de visites de terrain visant à illustrer toutes les initiatives qui viennent d'être prises.

4ème conférence de presse

Le 18 septembre, nouvelle épreuve orale devant l'ensemble de la presse. Certes, le président excelle dans l'exercice, mais, pour le coup, l'ambiance est encore plus lourde qu'en janvier 2014, quelques jours après l'affaire Closer.

Objectivement, il va encore une fois réaliser une grande performance, avec notamment un avant-propos très solide, en particulier sur le versant international de sa politique.

Le plus surprenant sera, finalement, le niveau assez navrant des questions posées pendant deux heures et, ceci va avec cela, le manque total de curiosité des journalistes pour les sujets économiques et sociaux. Manifestement, les représentants des télés et des radios qui trustent l'exercice ont d'autres préoccupations que celles des Français.

En nous rejoignant vers 19 heures, flanqué du gouvernement au complet (à l'exception de Bernard Cazeneuve, parti à la rencontre des victimes des crues en Ardèche), le président semble satisfait, presque détendu, alors que son épuisement m'avait surpris en janvier. De fait, la presse sera plutôt élogieuse.

Pour autant, je me demande ce que cet exercice peut avoir comme impact sur l'opinion, ne serait-ce que dans la mesure où peu de gens sont devant leur écran un jour de semaine en fin d'après-midi. La réussite a beau être une nouvelle fois au rendez-vous, le sens et l'utilité de tout ce déploiement d'énergie continuent, en large part, de m'échapper.

Face aux Français

Le 6 novembre 2014, le président a accepté de se livrer à une émission d'un genre nouveau pour lui, sur TF1/RTL, avec une séquence « face aux Français ». Cette idée nous séduit plutôt, car il faut renouer le fil, force étant de constater que ni les quatre grandes conférences de presse, malgré son brio dans l'exercice, ni les apparitions plus courtes à la télévision, où il est d'évidence moins à l'aise, n'ont vraiment réussi depuis le début du quinquennat.

Nous allons fournir moult fiches et évaluations en tous genres, en particulier pour anticiper les réponses aux quatre « Français » censés être représentatifs : une chômeuse en fin de droit, une patronne de PME, un jeune juriste en mal d'insertion, une assistante maternelle par ailleurs active comme parent d'élève. A chacun, le président aura à cœur d'indiquer des pistes plus ou moins précises, dont certaines deviennent des « annonces », s'agissant en particulier de la situation des seniors non encore retraités. Evidemment, j'ai encore une fois le privilège de voir nombre de mes dossiers évoqués.

Mais la chef d'entreprise, sans doute choisie pour son allant et - nous sommes sur TF1- un physique très télégénique, se révèle d'une agressivité permanente, en somme le piège parfait pour un chef de l'Etat qui apparait alors très défensif, après que la séquence initiale, censée être plus personnelle, ait vu le journaliste placer ses questions au rang de la presse « people » de bas étage.

Massés devant les écrans au Salon Murat, nous oscillons entre consternation et inquiétude, avant que la troisième partie de l'émission ne nous soulage, puisque le Président, de nouveau face à un journaliste accrocheur mais professionnel, redevient lui-même : convaincant, incisif, réactif.

Nous avons le sentiment global que l'émission n'est pas une grande réussite mais qu'il a marqué des points. Le lendemain, apprenant un score d'audience inespéré avec des pointes dépassant 10 millions de téléspectateurs, notre sentiment se trouve révisé à la hausse. Pourtant, une autre étude montrant que près des trois quarts de ces téléspectateurs n'ont pas été convaincus, nous rappelle à la réalité : il faudra plus qu'une émission pour remonter la pente et probablement imaginer de nouveau un format à la fois surprenant et adapté. A défaut d'être un coup pour rien, cet épisode n'aura pas constitué un coup de maître.

Nouvelles rencontres avec les Français

Après cette émission télévisée durant laquelle il a indiqué être disponible pour rencontrer des Français soucieux de discuter avec lui, le Président accepte que nous permettions à plusieurs de ceux qui ont envoyé des messages en ce sens, de venir le voir à l'Elysée.

Le choix ne coule pas de source mais il apparaît rapidement que la plupart d'entre eux veulent évoquer des problèmes où l'emploi joue un grand rôle. Je serai donc celui qui sera à ces côtés pour cet exercice inédit. Nous fonctionnons par tranches de deux heures, ce qui est beaucoup dans un agenda surchargé, soit à chaque fois 6 personnes qui peuvent échanger une vingtaine de minutes dans le bureau présidentiel. Passés l'émotion de se trouver soudain dans ce lieu mythique, mais très rapidement mis à l'aide par leur hôte, tous disent ce qui leur tient à cœur. La plupart ont emporté un petit présent, livre, pot de miel ou autre : nous sommes soudain replongés dans l'univers des permanences d'un élu local ou d'un parlementaire, et l'on sent bien que le président en a tenu des centaines

En janvier et février 2015, ce sont ainsi 19 personnes qui sont reçues en trois petits groupes successifs. C'est donc long, souvent très intéressant, parfois émouvant et se dégage de ces entretiens une grande bienveillance mutuelle, les visiteurs trouvant très vite leurs marques, malgré la solennité du lieu. Ensuite, je m'efforce de régler les principaux problèmes, toujours dans l'esprit de faire avancer les choses d'un point de vue plus global, tant il est vrai que débloquer un dossier ou corriger une anomalie doit permettre d'améliorer plus largement certaines situations.

Le 16 février 2015, un groupe un peu particulier s'inscrit dans cette série. Des personnes exclues, membres d'ATD Quart Monde, aux côtés « d'alliés » ou de « volontaires » dont la plupart ont vécu cette même situation, sont réunies au salon des Ambassadeurs, nouvelle salle du conseil des ministres depuis le gouvernement Valls II.

Nous avons patiemment monté cette rencontre avec le président d'ATD, qui tenait à juste titre à ce que cette première se tienne au Palais. Pendant plus d'une heure, il sera question de dignité et d'espoir bien plus que des difficultés pourtant terribles qui accablent nos visiteurs d'un jour. Le courant passe, quelques larmes embuent les yeux de certains au moment de la photo de famille. Avec Nathalie Destais qui a mis toute sa finesse et son intelligence humaine pour m'épauler dans cette opération délicate, nous savons qu'elle marquera les esprits de ceux qui l'auront vécue et sans doute un peu au-delà.

Emission du 14 avril 2016

Sur France Télévision, le Président va de nouveau se trouver « face aux Français », pour renouer le fil, alors que la diète médiatique se prolonge depuis trop longtemps, dans une ambiance plombée par des sondages en berne, qui ont renvoyé bien loin la nouvelle embellie consécutive aux attentats de novembre.

Comme toujours, nous préparons un grand nombre de fiches d'actualité, qui ne manque pas sur les sujets sociaux. Le matin même du 14, j'en transmets une dernière car une étude de l'UNICEF paraît le jour même, sur la pauvreté des enfants, guère flatteuse pour la France à ceci près qu'elle met surtout l'accent sur l'école et le classement Pisa de ...2012, qui est davantage un bilan de la période Sarkozy que le nôtre. Mais de cette incongruité, ce document ne dit mot. Le président aura retenu l'information et y fera allusion, ce qui me donne le sentiment fugitif de ne pas avoir travaillé en vain.

Pour le reste, je n'apprécie pas ce type d'émission. Outre l'agressivité des journalistes, qui, avec Léa Salamé, atteint parfois des sommets, j'observe que chaque invité censé représenter un profil-type, est en fait conduit à ne parler que de lui. Autrement dit, cet exercice de nombrilisme ne me paraît rien apporter, tirant même les échanges vers le bas, interdisant de prendre un peu de hauteur et transformant le Président en décathlonien des réponses techniques, qu'il maîtrise parfaitement au demeurant. Le faible score d'audience (seulement 3,5 millions de Français ont regardé) le démontrera. Seule la conclusion, spontanée, durant laquelle le chef de l'Etat décrit son rôle et en souligne avec force et simplicité la dimension tragique, me paraît à la hauteur de la fonction. Je comprends mes collègues de l'équipe de communication qui ont travaillé d'arrache-pied et ont donc tendance à ne voir que le positif de cette expérience. Au sein du cabinet, je sens bien une sorte de gêne collective, déjà perceptible au Salon Murat, où une vingtaine d'entre nous s'est tenue serrée autour des écrans et du buffet dressé pour la circonstance.

Coupe Davis

21 au 23 novembre, 2014, finale de la coupe Davis entre la Suisse et la France, dans le nouveau stade Pierre Mauroy de Villeneuve d'Ascq.

Tandis que nous sommes en visite préparatoire en Lorraine, pour le périple désormais annuel à Florange, le 21, j'apprends que je vais devoir aller à Lille le lendemain, car il faut recevoir une délégation d'étudiants en travail social. La carotte pour ce nouveau week-end entamé est de taille : assister à la finale, plus exactement au match de double de la deuxième journée.

L'audience est rapidement menée. Comme prévu, ces jeunes sont tout à fait sympathiques et pertinents. En clair, la loi Fioraso sur l'enseignement supérieur a opportunément prévu que tout stage de plus de deux mois devait désormais être gratifié. Or, les futurs travailleurs sociaux passent en stage une bonne partie de leur formation. Et il se trouve que leurs futurs employeurs collectivités et associations, ont pour beaucoup bien des peines à financer cette nouvelle charge : un bel exemple d'injonction contradictoire ou d'acte manqué, en somme une excellente intention qui se retourne contre ses auteurs et ses bénéficiaires, qui pour le coup, voient leur cursus remis en question.

Après cet échange, direction le stade. Dans une ambiance de folie, j'ai le bonheur de voir enfin jouer Federer, que l'on dit amoindri mais qui est vaillant en diable.

Au passage, je retrouve bien des têtes connues à commencer par l'ami Thierry Rey ainsi que l'équipe de Martine Aubry au grand complet, avec laquelle le président a déjeuné en tête à tête dans un restaurant lillois : Pierre de Saintignon, qui a des vues sur la région, François Lamy, frère de notre ami Philippe, qui vient de quitter l'Essonne pour rejoindre sa patronne. Laquelle, au sortir d'un pot en fin de match, dont la vedette est la montagne Teddy RINER, me gratifie même d'une bise amicale.

Bref tout va pour le mieux, même si je n'affiche pas trop ostensiblement que la victoire de la Suisse conduite, par le magicien "Rodger", me réjouit plutôt et je sais ne pas être le seul parmi les passionnés de tennis.

VII– GRANDS CHANTIERS

Compétitivité

L'idée du crédit d'impôt vient du président, qui la lance comme un ballon d'essai. Voilà des semaines que nous tournons le sujet dans tous les sens : comment alléger le coût du travail sans plomber la consommation ni envoyer des signaux négatifs aux Français mais aussi aux marchés ?

Je penche plutôt - et depuis longtemps - pour recourir à la CSG, avec l'idée d'en profiter pour lancer la réforme de la dépendance, car je sais que toucher à cet impôt constitue « un fusil à un coup ». Mais je sens bien que cette piste est semée d'embûches et va notamment énerver la plupart des partenaires sociaux, qui réfléchissent d'un côté au financement de la protection sociale et de l'autre à la modernisation du marché du travail. On leur couperait l'herbe sous le pied, ce qui ne serait pas très judicieux.

L'équipe qui est à la manœuvre (Emmanuel Macron, Sandrine Duchêne notre économiste, le fiscaliste Hervé Naerhuysen, mon adjoint Pierre-Yves Bocquet - tous remarquables – et moi) comprend vite que l'intuition du Président est assez géniale. Prévoir un crédit d'impôt sur les sociétés assis sur la masse salariale est plus puissant qu'une exonération de charges (laquelle améliore le résultat de l'entreprise et par conséquent alourdit en retour son impôt sur les sociétés...), totalement déconnecté des circuits de la sécurité sociale, donc bien plus défendable en termes de dialogue social et ne coûte rien la première année. Nous aurions pu y penser plus tôt, moi le premier. Mais nous allons nous rattraper en consolidant petit à petit notre dispositif.

Le samedi 27 octobre, nous nous retrouvons en fin de matinée chez Pierre-René Lemas pour affiner le projet, le président passe une tête, sans que la discussion ne s'éternise. Il part avec un dossier.

Le lendemain, même réunion à 16 heures, cette fois bien plus approfondie avec lui, après quoi le premier ministre nous rejoint pour un échange qui va durer de 17h à 20h. On sent qu'il a travaillé son dossier. Bien que Lemas ait logiquement livré quelques pistes à son homologue de Matignon, la surprise est assez grande quand le président avance son schéma, avec un air gourmand. Tout se passe finalement plutôt bien, à ceci près que le sujet CSG revient en fin de réunion, avec cette fois l'idée d'une mesure plus « fiscale », consistant à limiter la non-déductibilité de cette contribution, donc à la rendre plus progressive, pour un rapport possible de plusieurs milliards. Nous comprenons alors que la bataille des idées n'est pas totalement terminée.

Elle va durer toute la semaine jusqu'au week-end de la Toussaint. Je suis dans le Lot en famille, avec un réseau téléphonique réduit, mais les coups de fils et mails ne vont pratiquement pas cesser durant le pont du 1er novembre.

Heureusement, Macron et Hervé n'ont pas bougé de Paris ce qui leur permet de rester dans la boucle en temps réel avec Matignon qui, cette fois, est totalement mobilisé. Enfin, la piste CSG est totalement abandonnée. Il faudra en échange assumer une hausse des taux « arrondis » de TVA à 10 et 20%, moyennant une baisse du taux réduit à 5%, mais surtout un nouveau train d'économies de dépenses devant atteindre 10 mds en 2015, qui est à nos yeux un grand pari. Il est clair que l'équipe du premier ministre tout en partageant l'objectif, craint de ne pas pouvoir l'atteindre, ce qui a probablement alimenté son combat persistant en faveur d'une hausse de la CSG. Moyennant quoi, un an plus tard, ce ne sont pas moins de 50 milliards d'économies qui seront affichés pour la période 2015-2017.

Comme Jean-Marc Ayrault traverse une mauvaise passe (symbolisée par une bourde retentissante sur la remise en cause possible des 35 heures, dans le Parisien), le Président a manifestement décidé de le laisser à la manœuvre sur le dossier de la compétitivité. Le mardi 6 novembre, lendemain de la remise du rapport Gallois, Le premier ministre entre vraiment en piste.

Malgré une étrange fuite dans le Point, l'opinion et l'essentiel de la presse, pensent encore que le gouvernement ne va rien faire de ce rapport, bref l'enterrer. Jean-François Coppé valide évidemment, croyant gêner le pouvoir, les conclusions de Gallois et ne saura rien dire quand nous les reprendrons, en se ridiculisant au point de susciter un article très critique des Echos, ce qui est plutôt rare.

Durant la réunion de ministres, l'ambiance est assez tendue, oscillant entre le soporifique et la contestation : Cécile Duflot, Benoit Hamon notamment sont plutôt nerveux, d'une part du fait qu'ils découvrent manifestement les décisions en séance, d'autre part parce qu'ils anticipent les critiques de leurs camps (notamment sur la TVA). Nous échangeons des SMS inquiets avec Macron, qui ne peut toutefois s'empêcher d'y associer quelques notations hilarantes.

Le point de presse du premier ministre, après ces deux heures de conclave, n'est pas plus enthousiasmant sur la forme, même si les annonces font leur effet. Finalement, c'est sur TF1 le soir qu'il se montre à son meilleur, pugnace, pédagogue et très politique (rappelant notamment que le rapport Gallois est d'abord un réquisitoire implacable sur le bilan de la droite en matière industrielle, ce que Fabius a su souligner fortement dès le matin lors de la réunion des ministres). Comme les résultats de l'élection américaine ne peuvent figurer dans la presse du mercredi 7 matin, les titres sont tous orientés vers la compétitivité et dans l'ensemble la couverture est bonne. L'effet de surprise a joué à plein, les observateurs les mieux informés saisissent très vite l'impact majeur du crédit d'impôt, le patronat est satisfait sans pavoiser, les syndicats sont positifs, même FO, ce qui en dit long. La Commission européenne accorde ses éloges.

Certes, l'aile gauche du PS regimbe et le Front de gauche reste sur son Aventin mais nous savons que le coup est gagnant. Nous revenons de loin.

Pour le président, le front social s'éclaircit. L'accord sur le contrat de génération est signé à l'unanimité des organisations patronales et syndicales, CGT incluse. Le lancement des emplois d'avenir à Chelles, le 9 novembre, se passe au mieux, avec une authenticité touchante de ces jeunes en galère qui voient le bout du tunnel : la visite aura été bien compliquée à organiser, compte tenu notamment de l'exiguïté des locaux, mais c'est une réussite indéniable. Je sens, en faisant un « brief » improvisé à la presse venue en grand nombre, en attendant l'arrivée du président, que l'ambiance est positive et que ceux des journalistes que je connais le mieux comprennent bien cette embellie, qui paraît même en soulager certains.

Le Pacte de stabilité

La saison des pactes bat son plein. Le Pacte de stabilité (PSTAB) et son pendant, le Programme national de réforme (PNR), détaillent les engagements de la France à l'égard de l'Union européenne, en vertu des nouveaux traités et doivent être transmis à la Commission de Bruxelles avant le 1er mai. Ils portent sur la période 2015-2017, le « triennal ».

Bien évidemment, l'enjeu central est de démontrer que nos choix vont permettre de redresser les finances publiques et d'expliquer les réformes que nous allons mettre en place à cette fin, en valorisant le plus possible les efforts structurels, qui seuls crédibilisent une telle présentation.

L'exposé par Manuel Valls du plan d'économies de 50 milliards, à la sortie de son premier conseil des ministres, a fait l'effet d'un choc. Il va falloir le présenter désormais au parlement où la majorité, une fois passée la sidération première - il est vrai quelque peu surjouée puisque les principaux chiffres et la philosophie générale des mesures étaient connus depuis plusieurs semaines – n'a pas tardé à montrer les dents.

Ainsi, pendant et après le week-end pascal, passons-nous beaucoup de temps à chercher quelques modalités d'assouplissement, notamment pour la mesure de gel des pensions pendant un an, afin d'épargner les retraités modestes. Jeu habituel du chat et de la souris, qui est aussi le prix du régime parlementaire, surtout dans un période de grande fragilité politique de l'exécutif. On peut toutefois penser que l'épisode va se conclure positivement et que les députés socialistes feront dans l'ensemble leur devoir, sachant que plusieurs élus du centre affirment rapidement ne pas bien voir pourquoi ils s'opposeraient à des choix qu'ils réclament depuis longtemps : quelles qu'en soient les arrière-pensées, ces déclarations ne manquent pas de dignité.

La mise à plat fiscale

Fin novembre 2013, un an après le choc positif du rapport Gallois, Jean-Marc Ayrault va jouer son va-tout en annonçant une vaste « remise à plat » de la fiscalité. Les commentaires sont d'emblée favorables : il a surpris, lancé une initiative, fait mouvement, tout ce que les médias politiques adorent mais n'anticipaient pas de sa part, car c'est pour eux comme le charbon dans le poêle, enfin. A ma grande surprise, nul ne relève que l'appellation de ce projet est pour le moins dépressive...

Prévenu le lundi matin du contenu global d'une interview du premier ministre aux Echos qui sortira le mardi et une fois la surprise passée, je trouve d'emblée que la démarche est assez bien vue, sur le plan politique d'abord, et en termes de cohérence ensuite : créer un lien entre des démarches déjà lancées ou en gestation (financement de la protection sociale, assises de la fiscalité des entreprises) va plutôt de soi.

En revanche, y ajouter le thème redoutable et vague de la fiscalité des ménages, peut certes répondre à une attente de l'opinion, mais risque surtout de créer, à due proportion, des espoirs qu'il sera bien difficile de ne pas décevoir ensuite. En somme, je ne doute pas que le premier cycle de concertation annoncé avec les partenaires sociaux se déroulera bien (ce sera effectivement le cas les 25 et 26 novembre à Matignon), mais je m'interroge d'emblée sur la manière de faire atterrir cet exercice par la suite.

Notre autre questionnement porte évidemment sur la position du président. Par touches successives, nous comprenons qu'il a été averti mais sans doute pas en détail, même si le texte de l'interview lui a été soumis, alors qu'il était dans l'avion pour Israël. A-t-il validé en toute connaissance de cause, sur la base d'informations partielles, ou au contraire voulu laisser faire comme dans le cas de Florange en se donnant un peu de « temps pour voir » ? Mystère. Mais il nous semble que globalement il n'y a pas poussé et que, dès lors une certaine circonspection s'impose. Je sens d'ailleurs une relative froideur s'installer entre les principaux collaborateurs du premier ministre et ceux de l'Elysée : ce phénomène rare ne me dit rien qui vaille avant de négocier, nécessairement ensemble, la période délicate qui s'ouvre et alors que Bercy ronge son frein.

Inversion de la courbe du chômage

Depuis que le président a affirmé cet engagement à horizon fin 2013, il m'arrive de marmonner « aversion de la courbe... ».

Pourtant, si cette idée m'apparait d'emblée hasardeuse politiquement, je comprends qu'elle puisse être brandie au sommet de l'Etat. Comme Michel Sapin et son équipe, je sais que, dans le flux mensuel des nouveaux demandeurs d'emploi, et contrairement à une idée reçue, les victimes de licenciements économiques pèsent très peu (8% dont la moitié dans le cadre d'un plan social), tandis que les jeunes, en particulier peu ou pas formés, y sont prépondérants. Dès lors, puisque nous avons orienté l'essentiel de

128

la politique de l'emploi vers eux, à commencer par les emplois d'avenir, qui seront 100 000 en fin d'année, nous devons pouvoir obtenir des résultats marquants.

Evidemment, on nous reprochera, en cas de succès, d'avoir recours à la formule des emplois aidés, en oubliant que la droite en a bien plus abusé et que même les plus libéraux des experts savent bien qu'en période de chômage de masse, ces instruments sont efficaces, et donc légitimes, en France comme ailleurs. Car un emploi d'avenir, c'est un contrat de travail, le plus souvent pour 3 ans au moins avec une formation et une rémunération, bref, c'est d'abord une solution, pour nombre de jeunes qui, jusqu'alors, en étaient dépourvus. Comble de malchance, l'annonce d'une baisse subite du nombre des chômeurs (50 000) en octobre 2013 va donc être rapidement démentie, puisque des milliers de demandeurs d'emploi n'ont pas été relancés pour confirmer leur situation de chômage et donc non comptabilisés par erreur. En apprenant la nouvelle, je crois à un canular, avant de me ranger à l'évidence d'une nouvelle avanie, qui fait de plus peser de lourdes suspicions sur cette maudite statistique mensuelle.

Le 28 novembre 2013, nous avons prévu un nouveau déplacement sur le thème de l'emploi, plus précisément pour promouvoir le contrat de génération, qui commence enfin à prendre son envol. D'abord fixés sur Schneider Electric, à Rueil, nous optons en définitive pour Solvay-Rhodia à Aubervilliers, après avoir compris que le premier site ne serait pas un bon choix compte tenu de tensions sociales internes.

Rhodia, nous le savons, est dotée d'une politique sociale assez audacieuse, en particulier pour avoir, bien avant l'heure signé un accord sur la pénibilité. Jean-Pierre Clamadieu, son PDG, ancien du cabinet Aubry et mon vieil ami Jean-Christophe Sciberras, qui m'a succédé à la tête de l'Association nationale des DRH, constituent à eux deux une solution de sécurité qui va nous permettre de monter l'opération en une poignée d'heures, avec des échanges « en duplex » entre Paris, Lyon et Londres...

Le lendemain, le climat est au beau fixe, en présence d'une PME et d'une TPE qui ont aussi conclu un contrat de génération, de syndicalistes, des salariés concernés, des élus (Jean-Paul Huchon pour la région, le président du conseil général, la députée de la circonscription Elisabeth Guigou, le maire Jacques Salvator, amicale figure qui décèdera au printemps 2016...).

Mais, dans son propos liminaire, le président lance une phrase qui va être mal interprétée par la presse aux aguets, qui sait que nous annoncerons les chiffres du chômage d'octobre le soir à 18 heures et que nous devons déjà les connaître. Il indique en effet que la lutte contre le chômage sera un combat « de longue haleine ».

La belle affaire ! Mais la presse en déduit immédiatement que l'objectif de la fin de l'année, pour l'inversion de la courbe, est renvoyé aux calendes : les tweets sont lancés, BFM embraye et c'est parti. Comment transformer une séquence très favorable (car nous annoncerons bien une baisse très sensible du chômage, - 20 000 en un mois) en épisode de plomb.

Nous aurons beau expliquer que le bon sens consiste à bien distinguer le fait que la courbe porte sur un flux, mais que, même si nous l'inversons, il faudra du temps et donc une énergie continue pour ne pas laisser tomber les quelque 3,3 millions de demandeurs d'emplois en « stock », rien n'y fait, durant plusieurs heures. Les responsables de la presse sont chargés d'appeler les journalistes pour mettre les points sur les i, je réponds à de nombreuses questions, largement en vain. Le Président est réputé trop fin connaisseur de l'expression orale pour ne pas avoir, en s'exprimant ainsi, une idée de manœuvre. C'est donc que les chiffres du soir seront mauvais.

Nous sommes évidemment sauvés par le gong. Quand les chiffres tombent, l'effet de surprise est grand et les représentants de l'UMP invités à réagir en direct restent coi, persuadés eux aussi qu'ils allaient être médiocres.

Conclusion : la prochaine fois, il ne faudra se déplacer qu'en aval de la publication des chiffres, tant il est certain que commenter une réalité est toujours plus efficace que de la taire pour motif d'embargo, quel qu'en soit le sens. Plomber à ce point un succès certes précaire, mais retentissant, est tout de même dommageable. Le fait que le Monde consente enfin un titre positif après nous avoir gratifiés la veille (sans connaître les chiffres et pour cause) de formules presque haineuses, est une consolation morale, mais bien partielle.

Il faudra attendre fin février 2015 avec la baisse de 20 000 demandeurs d'emplois de catégorie A au titre du mois de janvier, pour retrouver une tendance enfin favorable, mais malheureusement encore sporadique...

Le compte pénibilité

L'une des acquis majeurs de la réforme des retraites de 2013 est la création d'un compte pénibilité qui va permettre à des salariés exposés à certains risques professionnels bien répertoriés, de partir plus tôt, voire de prendre un temps partiel ou de se former.

Bien entendu, mettre en place un tel mécanisme ne va pas de soi. Le gouvernement confie donc à Michel de Virville, ancien directeur de cabinet du ministre du Travail sous Michel Rocard, puis DRH de Renault, le soin de réfléchir à des mécanismes pratiques permettant de simplifier au maximum les tâches des entreprises, en particulier les TPE, dont celles du BTP, les plus concernées par ce délicat sujet.

Un travail approfondi s'effectue donc au printemps 2014, que nous scandons par deux réunions au sommet à Matignon, avec les trois grandes organisations patronales, autour de Gilles Gateau, moi-même et des cabinets Touraine et Rebsamen.

Après bien des polémiques, ces responsables conviennent que, si tout n'est pas parfait à leurs yeux, des avancées conséquentes ont été actées, à commencer par un calcul des niveaux d'exposition (par exemple le nombre de nuits travaillées) sur une base annuelle et non plus mensuelle.

Début juin, un rendez-vous officieux réunit Pierre Gattaz, Laurent Berger et les deux têtes de l'Exécutif, pour bien vérifier que tout le monde est aligné sur le Pacte de responsabilité. Comme l'ambiance est constructive, le patron du MEDEF sortira de cette rencontre persuadé – ou feignant de l'être- que, lorsqu'il a évoqué le sujet de la pénibilité, tout le monde a au moins acquiescé à sa demande d'alléger encore les contraintes.

Nous comprenons ensuite qu'il va falloir trouver une idée. Finalement, la lumière jaillit : s'il ne peut être question, comme le patronat le réclame sur l'air des lampions, de décaler toute la réforme d'une année, ce qui supposerait un nouveau et bien périlleux retour devant les députés, du moins est-il possible, parmi les 10 critères de pénibilité, de prévoir une montée en charge progressive. Ensuite il suffit de faire en sorte que ceux ciblés sur le BTP (par exemple le travail en extérieur) figurent bien dans le lot qui ne sera appliqué qu'à compter de 2016.

Cette nouvelle idée convainc rapidement nos interlocuteurs que nous tenons le bon compromis.

Le 26 juin, Manuel Valls donne une interview aux Echos, dans laquelle il fait allusion à ce dispositif, ainsi qu'à une autre mesure pratique concernant le temps partiel, qui était une inquiétude pour certains secteurs, moins sensible il est vrai (en fait, le patronat avait accepté, dans le cadre de l'ANI du 11 janvier 2013, de plafonner à 25 heures par mois le recours au temps partiel, avant de se rendre compte que ce seuil était, dans certaines activités comme le petit commerce, rédhibitoire).

Mais ce qui va mettre le feu aux poudres dans les propos du premier ministre, est une nouvelle allusion à la simplification du Code du travail et à la très polémique question des seuils sociaux, déjà imprudemment évoquée par le ministre du travail peu de temps auparavant.

A la lecture, je comprends immédiatement que la crise n'est pas loin. J'ignore qui a pu conseiller cette allusion dans ce texte, mais c'est une erreur évidente, qui colore l'ensemble de l'interview d'une tonalité inutilement « pro-patronale ».

Sur le champ, les syndicats réformistes protestent vigoureusement, d'autant plus qu'ils se trouvent évidemment fragilisés face à la CGT et à FO, lesquelles se frottent les mains sur le thème du « on vous l'avait bien dit ».

Il faudra des trésors de diplomatie pour ramener tout le monde à la raison, mais je sens qu'un ressort a lâché et tout ceci pèse sur la préparation de la conférence sociale des 7 et 8 juillet 2014. Il est vrai que nous avions quelques doutes sur l'écho de cette 3ème édition, car la formule a évidemment perdu de sa nouveauté. Grâce à cette polémique, entretenue depuis des semaines par les changements de pied de Pierre Gattaz, l'évènement aura au moins regagné en visibilité politique : reste à voir ce que nous pourrons retirer de ces échanges pour aller de l'avant sur l'emploi, notre priorité cardinale.

Mutuelles étudiantes

Ce dossier est un des exemples frappants de la permanence de certains canards boiteux « administratifs ».

Bien des années après le scandale de la MNEF, que nous sommes désormais peu nombreux à avoir connu et pour certains, traité, voici que la mutuelle qui lui a succédé, la LMDE, se trouve dans une posture financière impossible, au point que l'autorité indépendante de contrôle du secteur, l'ACPR, s'apprête à la placer sous administration provisoire.

Nous savons bien que ce régime, historiquement mal géré, est devenu une plaie pour les étudiants eux-mêmes : il faut des semaines pour obtenir sa carte Vitale et des délais aberrants lorsqu'à l'occasion d'un stage rémunéré, on doit sortir du régime pour rejoindre celui des salariés, avant de devoir refaire le chemin inverse à l'issue. Bref, confier le tout au régime général, tout en maintenant son « identité », telle serait la voie de la sagesse, préconisée par tous les rapports officiels et, plus récemment mais avec un éclat particulier, la revue Que Choisir.

Mais voilà, l'UNEF ne l'entend pas de cette oreille, elle qui a « la main » sur l'institution et en retire divers moyens. Dès lors nous marchons sur des œufs, d'autant que Benoit Hamon, le nouveau ministre de l'Enseignement supérieur, connaît très bien cette organisation et, non sans arguments, met en garde contre les réactions que tout ceci pourrait avoir dans un monde étudiant toujours prompt à s'enflammer.

Encore une fois nous ne pouvons que constater que la droite, peu suspecte de porter l'UNEF dans son cœur, a pourtant tout fait pour gagner du temps dans cette affaire et surtout ne rien réformer, de sorte que des décisions qui auraient pu être prises sans drame en 2010 s'annoncent bien plus périlleuses quatre ans plus tard. En ce mois de mai 2014, les réunions s'enchaînent.

Finalement, le premier ministre va trancher en faveur de Benoit Hamon, en excluant une réforme de fond du régime étudiant, promue avec conviction par l'équipe Touraine. Cela n'empêchera pas, quelques jours plus tard, une mise sous administration provisoire de la LMDE. A mon sens, nous avons perdu sur tous les tableaux, en évitant pas l'effet d'image lié au naufrage financier de cette turbulente mutuelles et en se privant tout autant du bénéficie d'une réforme structurelle et lisible. La presse ne se fera pas faute de le souligner par la suite. Une seule conviction : nous retrouverons ce dossier mal engagé avant l'échéance de 2017.

Directive détachement

Dans l'histoire chahutée de la construction européenne, notamment lors de la campagne pour le référendum en France en 2005, la « directive Bolkenstein » a joué un rôle de repoussoir assez manifeste. Depuis lors, le texte, finalement amendé (un travailleur "détaché" dans un autre Etat membre doit désormais être traité, y compris financièrement, selon les règles de cet Etat et non plus du pays d'origine, où il paiera toutefois ses cotisations sociales) a connu de sérieuses dérives.

Il n'est ainsi pas rare que des entreprises interviennent en France sans respecter ces règles, en versant des salaires de misère, notamment dans le BTP (3 ou 4 euros de l'heure), voire même ne fraudent pas tout en utilisant des opportunités simples, comme recourir à des sociétés d'intérim basées en Irlande et donc tenues de respecter les salaires...irlandais.

La pression monte régulièrement sur ce thème, attisée par divers milieux, dont l'extrême droite n'est pas le moins actif, à quelques mois des élections municipales et surtout européennes. Nous sommes donc décidés à agir, en durcissant un projet de texte (directive d'application) censé clarifier le cadre actuel et en pallier les principales dérives.

Nous avons ici deux buts principaux. D'abord, conserver à l'inspection du travail tous ses pouvoirs de contrôle, ce qui passe par le fait de ne pas prévoir une liste fermée mais bien ouverte de documents qu'elle peut réclamer en cas de contrôle, par exemple sur un chantier. Ensuite avoir la possibilité de faire jouer un mécanisme de responsabilité solidaire des donneurs d'ordre, autrement dit impliquer le bénéficiaire final des entorses au texte, puisque le plus souvent c'est lui qui fait pression sur ses sous-traitants.

La clé est d'obtenir une majorité qualifiée au conseil des ministres du Travail, car si le sujet remonte au niveau des chefs d'Etat et de gouvernement, c'est l'unanimité qui prévaudra et nous n'aurons aucune chance.

Michel Sapin est à la manœuvre et convainc assez rapidement son homologue allemande, Ursula Van der Leyen - future président de la Commission - dont l'avis pèse évidemment lourd dans la balance. Mais les britanniques sont vent debout contre une nouvelle régulation et la plupart des pays d'Europe centrale, grands pourvoyeurs de travailleurs détachés « low cost », n'ont évidemment aucun intérêt à modifier le statut quo.

Après des semaines d'échanges et de pointages avec l'équipe Europe de l'Elysée, dont la maîtrise de ces subtils équilibres fait merveille, les choses évoluent dans le bon sens. Lors du sommet sur l'emploi des jeunes à Paris le 12 novembre 2013, nous enregistrons plusieurs soutiens nets, même si la plupart sont des confirmations (notamment Elio di Rupo pour la Belgique), jusqu'à Manuel Barroso, habituellement si prudent sur ces questions, qui avance publiquement des arguments dans notre sens.

Quelques jours plus tard, le président est en Pologne et son entretien avec le premier ministre polonais va se révéler ensuite décisif. Début décembre à Bruxelles il faudra 8 heures de discussion et un suspense incroyable pour arracher une courte majorité grâce au véritable retournement de la Pologne – les autres adversaires demeurant inflexibles, dont la Hongrie et la Slovaquie -, après un week-end d'appels dans tous les sens et une ultime interruption de séance. Michel Sapin lui-même nous signale que c'est perdu puis, de retour en séance et après que trois mots de pure forme aient été modifiés, constate que nous tenons finalement notre accord.

Pleinement impliqué dans cette longue aventure, j'ai tout de même le loisir d'observer les dynamiques de négociation.

De notre côté, les « sociaux » sont intransigeants et ne veulent pas en rabattre, d'autant que la consigne présidentielle n'y incite en rien : il faut rester fermes. Pour leur part, les « diplos » sont attentifs à ce que la corde ainsi tendue ne rompe pas, car ils mesurent bien notre isolement.

En définitive, c'est l'alchimie entre un cap politique clair, des arguments de fond solides et un art consommé de la discussion et de la conviction, qui aura gain de cause, chacun oubliant, la ligne d'arrivée franchie, combien de tensions il aura fallu surmonter pour en parvenir là. Mais l'effort devra se poursuivre, notamment pour renforcer les contrôles de terrain et le 12 février 2015, le premier ministre lancera un plan d'ensemble bienvenu dans ce domaine.

50 milliards d'économies

Le Pacte de responsabilité suppose de dégager des marges de manœuvre, pour alléger le coût du travail d'au moins 10 milliards, venant s'ajouter aux 20 milliards du crédit d'impôt, le CICE, que nous avons conçu et mis en place en 2013.

L'enjeu est immense, car cette « trajectoire », qui doit nous conduire à l'équilibre des finances publiques en 2017, est d'une grande exigence. Bref, il va falloir aller encore plus loin que prévu, d'autant que la mauvaise conjoncture a dégradé les rentrées fiscales.

Le président a décidé de prendre le taureau par les cornes, en réunissant autour de lui un conseil stratégique de la dépense publique, créé par décret, qui réunit les principaux ministres autour de six thèmes. J'y participe pour l'Elysée, d'autant que quatre de ces grands sujets me concernent directement : la santé, la fonction publique, l'emploi et les dépenses de solidarité.

Chaque réunion est précédée d'au moins trois rencontres techniques, l'une entre nous, une deuxième avec les cabinets du premier ministre et des ministres, une dernière autour du Secrétaire général de l'Elysée et du directeur de cabinet du premier ministre pour cadrer et préparer les arbitrages.

Nous le savons, les réunions plénières ne seront pas nécessairement décisionnelles : elles appelleront des précisions et des réponses à de nouvelles commandes, après quoi seulement le président tranchera au terme d'ultimes échanges avec le premier ministre et les deux ministres les plus impliqués dans l'exercice, Bernard Cazeneuve, le grand argentier et Michel Sapin qui assure l'ingénierie du dialogue social sur lequel repose, en large part, le pari du Pacte.

L'objectif est d'être prêts fin mars 2014, à temps pour transmettre notre programme de « stabilité » à Bruxelles et surtout nos prévisions financières pour les années 2015 à 2017. Autrement dit, ce vaste chantier va nous occuper très intensément en ce début d'année. Et nous recommencerons à l'identique un an plus tard exactement.

J'incline en vérité à réaliser ces économies même si j'en mesure bien les dangers.

D'une part, il me semble que la France n'a pas le choix et que, dès lors, il est normal de faire contribuer les grands secteurs de la dépense publique à due proportion de leur poids. Rien ne m'insupporte plus que l'attitude consistant à considérer que les solutions sont toujours situées chez les autres.

Ensuite, cet exercice inédit est aussi l'occasion d'avancer dans le sens de réformes qui, à défaut d'un contexte exceptionnel, ne seront pas réalisées car ce n'est jamais le bon moment : moderniser vraiment la gestion des hôpitaux, repenser la prise en charge de certains médicaments que nous sommes les seuls à rembourser, rendre l'assurance-chômage plus incitative à la reprise du travail, gommer les injustices de traitement entre fonctionnaires, simplifier les échelons de collectivités territoriales, réduire les multiples redondances entre les organismes publics (les fameux « opérateurs »), notamment. Je constate que, dans la sphère sociale, une certaine forme de « compassion » se transforme rapidement en conservatisme : on ne veut pas faire mine de « céder à la pression des marchés », mais il s'agit surtout de protéger certaines vaches sacrées.

Tout cela est bel et bon mais ceux d'entre nous qui connaissent un peu les Traités européens signés par la France, savent bien que si notre pays se trouve vraiment mis en faute et sous surveillance, ou, pire, que les marchés nous attaquent, nous aurons beau exciper de notre brevet de social-démocratie de stricte obédience, c'est l'ombre sinistre du Front national qui s'étendra alors sur nos atermoiements.

Travaux d'été 2013

Nous le savions, l'été 2013 serait encore plus studieux que le précédent. Le président ne s'arrêtera en définitive que 8 jours, tout comme le premier ministre. La rentrée gouvernementale est fixée au 19 août, avec un séminaire de trois heures sur le thème « La France dans 10 ans », que chacun s'attache à préparer avec grande minutie sur la base du solide rapport rédigé par Jean Pisani-Ferry et France stratégie (dont j'ignore alors que je prendrai la tête quelques années plus tard).

Le dernier conseil se tient le vendredi 1er août et, le 6, nous voilà déjà repartis sur le thème de l'emploi à la Roche-sur-Yon. Au passage, nous avons choisi cette agence de Pôle emploi, flambante neuve, pour ses performances, en particulier le lancement avant la lettre de l'opération « formations prioritaires pour l'emploi » : l'ouverture dans cette ville moyenne d'un restaurant de la chaîne KFC va permettre, dès la rentrée, de former et faire recruter en CDI près de 80 demandeurs d'emplois le plus souvent de longue durée. Nous avons aussi eu le souci de ne pas trop déranger l'inusable Michel Sapin, à peine installé à l'Ile d'Yeu pour de brèves vacances, et qui a ainsi pu nous rejoindre en voisin entre deux pêches au bar.

Encore une fois, la presse audiovisuelle axera ses réactions durant près de 48 heures, sur le seul cas d'une chômeuse qui demande au passage du président ce qu'il compte faire pour les quinquagénaires comme elle. Nous saurons un peu plus tard qu'elle dispose d'un emploi aidé à mi-temps pour la rentrée, dans un établissement scolaire, ce qui n'est ni enthousiasmant, ni scandaleux, dans la période.

Je suis partagé par ce genre d'incidents inévitables : le moindre cas de ce type – d'autres auraient pu être bien plus emblématiques- fait passer tout le reste au second plan, avec la complaisance systématique des chaînes de télévision en continu ; en même temps, cette réalité amplifiée, c'est bien celle vécue par des centaines de milliers de Français et nous ne pouvons ni la gommer en veillant à ce que président ne la croise jamais, ni la surinterpréter, en réglant des cas individuels au seul motif qu'ils ont été, par le plus grand des hasards, portés à la connaissance du chef de l'Etat.

La stratégie nationale de santé, suites et fin ?

Ce que beaucoup d'experts et observateurs (ils ne manquent pas) du milieu de la santé vont longtemps considérer comme un OVNI, suscitant ici bien des attentes et là bien du scepticisme, est le fruit d'une rencontre et d'une circonstance. La rencontre est celle des équipes de l'Elysée et de Matignon, qui, dès leur arrivée, ont conscience que la politique de santé est à remettre totalement en chantier. La circonstance sera le discours de politique générale du nouveau premier ministre, Jean-Marc AYRAULT, qui va « acheter » le sujet et donc y faire allusion dans ce texte de référence. Ce qui nous permettra de nous lancer dans l'aventure.

Aventure pénible à vrai dire. D'abord, tout le secteur est en effervescence, ayant très largement censuré l'équipe Sarkozy qui, même parmi les plus libéraux, avait déchaîné les critiques. Dès lors, les demandes, les suggestions, les revendications affluent, dans un flot mélangé de corporatismes, mais aussi d'exigences de réparation, voire d'idées nouvelles et d'appétits de réformes.

Dans le même temps, la situation du pays, que nous ont léguée les mêmes, ne nous laisse aucune marge de manœuvre : un rapport officiel nous indique, dès juillet 2012, qu'il faudra faire une quinzaine de milliards d'économies sur le quinquennat pour respecter nos objectifs. Riantes perspectives.

Ensuite force est de constater que notre souhait d'une approche globale, s'il a séduit le chef du gouvernement et retenu l'attention du président, ne semble pas beaucoup passionner...la ministre de la Santé elle-même. Au début, j'imagine que, pour des raisons humaines, elle considère avec distance un projet qu'elle n'a pas initié et qui, en somme, lui est presque imposé. Quoi qu'il en soit le sujet « n'embraye » pas, et l'inexpérience d'un cabinet ministériel par ailleurs dépourvu de toute autonomie d'allure ne va pas contribuer à rendre les choses plus faciles. Il faudra que le premier ministre se rende à Grenoble, à l'occasion d'un déplacement spécialement organisé, pour que le train du projet démarre.

Pour autant, les avanies se succèdent, au point que nous commençons à juger le dossier porteur du mauvais œil.

En effet, après avoir réussi en un temps record à mobiliser une sorte de « *dream team* », dont les deux auteurs du rapport sur les

« parcours de santé » qui nous sert de viatique, Alain Cordier et Denis Piveteau, nous allons bientôt déchanter. Le premier, à qui nous confions la mission d'animer un groupe de sages qui doit nous écrire le cahier des charges de la réforme, prend ombrage de relations distendues avec la ministre. Le second, au cœur même du réacteur, devient, comme secrétaire général, le plus haut responsable administratif du ministère de la santé : las, il va aussi entrer rendre son tablier dès l'été 2013.

De fait, si les responsabilités ne sont sans doute pas univoques, même si nous tentons de recoller les morceaux en pacifiant cette véritable cour de récréation, l'image renvoyée par la démarche est désastreuse. Tout cela nous désole et, pendant un temps, nous laisse démunis.

Il est rassurant, pour le bon ordre des choses, de penser qu'on ne peut conduire une politique, donc imprimer le cours d'un ministère, contre la volonté du ministre. Mais c'est aussi une contrainte qui peut se révéler dirimante : car, au fond, notre petit groupe sait à peu près ce qu'il faut faire et il ne nous manque « que » la personnalité pour aller de l'avant. Je me remémore la phrase assassine du général de Gaulle sur le président Lebrun, auquel, comme chef de l'Etat, il n'avait selon lui « manqué que deux choses : qu'il fut un chef, qu'il y ait un état » ...

Dans un ultime effort, nous parvenons au prix de trésors de diplomatie et de conviction, à bâtir une « feuille de route » et lancer publiquement la « SNS » fin septembre. Quel que soit le devenir de ce projet majeur, nous aurons perdu un an, ce qui est considérable au vu des chantiers à traiter : décloisonner médecine de ville et hôpital, renforcer enfin l'éducation à la santé et la prévention, mobiliser et former les professionnels, garantir à tous l'accès à une complémentaire santé, favoriser l'accès des patients à l'innovation, relancer la démocratie sanitaire, etc.

Le bateau est en mer, il est doté d'un cap, d'un équipage à peu près au complet. On attend que le capitaine place maintenant une main ferme sur le gouvernail. Et de cela, rien ne nous assure.

Fin 2013 et début 2014, la crise restera latente avec l'ensemble des professionnels de santé. Personne n'est satisfait, les rares modernisateurs car ils sont déçus par une réforme finalement dépourvue de souffle, notamment sur des sujets pourtant consensuels, comme la prévention, les « traditionnalistes » protestant, eux, contre des mesures qui les inquiètent (tiers payant en tête). La ministre va prendre enfin l'initiative de vraiment concerter, en s'impliquant sur les sujets qui fâchent.

Mais, d'accord avec Olivier Lyon-Caen (qui est encore plus sévère que moi sur la conduite politique de ce dossier), je ne comprends pas pourquoi elle ne veut pas donner plus de temps à cette opération de mise à plat au risque de la faire tourner court. Nos réunions collectives, avec son cabinet ou même Matignon sont un théâtre d'ombres, car, malgré nos relations amicales, nous restons dans le non-dit et les voies de passage que nous imaginons se ferment les unes après les autres. Je me vois contraint de défendre, y compris auprès de nos députés qui m'appellent à la rescousse, un projet de loi mal ficelé, car bien évidemment il ne peut être question de fragiliser la ministre en reprenant le dossier en mains, comme le suggère une partie de la presse, accentuant encore l'enfermement du cabinet santé dans ses certitudes.

Je décide donc, pour une fois, d'attendre et voir, ne doutant malheureusement pas qu'il faudra bien réagir quelques instants avant que tout ceci ne termine dans le mur. Ce chemin de croix durera : après une loi santé au total assez insipide et conflictuelle, qui occupera l'essentiel de l'agenda de 2015, il nous faudra bâtir une Grande conférence de santé début 2016 autour de Manuel Valls, qui n'aura pas non plus ménagé sa peine pour recoller les morceaux. Bien préparée, elle produira des résultats, sur des sujets certes majeurs (en particulier la formation et l'évaluation des professionnels de santé), mais très techniques et donc peu susceptibles de traduire, dans le pays d'abord, dans les milieux médicaux ensuite, l'émergence d'une vision, d'un projet, alors que la fin du quinquennat s'approche à grands pas.

Réforme des retraites

Mardi 27 juillet 2013, 19H à Matignon, le premier ministre tient une conférence de presse présentant le contenu de la réforme. Cette intervention, réussie à mes yeux, prend place peu après la clôture du dernier cycle de consultations engagé la veille : onze heures de rang avec l'ensemble des organisations représentatives, ainsi que l'UNSA, Solidaires et la FSU.

Les observateurs estiment qu'il s'agirait d'une brusque accélération, comme s'il avait fallu surprendre. Même si le choix de communiquer sans plus tarder a bien été effectué sciemment pour éviter fuites et commentaires divers, tout le monde semble oublier que le dossier est sur la table depuis l'été 2012. Nous y aurons consacré en partie deux conférences sociales, puis deux rapports du Conseil d'orientation des retraites (le COR), un comité des sages (qui produira le fameux « rapport Moreau »), des dizaines d'heures de concertation au plus haut niveau, outre tous les contacts informels avec les uns et les autres et les réunions techniques que nous ne dénombrons plus (entre autres pour moi un entretien stimulant avec le remarquable économiste Daniel Cohen, l'un des « sages »).

Comme toujours dans ce domaine le chantier est assez monstrueux par son ampleur et sa technicité. Nous sommes dos au mur, compte tenu de la dégradation des comptes et du contexte économique et financier qui ne nous laissent nul répit. En outre, trois ans après la réforme Fillon, qui a déchaîné les passions et la rue, les Français, quel que soit leur avis sur le fond, ne s'attendent pas à un nouvel effort, après qu'on leur ait promis, sur tous les tons, que c'était la « der des der ».

Comme souvent dans ce genre de circonstances, certains aspects vont assez rapidement se décanter, en particulier l'idée d'en passer par un allongement de la durée de cotisation plutôt qu'un nouveau recul de l'âge de départ, qui a mis le feu aux poudres en 2010. Ou encore la nécessité de mieux prendre en compte la pénibilité de certaines activités.

A l'inverse, le bouclage financier est ardu, car nous devons dégager au moins 7 milliards à horizon 2020, ce qui n'est pas en soi hors d'atteinte, mais pose des problèmes redoutables d'équité, car il faut que les entreprises, les actifs, mais aussi les retraités actuels participent. De plus, le recours à un prélèvement comme la CSG, qui présente bien des avantages, dont celui de trouver des ressources pour rééquilibrer les comptes de la sécurité sociale et pas seulement la branche vieillesse, supposerait un nouveau pas dans les prélèvements obligatoires.

Cet argument sera, en définitive, décisif et, après plusieurs réunions ministérielles à l'Elysée, le choix sera fait d'une solution classique en matière de retraites : augmenter modérément et de façon progressive, à la fois les cotisations salariales et les cotisations patronales. Ce sera l'un des aspects du projet les moins contestés, sauf par le patronat, mais pour des raisons tenant à l'impact sur le coût du travail plus qu'à la logique même de cette solution.

Tout ceci provoque d'assez fortes tensions, y compris au sein de l'Exécutif. Nous sentons bien que la réforme est plutôt subie que voulue, ce qui est d'autant plus désagréable qu'elle est à haut risque. Nous ne sommes pas « portés » par de grandes ambitions et il faut avoir le courage d'admettre que, finalement, le gouvernement n'a guère le choix, coincé qu'il se trouve entre l'impératif de rétablissement des comptes publics et la recherche d'une crédibilité durable auprès des marchés. Du moins l'objectif d'une réforme aussi juste que possible est-il motivant, mais si chacun y croit, cet emblème ne claque pas vraiment au vent, surtout au sein des troupes socialistes.

La montagne a accouché d'une grosse souris, en somme. Moyennant quoi le résultat n'a pas si mauvaise allure, au-delà même de l'habilité politique dont la plupart des commentateurs créditent, une nouvelle fois, le président. Finalement, vaut-il mieux une approche pragmatique avec des résultats à portée de main, ou de grandes déclarations sans lendemain, en particulier si les résolutions de départ se fracassent sur un mouvement social qui les envoie, directement, dans l'enfer des réformes avortées ?

Halte aux dépassements des honoraires médicaux

Depuis la campagne, j'avais en tête que tenter de plafonner les dépassements d'honoraires des médecins (2,5 milliards par an supportés par les assurés) était une obligation éthique et, dans le même temps, une impossibilité « contractuelle ». Autrement dit rien ne servait de négocier dans un cadre imposé, mettant face à face la CNAM et des syndicats de libéraux par construction rétifs à l'idée, puisque largement dominés par les spécialistes et ouvertement hostiles à la gauche. Une mesure rapide prise par voie législative serait bien passée, quitte à engager ensuite de vraies discussions sur des sujets autrement cruciaux, impliquant une mise à plat des modes de rémunération des médecins. Elle aurait au demeurant alimenté une session parlementaire d'été assez creuse et démontré que le gouvernement ne perdait pas de temps.

Marisol Touraine ayant cependant réussi à convaincre que mieux valait une négociation « conventionnelle », tout s'est malheureusement passé comme prévu, avec une multiplication des fronts et des mécontents : les généralistes de MG France, proches de la majorité et furieux d'être tenus à l'écart ; les régimes complémentaires, Mutualité en tête, craignant avant tout qu'on ne leur impose, comme la droite l'avait fait, de solvabiliser les dépassements ; les spécialistes, pour lesquels la simple mention d'un seuil de dépassements « abusifs » semble intolérable. Belle entrée en matière.

En outre, le contexte se détériorant, le gouvernement se trouve alors parfaitement coincé : céder aux corporatismes, et c'est un coup d'épée dans l'eau ; refuser l'accord et l'échec se trouve acté, puisque, quel que soit le responsable de la rupture, seul le pouvoir en serait présenté comme comptable. Dès lors, président et premier ministre ne pouvaient que pousser à l'accord, tout en en sachant les limites, le moindre mal étant d'obtenir les signatures. Plusieurs réunions au sommet avec Matignon consolident encore notre commune perception des choses : le cabinet santé ne maîtrise pas les évènements et nous allons probablement à la catastrophe, sauf à admettre, ce qui est exclu, de consentir un gros chèque aux médecins pour faire, si l'on peut dire, passer la pilule.

Après une première nuit de blocage, une seconde nocturne s'organise le 23 octobre. Au terme de 20 heures de discussions et de rebondissements, l'accord est obtenu, entre tous les syndicats de médecins, y compris MG, la CNAM et les complémentaires.

Il aura fallu qu'à plusieurs reprises je « rattrape » les uns et les autres, dans une ambiance électrique et avec pour prix une belle nuit blanche. Le directeur de la CNAM n'en fait apparemment qu'à sa tête, relançant même dans l'après-midi une séquence de « négociation », alors que MG et les complémentaires, désormais satisfaits, sont partis, pensant l'affaire faite. C'est pour le moins original. Je dois donc hausser le ton, avec l'accord du président.

Cela nous vaudra quelques allusions dans la presse, peu flatteuses pour la ministre, d'autant que Matignon a ressenti encore plus nettement les flottements de son cabinet. Il y a de l'injustice là-dedans, comme toujours, au détriment de collaborateurs dévoués mais trop inexpérimentés pour sortir d'une telle ornière. Au fond, le succès de ce genre de négociation n'est jamais acquis et ne relève d'aucune recette ; en revanche, certaines erreurs fatales n'auront pas manqué.

Je sais que, sur le volet dépassements, la formulation finale est insatisfaisante, car bien trop peu contraignante pour être efficace. La ministre évoque sans broncher un « accord historique », ce qui est de bonne guerre mais pour le coup maladroit.

En même temps, nous avons obtenu un texte là où rien n'existait et surtout la médecine générale bénéficie d'une revalorisation significative, par voie de forfait, ce qui n'était pas du tout espéré par elle au début et ne figurait clairement pas dans les plans de la CNAM. Les réactions à l'accord sont mitigées, de ce fait : les observateurs comprennent que nous nous sommes sortis d'un mauvais pas au forceps ; d'autres relèvent, avec une mauvaise foi variable, mais des arguments compréhensibles, que les dépassements d'honoraires vont se trouver écornés mais certainement pas réduits à la hauteur voulue. C'est de bonne guerre : sur ce coup, tout a bien été anticipé mais, pour diverses raisons, nous avons tourné le dos à la logique. Dès lors, le résultat relève presque du miracle...

Les régions au Palais

L'idée de réunir les présidents de régions à l'Elysée est née durant la campagne, quand cette rencontre a eu lieu, en novembre 2011, avec le candidat. Alain Rousset, Président de l'Association des régions de France que je dirige alors, m'indique très rapidement que, si « les choses tournent bien », il faudra recommencer en situation. Je ne sais pas encore que le même exercice se répétera autour de Manuel Valls début 2016, dans un tout autre climat.

De fait, c'est plutôt en raison du contexte économique et de la mobilisation pour l'emploi que le principe va être acté. Un matin, pendant l'été, Rousset est reçu par le Président, qu'il connaît bien et depuis longtemps. Quand il sort, le Président me fait venir pour me dire en substance que cette rencontre est une excellente idée et qu'il me demande d'aider Alain Rousset à organiser la chose. Je comprends que je viens de tirer le gros lot...

Car, si je suis directement concerné par plusieurs enjeux majeurs des relations Etat/Régions, en matière d'emploi et de formation surtout, je ne traite cependant pas directement - bien que les connaissant pour les avoir suivies dans mes précédentes fonctions et pendant la campagne -, les questions de développement économique. Or, la préparation de cette matinée du 12 septembre 2012 va donner lieu à un hourvari général sur ce domaine précis et tout particulièrement les conditions de mise en place de la Banque publique d'investissement (BPI), dossier que nous avons porté au cours des mois précédents avec Alain Rousset, qui en connaît tous les ressorts.

Autant l'équipe élyséenne joue collectivement le jeu et tente de trouver des voies de convergence avec les régions dont les aspirations « girondines » sont d'autant plus nettes qu'elles sortent d'un véritable quinquennat de guerre entre l'Elysée et elles, autant je dois constater que les administrations centrales n'ont pas désarmé. La simple idée que l'on puisse confier à des élus (« tu ne peux pas faire ça ! » sera l'un des cris du cœur entendu du côté de Bercy) un rôle réel et pas virtuel dans le pilotage de la BPI est vécu par beaucoup au mieux comme une dépossession, au pire comme une forfaiture.

Je n'ai pas un bon souvenir de cet épisode, même si la rencontre s'est bien déroulée (quoique la presse ait surtout retenu la rentrée politique en majesté de Ségolène Royal, qui trustera tous les micros et caméras dans la cour de l'Elysée) et a été positivement reçue. Ne voulant en rien être perçu comme le représentant des régions que je ne suis plus, ceci me conduit à relativiser leurs exigences dont je sais pourtant que la forme parfois maladroite masque une certaine pertinence sur le fond. Et cette perception est bien celle du conseiller social, qui pratique ces politiques publiques depuis des années et sait bien que, contrairement aux espoirs ou chimères des administrations centrales, il y a longtemps que les PME ne se créent plus et ne recrutent plus parce que deux bureaux parisiens en ont ainsi décidé.

A l'horizon, il est vrai, s'avance une réforme sensible du quinquennat, le nouvel acte de décentralisation. Après cette phase assez chaotique, j'ai la conviction que nos prévisions de 2011 vont se vérifier : cette affaire ne sera pas un chemin de roses.

Famille

Il nous faut économiser 2 milliards à horizon 2016 sur les dépenses de la branche famille, dans le cadre de l'effort de redressement des comptes publics.

Aucun mystère dans ce dossier : la politique familiale est la plus paramétrable qui soit, contrairement aux retraites ou à l'assurance-maladie, dont les ressorts sont multiples (démographiques, économiques, épidémiologiques...). En somme, l'investissement du pays se situe à la hauteur que lui permettent ses ressources.

Fidèle à la méthode très scandée que nous appliquons depuis le début, le sujet est d'abord confié à un expert réputé du sujet, Bertrand Fragonard, que je fréquente depuis déjà 30 ans, et qui a le mérite de présider, par ailleurs le Haut conseil de la famille. Ce centriste bon teint, affable et caustique, dispose d'une grande indépendance d'esprit et d'une véritable hauteur de vue. Son rapport sera fidèle à sa réputation, très fouillé et volontariste.

Nous allons mettre plusieurs semaines à livrer le verdict. Il faut dire que les manifestations hostiles au mariage pour tous plombent l'ambiance dans le mouvement familial, majoritairement hostile mais moins caricaturalement réactionnaire qu'on le décrit souvent : entre les familles catholiques et les familles laïques, la coexistence est délicate mais réelle.

Ce n'est que début juin, deux mois après la remise du rapport, que les deux têtes de l'Exécutif se décident à rendre public leur arbitrage : outre des mesures positives en direction des familles pauvres et un plan de création de 100 000 places de crèches sur le quinquennat, la disposition la plus attendue concerne les économies. La principale sera une nouvelle réduction du quotient familial, abaissé de 2000 à 1500 euros.

Or, la plupart des observateurs s'attendaient plutôt à une modulation des fameuses allocations familiales, selon le niveau de revenu. La décision a été tenue secrète jusqu'à la dernière minute par crainte des indiscrétions.

Quelles que soient les opinions des uns et des autres sur le sujet, j'avais rapidement acquis la conviction que le président privilégierait le quotient. Une des raisons était de ne pas rééditer la tentative avortée sous Lionel JOSPIN, visant à mettre sous condition de ressources ces fameuses allocations familiales : car ce recul en rase campagne est resté dans les esprits quinze ans plus tard.

La mesure passera bien finalement, seuls quelques observateurs relevant qu'avoir pris la voie des prélèvements obligatoires était un choix peu audacieux au terme d'une aussi vaste réflexion. Mais aurait-on fait le choix alternatif que les critiques se seraient déchaînées, pour un rendement finalement identique. Le rapport qualité-prix de l'arbitrage est donc correct.

La remise de la médaille de la Famille à l'Elysée, le 30 novembre 2013, avec plus de 350 invités venant de tout le pays et issus de tous les milieux, viendra symboliquement conclure ce cycle dans une sorte de syncrétisme républicain. La présence de nombreux responsables « familiaux » conservateurs et l'image quelque peu chromo de mères de familles très nombreuses, contrastent avec la joie de tous ces jeunes et anciens, heureux de se retrouver sous les ors du Palais et, pendant une bonne heure, d'arracher à un président souriant autographes et photos. L'édition suivante, le 21 décembre 2014 sera tout aussi réussie, confirmant que la tradition est désormais bien ancrée.

Près de trois ans plus tard, le samedi 25 juin 2016, pour l'assemblée générale de l'UNAF à Colmar, les conditions de préparation ont une nouvelle fois été épiques. Alors que nous avions anticipé cette échéance depuis plusieurs semaines et travaillé en symbiose étroite avec le ministère des familles, un quiproquo ultime va tendre le bouclage du discours : sur la base d'une première version, le président a demandé des précisions, demande relayée auprès de Laurence Rossignol dont nous attendons en conséquence des compléments écrits assez ciblés. Moyennant quoi la ministre a entrepris d'écrire un nouveau discours, de sorte que deux versions vont apparaître et provoquer un bel embouteillage.

Comme j'ai été moi-même peu disponible dans les deniers jours, compte tenu du décès soudain de ma mère, les choses se régleront finalement dans le calme, lors du voyage en avion, où nous pouvons enfin travailler de concert autour de la table, sous le regard patelin de Pisani-Ferry qui doit intervenir plus tard dans cet évènement et vient lui aussi, de perdre le même jour son père, l'illustre Edgar…

Au total, l'accueil sera fort chaleureux, résultat d'autant plus notable que l'assistance est loin d'être acquise. Le chef de l'Etat, dans le contexte du Brexit, repartira plus tôt que prévu après son intervention, non sans avoir posé pour une photo de famille – « évidemment- souriante et conviviale, résultat politique essentiel de cette journée assez échevelée.

Journée de mobilisation pour l'apprentissage

Sur ce sujet majeur mais très technique, le président a rapidement décidé de s'emparer lui-même du chantier ouvert lors de la conférence sociale de l'été précédent. Nous nous heurtons donc d'emblée à un dilemme : viser des objectifs de son niveau, au risque de ne pas être concrets, au regard des besoins à prendre en compte ; à l'inverse, « soulever le capot », jouer la crédibilité, avec cette limite que le président ne peut se transformer en chef de bureau spécialisé.

Grâce à un intense travail de préparation, auquel participent activement les équipes Travail, Education et Fonction publique, nous allons parvenir à relever le gant.

La réunion des partenaires, qui dure toute la matinée, se tient dans un climat constructif assez inédit., sous la houlette efficace de l'ami Jean-Marie Marx. Lors de l'échange avec le président en début d'après-midi, après qu'un buffet préparé et servi par des apprentis ait sustenté tout ce petit monde, la même ambiance prévaut : il n'est pas fréquent d'entendre FO, la CGT et le MEDEF, entre autres, se féliciter presque bruyamment d'une rencontre et de ses conclusions. Même Sud, qui a pris soin de dénoncer à la presse une manœuvre de simple communication, fait une intervention pondérée et positive : sans doute le responsable habilité à parler à l'AFP n'est-il pas le même que celui qui participe aux travaux...

Après avoir de nouveau modifié son projet de discours, qui m'aura, comme prévu, pris beaucoup de temps en dépit du très précieux concours de notre plume Pierre-Yves Bocquet, le président conclut avec brio la journée devant la presse, qui s'attarde ensuite avec nous pour bien décrypter les annonces. C'est donc gagné, mais l'essentiel reste à faire : mettre en musique un plan d'action au final ambitieux, avec un horizon de 500 000 apprentis d'ici 2017. En dépit d'une relance effective en 2015 et 2016, nous finirons malheureusement assez loin de ce cap.

Cet épisode plutôt réussi sera rehaussé, la semaine suivante, par les premiers chiffres « positifs » en matière de chômage depuis 9 mois, avec un recul de 11 000 des effectifs de la fameuse catégorie A en août. Nous restons tous prudents, conscients de la volatilité de ce verdict mensuel, dont rien ne nous assure qu'il aura la même tonalité par la suite.

Surtout, ce même 24 septembre, l'assassinat de l'otage français détenu en Algérie crée une onde de choc dans le pays, dont, manifestement, l'attention va se trouver désormais très focalisée sur une actualité internationale bien lourde. Depuis l'ONU à New-York, la gravité des propos présidentiels confirme que quelque chose de majeur vient de changer, dont les conséquences sont encore malaisées à distinguer.

L'annonce, dans le cadre du PLFSS 2015, de 700 millions de nouvelles économies sur la branche famille, a l'effet attendu, assez déflagratoire.

Comme le bouclage de nos finances publiques pour l'année à venir suppose 2 milliards d'efforts supplémentaires, il a été décidé que la branche famille devrait réaliser les siens non plus sur 3 ans, mais dès 2015, faute d'alternative, notamment sur l'assurance-maladie, déjà mise à forte contribution.

Contrairement aux palinodies sur l'UNEDIC, je me sens ici totalement en phase, pour une raison de vertu budgétaire : nous savons qu'économiser sur les prestations familiales est crédible, car ces sujets sont « paramétriques », donc ajustables ; rien ne serait pire en revanche que de paraître plus ambitieux sur la santé et de ne pas y parvenir, sous prétexte qu'il s'agit de questions à plus long terme, d'ordre organisationnel.

Il arrive ce qui était prévisible. Le groupe PS, quasi unanime, réclame de substituer aux diverses mesures d'économie, une seule, qu'ils jugent plus lisible : la mise sous condition de ressources, ou la modulation, des allocations familiales. Or le président l'a clairement exclue lors de la réforme de 2013, ce qui a conduit à préférer une réduction du quotient familial. La motivation présidentielle est le souci de ne pas pénaliser les classes moyennes : en l'occurrence, la mesure prévue par le PS s'appliquerait en gros aux couples gagnants, en tout, plus de 4000 euros par mois, ce qui n'est pas le cas d'une majorité de Français, mais pour autant celui de nombreux « petits cadres », surtout en région parisienne, bref, une mesure sensible aussi en salle des profs ou dans les salles de rédaction...

La négociation avec la majorité va donc être rude, car cette fois le front est large et plutôt uni, bien au-delà des frondeurs. Finalement, le 14 octobre, après d'ultimes échanges avec le groupe, l'exécutif en vient à la conclusion qu'il faut aller vers la « grande modulation », celle des allocations, que nous avions évitée en 2013 et donc pas retenue cette fois non plus.

Bien que très favorable, depuis des années, à cette évolution de bon sens, j'ai le net pressentiment que c'est surtout le changement de pied (un de plus) qui sera relevé et la certitude que nous allons susciter un large front de critiques, de la CGT à l'UNAF en passant par presque tous les syndicats. Il faudra rappeler que même pour les hauts revenus demeurera un niveau de versement et que, dans cette période d'extrême tension budgétaire, il faut bien chercher les ressources là où elles se trouvent.

Conférences nationales du handicap

Depuis des mois, nous savons que cette échéance approche. La conférence du handicap a lieu tous les trois ans, sous l'égide du chef de l'Etat. Ce sera le 11 décembre 2014.

C'est donc en soi un événement qui, en outre, intervient dans un contexte difficile : faute de crédits, nous ne pouvons pas même faire mine de rivaliser avec les « largesses » des précédents présidents. A l'inverse, la loi de 2005, voulue par Jacques Chirac avait prévu de réaliser l'accessibilité générale en 2015 et c'est à nous qu'il est revenu de démontrer que, faute d'avoir rien prévu de concret durant toute cette période, il faudra revoir les ambitions du pays sur des bases plus réalistes. Autrement dit, peu d'annonces possibles et une polémique, entretenue notamment par l'Association des paralysés de France (APF) qui, tout en sachant très bien que rien ne sert de se bercer d'illusions, fait en somme payer à ce gouvernement ce qui a été peu ou mal négocié et suivi avec les précédents, dont elle est politiquement restée proche.

Pourtant, il m'a paru immédiatement impossible de différer le rendez-vous, comme certains en avaient l'idée. Avec Nathalie Destais, qui va prendre le dossier en mains, nous nous attelons donc à la tâche, bien aidés par l'équipe de la nouvelle secrétaire d'Etat en charge du handicap, Ségolène Neuville.

L'enjeu est d'abord d'organiser les quatre forums régionaux préparatoires, sur les grands thèmes retenus, l'accessibilité donc, mais aussi l'emploi, l'accompagnement médico-social et la jeunesse, avec pour chacun un ministre mobilisé. Dans des délais très serrés, le challenge sera globalement relevé.

La conférence elle-même se tient dans la salle des fêtes de l'Elysée. Elle va faire l'objet d'une préparation très minutieuse, car il faut notamment ménager toutes les susceptibilités et elles sont nombreuses dans ce secteur. Cela sera grandement facilité par la série de rendez-vous que nous organisons en bilatéral avec l'ensemble des grands acteurs associatifs, dont je connais déjà la plupart des responsables. Ecoute, empathie mais aussi fermeté sont notre méthode, car j'estime que, trop souvent, les pouvoirs publics pêchent, sur ces questions, par un double défaut : soit ne pas entendre un certain nombre de vérités, sur les manques ou les dysfonctionnements de l'action conduite au quotidien ; soit, symétriquement, se laisser littéralement agresser, au moins dans les médias, avec le plus souvent des arguments à la limite de l'outrance, qui desservent d'ailleurs la cause officiellement défendue –il faut dire que les arrière-pensées politiques ne sont pas toujours absentes, nous le savons-.

L'autre difficulté est de trouver la bonne « hauteur » pour l'intervention présidentielle. Cela ne va pas de soi, car les grands enjeux ont souvent un soubassement très technique et, d'un autre côté, il convient de garder un certain recul, pour fixer le cap, ce qui est attendu en l'occurrence. Plus que d'habitude encore, le projet de discours fera l'objet d'itérations, avant de trouver le ton, les exemples et les annonces les mieux adaptés et ceci jusqu'à la dernière minute, l'aide de camp devant même, après que le président ait commencé à participer à sa table ronde, récupérer le texte auprès du secrétariat qui effectue les ultimes corrections.

Cette table ronde, nous l'avons conçue comme un « sas », entre les travaux du matin, qui font la synthèse des forums régionaux et l'intervention conclusive du président, car celui-ci ne peut pas arriver dans la salle et parler immédiatement. Plutôt que des institutionnels, nous avons convié des personnes munies d'un message positif, une étudiante en médecine championne handisports, la responsable de l'accueil du Musée Branly qui mène une action remarquable pour l'accessibilité du site à tous les publics, enfin un jeune chef d'entreprise guinéen, valide, qui a créé sans un centime d'argent public un site d'aide à l'emploi des handicapés destiné aux entreprises : ce jeune homme va faire un malheur par son dynamisme, son sens de la répartie et sa chaleur humaine, qui vont rester dans les esprits. Tout comme la magnifique galerie de portraits de personnes handicapées, exposition puissante que nous avons décidé d'accrocher au salon Murat et que le président va longuement admirer, en compagnie de ses auteurs.

Comme d'habitude, le discours ne sera pas lu mais véritablement « habité », remportant un franc succès en dépit d'un nombre mesuré d'annonces, notamment en faveur de la scolarisation. Malgré notre habituel point de presse « off », les journalistes ne sont pas très nombreux, au-delà de la presse sociale et les reprises médiatiques resteront assez discrètes.

Nous ne considérons pas cela comme un échec, au contraire : dans un contexte financier aussi tendu et au regard des polémiques antérieures avec plusieurs associations, cette tonalité d'ensemble nous paraît valoir apaisement. Je vais recevoir de nombreux messages, d'élus, de responsables associatifs moins connus, de fonctionnaires impliqués qui traduisent tous que l'événement a été apprécié par son sérieux et son authenticité, tout se passant finalement, ce qui est chose plutôt rare, comme si le travail fourni était apprécié à sa juste valeur et à l'aune de la dureté des temps.

Nous sortons de là lessivés mais avec le sentiment du devoir accompli, même si le chef de l'Etat a confirmé qu'il donnait rendez-vous à tous dans un an et pas dans trois... Suggestion que je ne regrette pas de lui avoir faite, tant elle me semble avoir du sens, y compris pour lui et son action.

L'édition suivante se tiendra donc le 19 mai 2016, après une intense préparation, pilotée pour l'essentiel par Nathalie, qui sait allier douceur, compétence et fermeté pour faire avancer ce dispositif si complexe.

Nous avons rapidement fait le choix, toujours avec Ségolène Neuville, de mettre davantage encore en avant les acteurs de terrain - y compris plusieurs innovations technologiques qui vont être exposées au Salon Murat - et de nous dégager, autant que possible de l'emprise des grandes associations : car avec elles, ce genre d'exercice est, au mieux, très institutionnel et en règle générale, surtout conçu pour leur fournir une tribune dont le leitmotiv est de faire le procès d'un gouvernement qui plus est de gauche.

Par ailleurs, nous avons concocté une mesure qui va faire du bruit, la pérennisation de milliers de contrats d'auxiliaires de vie scolaire, les AVS, placés auprès des jeunes enfants handicapés et dont chacun reconnaît le rôle majeur pour une bonne intégration en milieu ordinaire : 50 000 postes sont concernés. L'après-midi de la conférence, le président se rendra dans un groupe scolaire du XIème arrondissement, rencontrer plusieurs enfants et leurs accompagnateurs, entourés de leurs camarades, des enseignants et des parents, dans une ambiance indescriptible de liesse enfantine et d'émotion, tant ces gamins, durement touchés par la vie, respirent le dynamisme et la volonté. Comme un avion égyptien vient de s'écraser avec 15 victimes françaises, dans des circonstances encore troubles, aucune image ne sera diffusée de cette escapade, ce qui pour nous tous va de soi, mais nous apparait tout de même bien dommage.

Le soir venu, harassés par des préparatifs dont la confection du discours aura une nouvelle fois frisé l'épique, nous partageons, avec Nathalie et les équipes des principaux ministères concernés, la satisfaction du travail bien fait, que la tonalité très positive de la presse – enfin- et du secteur lui-même vont rapidement confirmer.

L'autisme

Le lendemain du sommet de Milan, départ pour Angoulême et une visite consacrée aux jeunes autistes, en particulier pour illustrer la mise en place des nouvelles unités maternelles prévues pour accueillir ces enfants dans un cadre adapté, mais au milieu des autres, avec lesquels ils partagent des moments précieux de vie commune : repas, récréation...

Le déplacement, délicat car nécessairement intimiste mais aussi du fait que c'est le retour du chef de l'Etat sur le terrain après cette rude rentrée, a été préparé avec soin, par Axel Cavaleri, le chef adjoint de cabinet qui se trouve bien connaître le sujet et le « vivre » avec intensité, et ma nouvelle adjointe, Nathalie Destais, qui vient d'arriver de l'IGAS et découvre sans préavis la complexité d'un tel exercice. Ce sera un grand succès, peu relevé dans la presse nationale, davantage dans la presse régionale, avec tous les ingrédients : de l'émotion, de l'attention, de concret, ainsi que la

159

continuité, puisqu'il s'agit, non pas de faire de nouvelles annonces, mais de venir sur le terrain mesurer la mise en place de ce que l'on a décidé depuis 2012, en l'occurrence à travers le Plan autisme.

Quant au bain de foule très chaleureux, d'abord avec les enfants (ce qui va me permettre en souriant de suggérer l'abaissement du droit de vote à 6 ans, formule reprise évidemment dans un journal le lendemain), puis avec le public qui attend aux grilles de l'établissement, il est clair qu'il arrive à point nommé pour détendre un peu cette lourde atmosphère qui nous entoure depuis des semaines.

Pauvreté

Les allégations du livre de son ex-compagne sur son allergie pour les pauvres, les « sans-dents », ont fait beaucoup de mal à l'image du président. Il faut y répondre, en choisissant le bon moment, d'autant que les hasards du calendrier en donnent l'occasion avec l'approche du 17 octobre, Journée internationale du refus de la misère.

Je jette finalement mon dévolu sur l'Agence du don en nature (ADN), véritable start-up associative qui a réussi le tour de force de créer une grande plate-forme entre entreprises voulant céder des produits neufs dont elles ne savent plus que faire et associations caritatives qui en ont besoin, pour répondre aux attentes des publics fragiles dont elles s'occupent. Au fond, une grande banque alimentaire...non-alimentaire, qui fournit des vêtements, des produits ménagers, des articles d'hygiène, à ceux qui en sont rarement pourvus. Cette équipe jeune est dotée d'une directrice au dynamisme communicatif et elle a développé un site internet remarquable, qui va permettre de présenter le dispositif au président, lequel se déplace Porte de Clichy ce 14 octobre, sous un soleil éclatant.

Après cette rapide visite, une table ronde se tient dans le bâtiment « Bee-O-Top », totalement dédié aux associations avec les grands réseaux de la lutte contre l'exclusion.

L'idée est de faire, comme pour l'autisme quelques jours plus tôt, le bilan du plan du gouvernement. Cette rencontre se révèle comme prévu très riche, positive même, alors que le contexte est pourtant lourd. Comme on pouvait le craindre, les journalistes politiques présents, fort peu intéressés par le sujet, vont relever dans le débat des critiques virulentes de la politique gouvernementale, là où il n'y a qu'un dialogue naturellement exigeant voire rugueux.

Si les associations n'avaient fait que des remarques favorables, nul doute que nos observateurs patentés auraient crié à l'opération de communication. Plus que de coutume, je ressens alors une grande lassitude face à ce jeu stérile, rapidement balayée par le dossier suivant qui m'attend dans mon bureau au terme de cette sortie, que je juge pleinement conforme aux attentes.

Loi Travail, suite

L'atterrissage aura pris près de deux semaines, avec l'adoption du projet de loi en conseil des ministres le jeudi 24 mars.

Pour y parvenir, il aura fallu « recoller » les réformistes à travers une multitude de contacts informels, mais aussi des entretiens bilatéraux en pagaille, un par organisation y compris les non représentatifs, à raison d'une heure par réunion, outre une rencontre collective de bouclage le lundi 14 mars. Bref, plus de 15 heures d'échanges denses, dans le bureau de Manuel Valls, celui-ci étant entouré de Myriam El Khomri et Emmanuel Macron. Après deux nouvelles réunions de bouclage autour du président, un schéma de sortie de crise est trouvé : nous abandonnons la mesure devenue emblématique – contre toute attente- du plafond des dommages et intérêts devant les prud'hommes, nous admettons que faute d'accord d'entreprise ce soient les règles actuelles qui se maintiennent et nous faisons disparaître la mesure pourtant symbolique relative au temps de travail des apprentis, qui a pu convaincre de nombreux jeunes que le texte allait leur nuire. Surtout, le CPA est fortement renforcé avec de nouveaux droits à formation pour les décrocheurs d'aujourd'hui et d'hier (les salariés les moins qualifiés) tandis que la garantie-jeunes se trouve généralisée.

Les réformistes vont donc se rallier à cette nouvelle mouture, que le premier ministre présente lors d'un point presse à Matignon avant de se partager avec la ministre les plateaux des 20 heures de TF1 et France 2.

Bien entendu, les critiques fusent : recul pour la droite et le Figaro, obstination pour la CGT, FO et la gauche radicale, mais au fond ces attaques assez convenues placent le gouvernement dans une position centrale. Même le MEDEF, qui a compris que le texte demeurait très intéressant pour les employeurs, retient ses coups, qu'il lâchera quelques jours plus tard tant la pression semble grande sur Pierre Gattaz. Il me semble d'ailleurs que cette tactique de durcissement est à courte vue, car elle ne peut que tendre encore plus le groupe réformiste, y compris au sein de notre majorité, mais cela le patronat peine manifestement à le comprendre.

Ce qui me préoccupe est ailleurs. Ce sauvetage me paraît aussi réussi que possible, dans le contexte. Mais à quel prix et pourquoi s'être infligé ce pas de deux ? Je me perds un peu en conjectures. Le « social-réaliste » que je suis, selon le portrait que publient les Echos, à la faveur de l'adoption du projet en conseil des ministres, n'avait pas eu beaucoup de difficultés à dessiner les lignes rouges à ne pas franchir : ainsi, avoir sorti au dernier moment la mesure visant à mieux définir les règles du licenciement économique, alors que nous avions clairement laissé entendre qu'il n'en serait rien – en somme, l'idée se défendait bien sur le fond mais restait inaudible pour nos partenaires- ne pouvait que provoquer un électrochoc dangereux. Sans doute le président, qui venait de reconduire le premier ministre, n'a-t-il pas voulu priver ce dernier, déjà poussé dans ses retranchements par le bouillant ministre de l'Economie, d'un geste politique audacieux, bien que dangereux. Sans doute aussi a-t-on négligé ce phénomène classique qui veut qu'en période de reprise économique, la conflictualité reprenne et la capacité à « encaisser » les réformes s'amenuise. Sans doute, enfin, avons-nous mis nos partenaires en difficulté, les leaders syndicaux ayant été accablés de critiques par leurs cadres et en ayant conçu une grande amertume, voire une réelle colère contre le gouvernement, tant il est désagréable de se trouver involontairement surpris devant les siens.

Je crains en réalité que, dans le cas même où le projet de loi serait voté sans encombre majeur, l'épisode ne laisse des traces, car il aura affaibli le président, comme le montre bien son érosion marquée dans les sondages, tandis que l'opinion affiche un rejet constant du texte même remanié, alors que prises isolément, les mesures qu'il regroupe sont plutôt bien accueillies : vieux paradoxe. De même, la prise en défaut de la CFDT et de ses alliés a créé une brèche dans laquelle ceux des syndicats étudiants – et lycéens- qui voulaient en découdre par principe ont su s'engouffrer, avec un impact trop modeste pour nous alarmer, mais trop significatif, notamment sur le plan médiatique, pour le traiter avec désinvolture.

Le pas de deux qui s'est déroulé avec l'interview de la ministre au Echos, les corrections pourtant sensibles du président n'ayant pas été prises en compte, nous a valu une belle polémique, puisque chacun aura remarqué que l'allusion martiale au 49-3 est venue de Matignon, alors que l'Elysée n'en voulait pas. Le paradoxe est que nous aurons réussi, sans arrière-pensée, à totalement aligner les deux maisons dans l'opération de déminage avec les réformistes, à laquelle le premier ministre se consacrera sans aucune retenue mais que le ratage du début continuera longtemps d'accréditer l'idée qu'une faille s'est creusée entre les deux têtes de l'exécutif.

En cela, la loi El Khomri, au-delà des quelques défilés, dégarnis mais souvent entachés de violences, qu'elle aura suscités, est devenue en ce printemps 2016 un objet politique sont l'impact dépasse largement le champ du travail.

La discussion parlementaire qui va se dérouler jusqu'à l'été promet déjà d'en porter les stigmates.

Salaire des fonctionnaires

Depuis 2010, la fameuse valeur du point applicable à l'ensemble des fonctionnaires, est gelée. Bien entendu, les déroulements de carrière ne le sont pas, de sorte que les agents connaissent des promotions qui améliorent leur situation. De même, les primes ont pu progresser dans certains cas, notamment dans la police.

Mais, si personne ne conteste l'existence de ce phénomène, le « GVT » positif, il reste que la situation des personnels des trois fonctions publiques évolue de façon disparate et que, surtout, le gel est vécu par beaucoup comme une marque de défiance héritée de la période Sarkozy. Nous savons depuis le début du mandat qu'il sera impossible d'atteindre 2017 sans avoir consenti un geste.

Alors que Marylise Lebranchu, assez cruellement remplacée par la radicale de gauche Annick Girardin et François Romaneix, son très fiable directeur de cabinet, avaient passé des mois à négocier un protocole de progression des carrières censé faire patienter les intéressés sur des bases de surcroit intelligentes, c'est la nouvelle venue qui va profiter du contexte de tension né du projet de loi Travail : chacun a compris que le geste aurait bien lieu et que, de symbolique, il deviendrait consistant.

Notre idée initiale était d'accorder, ce qui était raisonnable en période d'inflation nulle, une hausse du point et donc des traitements bruts de 0,8% en deux fois, novembre 2016, afin de préserver l'exercice en cours, puis mars 2017 : une progression de 1% représente en effet 2 milliards en année pleine. La séance plénière de discussions est programmée le 17 mars, autrement dit en plein *maëlstrom* autour du projet de loi Travail, puisque les derniers arbitrages viennent d'être rendus trois jours plus tôt : les deux dossiers sont clairement liés.

Alors que l'UNSA semblait, d'après mes contacts, susceptible d'accepter ce niveau de revalorisation, la CFDT allait placer la barre plus haut : 1% tout de suite. Après de multiples conciliabules croisés avec Matignon, et l'insistance de la FSU dont la voix porte dans le secteur, nous allons finalement conclure à 1,2%, dont la moitié dès juillet 2016 et l'autre moitié en février 2017 : l'ultime ajustement du calendrier est décidé par le premier ministre en personne, ce qui me semble naturel. De fait, le mouvement de protestation programmé le 22 mars dans les administrations sera un flop retentissant, l'ensemble des syndicats même les plus exigeants admettant plus ou moins publiquement que, contrairement à leurs pronostics initiaux, « le compte y est ».

Nous avons certes tiré une traite sur les finances publiques, mais le sentiment partagé y compris parmi les budgétaires, est que cette issue était inéluctable et que nous nous en sortons cette fois pas trop mal, y compris au regard d'une opinion toujours rétive à récompenser les fonctionnaires : il est vrai que les attentats sont passés par là et avec eux le rappel de l'excellence de nos services publics et donc de ceux qui en ont la charge au quotidien...

Enfance

Le 30 septembre 2015, se tient un événement rare et sympathique : une intervention sur le thème de l'enfance, appuyée par la remise d'un rapport sur le sujet commandé au sociologue de la famille François de Singly, et par un lieu, le musée des Arts Décoratifs, où se tient une exposition célébrant les 50 ans de l'Ecole des Loisirs.

Peu avant, un déjeuner a été organisé sur le sujet à l'Elysée, avec les auteurs du rapport.

L'essentiel de ce travail d'orfèvre est dû à mon adjointe, Nathalie Destais, qui a mis son énergie communicative à élaborer cette construction complexe, tout en faisant toujours prévaloir le fond : l'éducation, la garde des enfants, leur protection, l'accès à la culture, la lutte contre la pauvreté des plus jeunes, l'accès à la citoyenneté, l'appui à la parentalité, chacun de ces enjeux est à lui seul considérable.

Plusieurs semaines de travail rendu complexe du fait même de l'ampleur d'un sujet qui embrasse plusieurs politiques publiques, sont récompensées par ce beau résultat, bien que la presse généraliste y prête peu attention, comme prévu. Malheureusement, pas mal de tensions auront aussi entouré la préparation de l'intervention présidentielle, mettant quelque peu à mal la sérénité de ma collègue dont je partage la perplexité : mais une nouvelle fois le discours prononcé sera très proche du projet initial et enrichi au service du propos que nous avions suggéré.

Samedi matin 19 novembre, le Jardin d'Hiver est coloré par un fond de scène très lumineux : nous accueillons des jeunes lauréats d'un concours de dessin de l'Ecole des Loisirs sur le thème de l'éducation bienveillante, à la veille de la date anniversaire de la convention internationale des droits de l'enfant.

Le président échange avec une douzaine de gamins enjoués qui lui posent des questions directes, sur l'importance de l'humour, le métier de chef de l'Etat (« c'est du cinéma ? »), les inégalités, le racisme. Nous avons mis beaucoup de temps à caler les choses avec l'aide précieuse de l'équipe de Laurence Rossignol, car ce jeune public doit faire l'objet d'une attention particulière, mais tout se passera au mieux.

De cette rapide séquence, je vais retenir deux impressions fortes. D'abord sur le plan pratique, la nouvelle performance des services techniques : la veille au soir, j'ai participé dans ce même lieu au diner offert dans le cadre du Conseil de l'attractivité à plusieurs grands patrons de groupes étrangers présents en France (dont un grand fabricant américain de tracteurs qui tentera de subtiliser des couverts en argent...) : il aura donc fallu que l'équipe travaille toute la nuit pour transformer radicalement la physionomie de la pièce.

Plus notable encore, je passe la tête samedi matin chez le président pour faire un ultime point sur sa courte intervention prévue pour la circonstance. Comme souvent pas inadvertance il me fait comprendre qu'il veut me parler aussi du contexte politique, sa situation, sa candidature, Valls, Macron, tout y passe.

J'en sors un peu plus convaincu encore qu'il va y aller, que l'annonce est imminente, qu'il connaît les risques mais préfèrera les braver, tout compte fait, plutôt que de renoncer à se battre. Je ne sais pas encore combien je peux me tromper.

Le soir même, lors d'un quasi-meeting de campagne monté dans le Sud-Ouest par plusieurs fidèles, dont Kader Arif, le candidat percera vraiment sous le président, requinqué par un appel remarqué de plusieurs dizaines de personnalités, contre le « Président bashing ». Bref, tout semble indiquer que le chef est bien remonté sur son cheval, contre vents et marées, et ils sont pourtant de taille.

Musée de l'immigration

15 décembre 2014, sept ans après son ouverture, la Cité de l'immigration, installée porte Dorée dans l'un des sites emblématiques de l'Exposition coloniale, est enfin officiellement inaugurée.

Bien qu'ayant peu participé à la préparation de l'événement, je tiens à y être au moins spectateur, tant de fils me reliant à cette aventure. Je vais en effet retrouver sur place bien des figures connues, pour beaucoup peu ou pas revues depuis une trentaine d'années, lorsque je dirigeais le Fonds d'action sociale (FAS). A l'émotion du moment et sa solennité s'ajoutent donc ces regards plus personnels, qui nous renvoient à une autre France, celle des années 80, de l'antiracisme, des associations militantes et de défense des droits. Dans la France de 2014, où les dérives fanatiques et l'antisémitisme repointent leurs cornes noires, la mémoire d'alors fait écho à notre actualité.

Abou Diouf est présent, Jack Lang inévitable. Jacques Toubon est paradoxalement le plus légitime : sans lui, l'opération dont nous avions jeté les bases dès 1987 avec l'ami marocain Driss El Yazami, Saïd Bouziri le tunisien – tragiquement disparu depuis - et la fine équipe de l'association Génériques, ainsi que les historiens réunis autour de Gérard Noiriel, n'aurait jamais vu le jour. Au vrai, le gouvernement Jospin, après avoir lancé une mission sur le sujet, n'aura de cesse d'en enterrer la mise en œuvre pour des raisons que je n'ai toujours pas élucidées à ce jour...

Le président a eu l'heureuse idée d'y nommer Benjamin Stora, grand historien de l'Algérie. Désigner un juif à la tête de cette maison n'est pas sans me rappeler ma propre arrivée à la tête du FAS en 1986, qui, malgré mes stricts quartiers de laïcité, avait alors fait grincer quelques dents, y compris dans la communauté. Patrick Weil m'indique à juste titre, en marge de la bousculade qui entoure le chef de l'Etat, que cette confiance dans l'Histoire est essentielle pour le musée, lequel ne doit pas s'enfermer dans la simple exposition des réalisations artistiques étrangères, mais donner à voir la vie des femmes et des hommes, durant ces décennies, italiens et polonais, africains du Nord puis du Sahel, des corons de Lorraine et des ateliers du Sentier aux lignes de montage de Billancourt, des éboueurs maliens venus du pays de Kayes aux saisonniers espagnols des vignes du Sud-Ouest, jusqu'aux turcs de

Mulhouse... Nous voulions bâtir un *Ellis Island* à la française, le résultat est assez différent, mais la base nous semble déjà appréciable.

Je suis fier que François Hollande préside à la reconnaissance de ce lieu et, à travers lui, tout ce qu'il représente. Dans un discours profond et vigoureux, il hisse les couleurs de la gauche, avec fermeté et hauteur de vue, provoquant une salve d'applaudissements d'un public certes acquis, mais qui ne ménage pas ses encouragements, même quand est évoquée la délicate question du droit de vote des étrangers, encore hors d'atteinte sur le plan parlementaire.

Politique de la ville

Le lendemain, comme s'il s'agissait décidément d'une séquence de retours aux « fondamentaux », nous voici à Boulogne-sur-Mer puis Lens sur le thème de la rénovation urbaine. Je fais partie du voyage, dans la mesure aussi où il faut encore recevoir un grand nombre de délégations. L'atterrissage du Falcon présidentiel dans l'aube naissante au Tréport augure bien d'une journée sans embûche.

Je rencontre notamment les marins du port de Boulogne, les ouvriers de l'usine Arc International – que nous reverrons quelques mois plus tard -, ceux d'une petite entreprise de carrosserie, les mouvements de chômeurs...Dans tous les cas, en dépit des difficultés réelles qui assaillent tous ces interlocuteurs, l'écoute et la sérénité sont de mise. Même avec les leaders de la coopérative qui a pris la suite de Sea France, qui n'ont pas lésiné sur les méthodes musclées quelques mois plus tôt. Comme si la petite musique favorable, portée par de meilleurs sondages, se trouvait diffusée jusqu'ici.

J'éprouverai le même sentiment à la fin de cette riche semaine, lors de la remise de la médaille de la Famille, quand les applaudissements spontanés et nourris accueillent l'entrée du chef

169

de l'Etat dans la salle des Fêtes du palais, ce qui n'était pas arrivée en 2013.

Code du travail

Depuis la nomination du premier ministre et a fortiori d'Emmanuel Macron, l'idée qu'il faille lever des verrous à l'emploi et notamment au recrutement dans les TPE/PME ne cessait de prendre corps.

A la vérité la persistance de mauvais chiffres du chômage, ceux d'avril 2015 publiés fin mai ne faisant pas exception (malgré une statistique en sens inverse quelques jours plus tard, issue de l'INSEE...) n'ont cessé de donner du crédit à cette tendance : car il faut bien « faire quelque chose ».

Je n'ai aucun problème avec cette analyse, sinon qu'elle ne peut être aussi dogmatique que les arguments de ceux qui la contestent en bloc. En clair, tout ce qui touche au « contrat de travail unique », ou encore au CDI à motifs préétablis de licenciement (joliment dénommés « précausés » par le MEDEF) me semble relever d'une erreur d'analyse : sans que personne n'ait jamais documenté leur effet sur l'emploi, nous risquons à la fois en suivant cette voie, d'accroître les procédures contentieuses que le patronat nous demande dans le même temps d'alléger et de créer une fronde dans le pays, dont la France a quelque expérience (notamment à propos du fameux CPE sous Villepin). Bref, un rapport qualité-prix de la réforme plutôt dégradé.

Le sujet va finalement être traité dans le cadre d'un séminaire gouvernemental sur les PME-TPE, qui va nous permettre de mettre en perspective l'ensemble des mesures destinées à ce secteur, aussi bien du point de vue économique qu'en matière sociale. Petit à petit, j'ai le plaisir de constater que la réflexion se déplace vers les sujets certes difficiles, mais prometteurs que sont la « barémisation » des indemnités prud'homales - dont nous savons pour le coup combien la dispersion selon les cas est source

170

d'incertitude pour les petits patrons et d'inégalités pour les salariés- ou la lutte contre le détachement illégal de travailleurs européens, puisque l'explosion du phénomène est en train de véritablement gangrener des secteurs aussi sensibles que le BTP.

Après avoir envisagé de faire de ce sujet une conférence sociale, il a été décidé qu'il s'agirait d'une réunion de ministres, précédée par un round de consultations bilatérales des partenaires chez le premier ministre : de fait, les syndicats, tout en accueillant globalement bien ce nouveau chantier, ne considèrent à juste titre pas qu'il soit de leur ressort direct. Un travail interministériel intense va donc se dérouler en préparation du jour J qui a été fixé au 9 juin, afin d'être « raccord » avec l'examen de la loi Macron, qui revient à l'Assemblée et qui doit servir d'accroche à la plupart de nos mesures, le tout à l'abri d'un 49-3 protecteur.

Les annonces ce jour-là seront bien reçues (notamment les aides diverses pour les TPE/PME, l'accès aux marché public, le soutien au premier emploi), quoique la polémique liée à l'idée de créer un barème des indemnités prud'homales passe mal chez les syndicats de tous bords. Le 17 juin, en se rendant à *Planet PME* donc chez la CGPME qui réunit ses troupes au CESE, le président pourra constater en terrain a priori peu conquis, qu'il est entendu : être applaudi debout dans cet hémicycle, par ce public, n'était pas gagné d'avance.

Quant au Code du travail, c'est Robert Badinter, avec le concours d'Antoine Lyon-Caen, qui va relancer la réflexion sur sa nécessaire simplification, le prestige des auteurs, peu suspects de dérive libérale, pouvant en l'occurrence aider à installer le débat sereinement, alors même que, contrairement à ce que l'ensemble des observateurs semblent croire, nous ne leur avons rien demandé. Le hasard fait parfois bien les choses. J'aurai avec eux des échanges nourris et fort stimulants, quoique je mesure assez rapidement combien nous risquons de procès d'intention en paraissant vouloir lever le voile sur ce sujet scabreux : le Code du travail est devenu illisible car sa construction est le fruit d'une longue histoire de défiance des acteurs entre eux. Il doit exister une voie de la raison entre la dérégulation et la sclérose, mais elle sera politiquement étroite.

Le travail à l'honneur

Le 29 juin 2015, le Président reçoit à l'Elysée les membres du jury international qui doit, le 10 août, désigner le pays organisateur des Olympiades des Métiers, en 2019 : la France s'est portée candidate, à travers Paris, contre la Belgique (Charleroi) et la Russie (Kazan).

Nous avons donc des chances solides, d'autant que la précédente candidature, en 2013 a échoué d'une voix au bénéfice de l'Allemagne. Les organisateurs du comité français ont bien fait les choses et j'ai tenté de les aider du mieux possible, en mobilisant le chef de l'Etat, qui prend son rôle très au sérieux au plus grand bonheur de ses hôtes, venus du monde entier : la Maire de Paris, le Président de Région, celui du Sénat, les ministres, nul n'est en reste, pour faire honneur au dossier français et démontrer que l'union sacrée est faite derrière « l'équipe de France des métiers ». Ceci me vaudra le soir, moment de fraîcheur dans la canicule, de descendre la Seine en bateau-mouche, en compagnie d'un équipage de délégués aux anges.

Nous saurons en fait, début août, que les Russes ont gagné, de l'avis général en employant des méthodes peu conventionnelles. La déception est à la hauteur des espoirs, ce que je ressens à l'écoute des messages qui me parviennent de Sao Paulo. Je veillerai donc à ce que l'équipe de France, qui va encore décrocher 9 médailles durant la compétition elle-même, soit dignement accueillie à son retour par le chef de l'Etat à l'Elysée, ce qui sera fait début octobre.

Le 6 juillet, le public est un peu plus âgé mais la démarche est proche. Il s'agit cette fois d'honorer la promotion des quelque 200 lauréats du titre « un des meilleurs ouvriers de France », concours de prestige plus que centenaire, à la gloire de tous les métiers, des plus traditionnels au plus nouveaux.

Les impétrants sont tous présents dans la salle des Fêtes, en compagnie de leurs proches, écoutant avec sérieux et légèreté à la fois le vibrant éloge que le président fait de leur investissement professionnel et de leurs talents si manifestes et différents à la fois. Christian Forestier, ancien recteur et patron du CNAM, qui est une des grandes figures du monde éducatif, fait les présentations et en profite pour remettre au maître des lieux une médaille honoris causa du plus bel effet.

Dans les deux cas, à une semaine d'intervalle, c'est le travail qui se trouve magnifié, les valeurs qui lui sont liées, leur transmission vers les plus jeunes. Non, décidément, même sous les ors de la République, il n'y a là rien de ringard : il suffit pour s'en convaincre de lire la fierté dans les yeux des tous ces artisans, compagnons, ouvriers, techniciens, qui ont décidé, dès le plus âge, de ne pas « perdre sa vie à la gagner ».

Eté et rentrée 2015

Malgré des chiffres du chômage encore très mitigés, annoncés fin juillet au titre du mois de juin, les membres de l'équipe s'égaient à peu près sereins, au fil du mois d'août : je m'arrête finalement trois semaines, ce qui ne m'est pas arrivé depuis des années. Chacun est lessivé, car l'année a été rude.

Je m'offre un aller-retour nocturne en voiture à la Rochelle fin août pour participer, en marge des universités d'été du PS - où je n'ai guère envie de passer, malgré une longue pratique et le plaisir d'y croiser des amis que l'on ne voit guère autrement – à un dîner des partenaires sociaux. L'ambiance est détendue et la discussion, où se mêlent des responsables de la CFDT, de l'UNSA, de la CFTC (FO a fait fond bond et la patronne de la CFE-CGC présente dans la journée avait une autre obligation), autour d'un Bernard Thibault

173

rayonnant et presque hilare, roule sur les sujets d'actualité puis s'égare dans les souvenirs de chacun. Ces moments assez rares permettent de tisser des relations humaines assez fortes qui, en cas de remous, permettent souvent de renouer des dialogues compliqués ou, tout simplement, de se parler en confiance.

Mais il était dit que les étés de ce quinquennat, à défaut d'être meurtriers, seraient compliqués.

Cela commence avec le départ subit de François Rebsamen. Le décès brutal du maire de Dijon, qui lui avait succédé, le conduit à reprendre son poste. J'avoue respecter ce choix, non dénué de courage pour un homme de 64 ans qui ne serait sans doute plus jamais membre du gouvernement. En même temps, je trouve dommage que celui qui est en première ligne de la priorité présidentielle absolue, l'emploi, s'en aille in petto. Et plus encore que la communication autour de ce départ soit, de nouveau, brouillonne, tout se passant comme si l'intéressé avait voulu s'accrocher à son poste – ce que je ne crois pas- tandis que le premier ministre, dont il n'est pas un des proches, lui rappelle sèchement la règle, ensuite confirmée par l'Elysée : pas de cumul, il faut donc abandonner la rue de Grenelle dès la rentrée. Sur ce front déjà accidenté, on pouvait rêver meilleur contexte pour aborder une rentrée sociale chargée entre toutes. Ensuite chacun se lance dans le jeu des pronostics, assez vain, car un seul homme sait ce qu'il va faire et dont tous devront bien s'accommoder.

Finalement, comme je le subodorais, le Président va surprendre tout le monde et surtout la presse en sortant de son chapeau Myriam El Khomri, très prometteuse élue parisienne, que j'ai fréquentée à ce titre en 2008 et 2009 et qui est devenue une fort active secrétaire d'Etat à la Ville, investie en particulier sur l'emploi des jeunes. Lundi 31 août, à la faveur d'une réunion sur les finances publiques, je réponds au Président qui me demande « comment ça va », que j'attends son choix avec une certaine impatience. A sa réponse sibylline « cela va te plaire », je comprends que le

174

changement de pied est acté. Il me faudra quelques minutes pour y voir clair, par déduction. Il faut dire que la nouvelle promue vient de le rencontrer officiellement qui plus est, ce qui n'est pas si fréquent. L'accueil des partenaires sociaux sera positif, pour de multiples raisons, même si je ressens aux premiers échanges une interrogation, pour le coup légitime, sur la capacité qu'aura la ministre novice de s'imposer sur une scène sociale tendue et qu'elle connaît encore mal.

Autre grand sujet sensible, les chiffres de l'INSEE, qui nous annoncent une croissance finalement nulle pour le deuxième trimestre 2015, soit une déception par rapport au chiffre issu du fameux consensus des économistes. Comme consolation, la même publication rehausse à 0,7% le chiffre du premier trimestre. Michel Sapin a beau souligner que nous sommes tout de même bien partis pour réaliser l'hypothèse annuelle de 1%, sur laquelle sont fondés nos chiffres officiels – voire la dépasser-, tout ceci fait mauvais effet en laissant entrevoir un nouvel essoufflement de l'activité, après un début d'année prometteur. Comme la crise agricole continue de battre son plein, autour des prix de vente de la viande et du lait, les nuages commencent à occuper une bonne partie du ciel politique sur lequel les succès diplomatiques (place de la France lors de l'inauguration du nouveau canal de Suez, bouclage du plan de sauvetage de la Grèce, libération de notre dernier otage en Somalie...) n'ont, en définitive, qu'un impact fort passager.

Sitôt retournés à nos dossiers, le président annonce en plusieurs temps que les baisses d'impôt vont se poursuivre. Sur ce sujet, je me sens en phase avec Laurent Berger qui critique une approche consistant, in fine, à ce qu'un nombre toujours plus réduit de contribuables acquittent l'impôt sur le revenu. Certes, de nombreux Français paient aussi la CSG, les impôts locaux et davantage encore la TVA. Mais le fameux « IRPP » demeure le symbole du consentement à l'impôt et il me semblerait plus judicieux, pour redistribuer du pouvoir d'achat, de faire des choix plus ciblés, comme nous l'avions fait en 2012 en relevant de 25% l'allocation de rentrée scolaire. Bref, le débat est relancé, d'autant que le gouvernement veut aussi s'engager dans la retenue à la source, sans toutefois aller vers une fusion IRPP/CSG : même les experts s'y perdent, et il y a fort à parier que nos compatriotes n'y voient goutte dans toutes ces petites touches qui peinent, pour le moment, à dessiner un tableau.

Enfin et surtout, la crise des migrants va s'inviter brusquement sur la scène nationale. Dans les premiers jours de septembre, la photo du petit syrien noyé, déposé par la mer sur une plage dans la position d'un bébé simplement endormi, va bouleverser les consciences du monde entier, reléguant tous les autres sujets au second plan. Le président réagit, comme la chancelière, dans un contexte où l'Allemagne force le respect par sa mobilisation populaire en faveur des réfugiés, créant en France presque un complexe sur l'échelle des valeurs citoyennes et de fraternité.

Migrants et réfugiés

Depuis des mois, l'Europe vacille, sous le coup des images choc, celle des naufragés de la méditerranée et, plus fréquentes encore, des îles italiennes ou grecques ployant sous les flots d'hommes, de femmes, d'enfants, que les guerres de Syrie et d'Irak, mais surtout la botte fondamentaliste, ont jetés sur les routes ou sur des rafiots de fortune, contre des milliers de dollars engraissant les passeurs, charognards des temps modernes.

La France va donner alors le sentiment d'hésiter, comme prise dans une contradiction, la pression de ses valeurs historiques d'un côté, celle qui fut à l'œuvre au moment des *boat people* et de l'autre le bloc compact d'une opinion rétive, repliée sur elle-même, où il n'est pas besoin de militer au FN pour exprimer toutes les nuances du chacun pour soi.

Le discours politique, en particulier les paroles fortes prononcées par le chef de l'Etat lors de sa conférence de presse du 9 septembre, débloque cette situation figée, comme si l'engagement de l'Exécutif retrouvait enfin une valeur performative : de fait, les sondages vont rapidement traduire une nette décrue des opposants à l'accueil. Pour le reste, le gouvernement, Bernard Cazeneuve en tête, « fait le job », les hébergements s'organisent, les communes se mobilisent, les grandes associations prêtent leur indispensable concours.

Il n'est que la droite tendance « LR », Sarkozy en tête, qui, sourde jusqu'aux exhortations du pape François, déverse ses relents xénophobes, dans une course à l'échalote avec Marine le Pen, dont l'inanité le dispute à la honte.

Il me semble donc que la situation est rétablie. Pourtant, je trouve que l'objectif de 24 000 réfugiés en deux ans, pour respectable qu'il soit, manque de générosité : pourquoi pas 30 ou 40 000 au fond ? Pour tout dire, les actes ne sont pas au niveau des mots et, durant les mois qui suivront, je verrai dans cette timidité peu glorieuse la seule véritable tache sur le bilan du quinquennat.

Droit à l'oubli

Le 24 mars 2015, déplacement au siège de la Ligue contre le cancer pour lancer le « droit à l'oubli », en faveur des malades et, au-delà, des autres personnes souffrant de pathologies lourdes, confrontées, même une fois guéries, à la difficulté de s'assurer, notamment dans le cadre d'emprunts immobiliers.

Un accord existe depuis une dizaine d'années, la convention dite « AERAS », qui s'impose aux assureurs, mais le président a décidé d'aller plus loin, dans le cadre du plan Cancer III qu'il a lancé au printemps 2014. La décision la plus spectaculaire concerne les cancers pédiatriques : toute personne ayant eu un cancer avant 15 ans bénéficiera, cinq ans après la fin de son protocole, d'un droit à l'oubli total, donc n'aura rien à déclarer sur son passé médical.

La discussion a été rude avec les assureurs et il a fallu agiter la menace d'une loi pour avancer. Nous y avons consacré beaucoup de temps avec le Pr Lyon-Caen, qui a mis toute son autorité dans ce bras de fer et sans lequel nous n'aurions sans doute pas abouti. Dans la dernière ligne droite, notre jeune collègue Barberis, qui suit les assureurs, démultiplie l'action de l'Elysée, notamment quand il s'agit, une fois l'accord acquis, de prévoir l'implication du chef de l'Etat. De fait, l'écho de cette avancée sera réel dans les milieux concernés et une partie des médias, moins dans l'opinion puisqu'en plein discours présidentiel, nous apprenons la catastrophe aérienne survenue dans les Alpes de Haute Provence, qui, par son ampleur, va bouleverser les jours à venir, à commencer par la visite d'Etat du roi d'Espagne, censée commencer dès notre retour au Palais.

Plus prosaïquement, cette belle manifestation restera associée au thème de l'improvisation. Pour le meilleur, puisque les choses se décident lundi à 18 heures et se déroulent le lendemain matin, après une visite de préparation menée tambour battant : de fait, en arrivant sur place avant le Président, nous n'aurons aucune note discordante à déplorer, comme si tout cela avait été mis en place depuis des jours. Pour le pire aussi, car les impulsions intempestives de quelques collègues pensant sans doute bien faire, nous ont conduits à multiplier les appels contradictoires auprès des invités, au risque de diffuser parmi eux un sentiment de manque de considération, voire d'amateurisme. Manifestement nous avons atteint ici un sommet de maladresse dont il est urgent de redescendre pour la suite des opérations.

Loi santé, suite et fin

En ce mois de novembre 2015, la loi santé connaît ses dernières étapes. Les multiples problèmes que nous connaissons avec ce texte n'ont pas disparu, loin s'en faut, traduisant d'abord la faible portée du projet, au regard des ambitions initiales de la Stratégie nationale de santé, qui met d'autant plus en relief divers irritants.

Le premier est sans conteste le tiers payant généralisé. L'affaire est symbolique, puisque plus de 30% des médecins généralistes le pratiquent déjà, tout comme, entre autres, l'ensemble des pharmaciens. Mais le corps médical, bien au-delà des syndicats professionnels, refuse, avec ce mécanisme, de donner prise sur lui aux régimes complémentaires de santé, à commencer par les mutuelles. Il estime que le fameux « TPG » constituera un cheval de Troie pour s'immiscer dans la gestion des cabinets.

Cette crainte semble irraisonnée, mais elle plonge ses racines dans l'histoire compliquée des médecins et de la sécurité sociale, qu'ils agonisaient de critiques vingt ans plus tôt, lors des premiers pas de la carte Vitale : désormais, ce système est approprié, l'assurance-maladie mieux acceptée, mais il ne saurait être question d'aller plus loin ; la coupe est, en quelque sorte, définitivement pleine. Pour avoir mésestimé ce phénomène, pour s'être convaincue que ce front du refus était politique et peu représentatif, la ministre a créé un véritable bloc en face d'elle, fait d'incompréhension, d'hostilité personnelle – non dénuée d'excès, avec notamment des appels assez pathétiques à la désobéissance civile... » - et surtout d'une froide détermination à contester jusqu'au bout cette mesure.

Dans le contexte des attentats du 13 novembre et alors que les syndicats médicaux suspendent leur nouvelle grève, il me semble que l'heure est peut-être venue d'arrondir les angles. Mon idée est assez simple : ce qui bloque en effet, c'est le refus des médecins d'avoir des relations financières directes avec les complémentaires. Il suffit alors de faire en sorte qu'un « flux unique », géré par l'assurance-maladie ou par un tiers de confiance, serve de paravent : le médecin s'adresse à cet interlocuteur via le système d'information, il est en retour payé en une seule fois (part sécurité sociale et part complémentaire), ce qui lui garantit un système d'une grande simplicité. Après avoir à peu près convaincu mes partenaires habituels, à Matignon et au cabinet santé, d'autant que j'ai assorti ma démonstration d'un schéma permettant de détendre le calendrier de la réforme et donc de bonifier ses chances de succès, je vais rapidement déchanter : Marisol n'entend céder sur rien, y compris si ces ajustements peuvent régler le conflit et donner corps au TPG. Les deux chefs de l'Exécutif, malgré le report de l'examen du texte de quelques jours, qui permettait de l'amender, vont se ranger à ses arguments et décider que l'on « ne touche à rien ».

Je m'incline évidemment, tout de même satisfait d'avoir faire mon devoir. Personne, au sommet de l'Etat, ne pourra désormais ignorer que ce mécanisme du tiers payant restera une épine durable dans les relations avec les médecins et surtout que les objectifs fixés ne pourront être atteints : de fait, le système ne fonctionnera jamais à l'échéance prévue en 2017.

La loi comporte aussi une mesure sensible sur la lutte contre le tabac : le fameux paquet neutre. La situation est ici différente. Outre la mobilisation que crée, en réaction, l'activisme forcené du lobby des fabricants, outre bien entendu l'information de l'opinion sur les effets terribles du tabac, avec ses 70 000 morts par an en France, l'Elysée a fait un choix que nous devons assumer : ne pas augmenter de nouveau le prix des cigarettes. De fait, il faut bien, en compensation, trouver une mesure emblématique de la volonté de prévenir ce fléau. Ce sera le paquet neutre, ou générique, qui ne comporte aucune mention de marque. Seule l'Australie a mis en place ce système radical, alors que l'Europe vient de se doter d'une directive promouvant un paquet « partiellement » neutre. Résultat : les buralistes sont rendus hystériques par ce paquet neutre absolu, dont ils craignent un effet radical sur leur chiffre d'affaires ; ils savent qu'aucune étude d'impact et pour cause ne prouve son efficacité sur la consommation, sinon le risque de voir exploser les ventes parallèles ; enfin, il leur est loisible de demander pourquoi la France se singularise ainsi dans le concert européen. J'ai ici très vite le sentiment que nous avons fait le mauvais choix : mieux aurait valu augmenter les prix, avec des effets documentés sur la baisse de la consommation et adopter le paquet neutre européen. Mais comme les arbitrages ont été clairement rendus et en connaissance de cause, je défends la ligne sans état d'âme : grâce à notre mobilisation collective, la disposition sera adoptée, d'une courte tête (58 voix contre 56) au Palais Bourbon, prouvant à la fois que nos objectifs n'ont pas été compris au sein même de la majorité et que le lobby des fabricants, fusse-t-il le dos au mur, reste extrêmement persuasif, par des canaux que l'on préfère ne pas imaginer.

Dernier point de sensibilité, l'alcool. Les milieux viticoles veulent absolument que l'on assouplisse la loi Evin, pour promouvoir plus facilement, en particulier, l'œnotourisme. Après d'intenses discussions, c'est au Sénat qu'une rédaction à peu près équilibrée est trouvée. Je suis sidéré de la force de mobilisation des parlementaires concernés, les élus « pinardiers », du Bordelais, de Bourgogne, de Champagne et d'ailleurs, dans un climat totalement trans-partisan, à un point tel que nous nous en tirons plutôt à bon compte. Je trouve comme citoyen, que cette entorse est quand même un peu honteuse, au regard des ravages de l'alcoolisme dans notre pays. Certes, je ne comprends pas comment peuvent prospérer sur les abribus que fréquente la jeunesse des placards entiers promouvant de la vodka : mais mieux vaudrait qu'on s'attache à les éradiquer, plutôt que de simplement tenter de les recouvrir par des posters vantant nos vignobles...

PLFSS 2016

Le budget de la sécurité sociale, depuis le plan Juppé de 1995, donne lieu chaque année à une loi de finances spécifique, adoptée par le parlement en parallèle au vote du budget de l'Etat. La matière est aride, mais masque souvent des sujets de fond, concernant notamment la santé des Français.

Pour 2016, alors que plusieurs mesures emblématiques sont, pour une fois, proposées, dont la création de la protection universelle maladie, la « PUMA », c'est une disposition plus technique qui va nous occuper de longues heures, la complémentaire santé des retraités.

Le président a annoncé au congrès de la Mutualité en juin vouloir mettre fin aux difficultés des nouveaux retraités, qui voient en général le prix de leur complémentaire s'envoler quand ils quittent leur entreprise, ne serait-ce que dans la mesure où ils perdent le bénéfice de la part patronale sur leur prime. Pour y remédier, nous souhaitons encourager fiscalement les contrats plus vertueux à cet égard. La Mutualité Française, dont le modèle économique ne se porte plus très bien (spécialiste historique de la couverture individuelle, elle a dû se lancer dans le collectif beaucoup plus concurrentiel et donc moins rentable), ne veut pas du système d'appel d'offres mis en avant par la ministre de la Santé, non sans raison. Je vais devoir moi-même négocier avec le président de cette grande fédération, Etienne Caniard, que je connais heureusement depuis des lustres : nous parvenons finalement à un accord pour qu'il s'agisse d'une « labellisation », autrement dit le gouvernement conserve son pouvoir de filtrage, mais avec des leviers moins brutaux. Petite victoire méthodologique, dont seuls mes collègues de cabinet, quelque peu désemparés par ce conflit naissant, ont remarqué l'intérêt : mon rôle est aussi celui-là, savoir injecter la goutte d'huile au bon moment dans un engrenage grippé.

VIII - AFFAIRES, CRISES ET CONFLITS

Florange : la fin des hauts-fourneaux

Sans doute la première véritable crise, même si le conflit invraisemblable entre Coppé et Fillon, victimes d'une primaire UMP qui respire les magouilles en tous genres, a quelque peu fait écran, du moins au début.

Arnaud Montebourg, avec sa fougue habituelle, dit à qui veut l'entendre, sur le même ton, que pour faire rendre gorge à Mittal, il faut simplement nationaliser. Il est tellement convaincant que, bien que totalement hostile à ce miroir aux alouettes, l'argument va rapidement faire tache d'huile.

Le président a pourtant réussi le « match retour » contre Lakshmi Mittal, alors que le premier entretien nous avait laissés quelque peu désemparés, face à la tranquille assurance de son interlocuteur, qui, tout en componction, n'avait pas reculé d'un centimètre. « Il est fort » nous avait-il alors concédé. « Oui et c'est son argent » avais-je risqué du tac au tac.

Là, on ne rit plus et les conditions sont fermes : pas de plan social, zéro licenciement, pérennisation du site, engagement dans le projet innovant Ulcos de captation du carbone. Nous avons le sentiment objectif de tenir un bon accord et de pouvoir, sur ces bases, sortir de l'ornière.

Pourtant, tout va aller de travers. Le premier ministre demande et obtient in petto de négocier à son niveau les suites de l'accord de principe tandis que le ministre du Redressement productif, lui, va rester dans son couloir et poursuivre sur sa partition, d'ailleurs au grand jour et sans nullement s'en cacher.

Résultat : Matignon, malgré une mobilisation générale et notre appui plus ou moins direct, puisqu'il ne faut pas trop gêner le chef du gouvernement, peine à se faire entendre de Mittal, qui négocie avec deux dirigeants fort compétents, face à une dizaine de conseillers, lesquels découvrent l'essentiel du dossier. Première erreur.

Dans les coulisses, Montebourg plaide toujours pour la prise de contrôle public, les syndicalistes du site étant désormais persuadés que c'est la volonté présidentielle, deuxième erreur. « A quoi jouez-vous ? » me demandent mes interlocuteurs nationaux, conscients que ce scénario intenable va provoquer d'immenses espoirs et donc de grandes déceptions. La scène abondamment diffusée d'un ministre apportant des croissants aux manifestants campant devant Bercy ajoutera le ridicule à la démagogie. Un responsable syndical, excédé, me dira : « vous êtes les militants et c'est nous qui avons le sens de l'Etat, quel paradoxe ! ». On ne saurait mieux dire : deuxième erreur.

Nous savons avec Pierre-René Lemas, qui connait intimement ce dossier pour l'avoir traité comme préfet de la région Lorraine et Olivier Lluansi, notre ingénieur des Mines qui est le seul à maîtriser les ressorts techniques fort complexes de cette affaire, que les deux trains, celui d'un Matignon déboussolé et d'un Montebourg aveuglé, roulent désormais à pleine vitesse l'un vers l'autre. Sur une seule voie.

La placidité habituelle de Lemas est mise à rude épreuve. Il a comme nous le sentiment très déstabilisant d'être empêché de faire son job, alors qu'il a une vision très précise de ce qu'il faut éviter. Nous n'avons pas besoin de nous parler beaucoup pour nous en convaincre : la présidence devient sur ce coup, une sorte de Gulliver empêtré. Notre entente, profonde et spontanée, nous protège de la fatigue et de toute réaction excessive, mais ne suffit pas à transformer le plomb en or.

Dans ces conditions, le point presse de Jean-Marc Ayrault, qui expose pourtant notre plan initial, crée une déflagration politique, sur le fond, puisqu'il récuse toute nationalisation et sur la forme, dans la mesure où il ne mentionne pas du tout le chef de l'Etat, mais surtout condamne en termes à peine voilés l'action de son ministre et le sérieux du projet défendu par lui. Tous nos efforts auprès de la presse restent presque vains : les journalistes économiques et sociaux savent que nous avons raison sur le fond, mais leurs homologues de la politique intérieure sont d'abord captivés par ce qu'ils décryptent comme une crise politique majeure. Nous avons gagné un bon accord et sommes les seuls à le savoir, la France assistant à ce que tous les médias décrivent comme un fiasco.

Bouquet final, Mittal va annoncer 24 heures plus tard qu'il abandonne le projet Ulcos, alors que, de fait, la « version 1 » ne pouvait fonctionner mais qu'il aurait été bien plus intelligent d'attendre quelque peu de pouvoir exposer une solution tout à fait raisonnable, fournie par « Ulcos 2 » ...

Ce festival d'erreurs et d'insuffisances est proprement confondant et va permettre aux duettistes de l'UMP de clore, pour un temps, la litanie des reportages édifiants sur leur guerre interne : nous avons réussi l'exploit de les surpasser dans la cacophonie.

Nous allons ensuite nous démener pendant plusieurs jours, autour du secrétaire général de l'Elysée, pour tenter d'étayer au maximum et toujours discrètement l'action du premier ministre. De fait, Mittal acceptera, fait rare, de communiquer des engagements précis, confirmant le contenu de l'accord dans un sens bien plus clair. Car, c'est tout le paradoxe, cet accord est quasi inespéré pour les salariés. Sur un site en pleine déconfiture aucun ne restera sur le carreau et aucun ne subira quelque contrainte que ce soit, tandis que l'entreprise investira 180 millions sur la « partie froide » de l'usine.

Il me semble que la raison va finalement prévaloir, grâce notamment au grand sens des responsabilités des confédérations syndicales et de leurs fédérations chargées de la métallurgie. Mais les traces de cette crise risquent de perdurer : la cohésion gouvernementale a montré ses limites et il faut bien dire que la maestria habituelle du président à gérer les situations complexes et les avis divergents aura ici suscité plus d'interrogations que de chapeaux bas, au sein même de l'appareil gouvernemental. Le livre bien documenté de deux journalistes, « Florange, la tragédie de la gauche », qui sortira quelques mois après, malgré le caractère tapageur de son titre, n'est, dans son contenu, pas très loin de la vérité. Quelque chose s'est fracturé, qu'il faudra si possible colmater, réparer, avant 2017.

Le contact ne sera donc jamais rompu avec les acteurs de terrain, une certaine forme de solidarité s'étant nouée entre tous, malgré les heurts et les dissensions qui restent forts, comme si le fait d'être passés ensemble à travers cette tempête avait sidéré chacun et créé une sorte d'obligation de ne pas rompre le fil.

Dans ce contexte, la nomination de Nacer Meddah, qui avait assuré le secrétariat général de la campagne présidentielle, comme nouveau préfet de région, nous dotera sur place, en Lorraine, d'un observateur des plus précieux et écoutés de tous. J'irai en service commandé le 21 août 2013 rencontrer les responsables syndicaux du site (CFDT, avec Edouard Martin, CGT, FO), dans le bureau de Nacer, dans un format de réunion un peu étrange : confidentiel mais pas secret, de sorte qu'il y aura tout de même quelques échos dans la presse régionale. L'objectif est d'évaluer la possibilité et les conditions d'un « retour à Florange » du président, dont le principe paraît acquis, mais sans que les modalités et surtout le calendrier ne le soient encore.

En définitive, dans un agenda de rentrée toujours contraint et encore alourdi par le traitement à rebondissements de la crise syrienne, la date du 26 octobre est retenue. C'est un jeudi, nous partons donc en reconnaissance le lundi précédent pour tout organiser au mieux. La visite se fera le matin, puis sera suivie de deux étapes moins médiatiques, à la préfecture avec des acteurs économiques de la région puis sur le site de Pompey, où il s'agit, 25 ans après les grandes restructurations, de saluer une reconversion assez exemplaire, à laquelle Jacques Chérèque a attaché son nom : il sera là pour nous accueillir, bon pied bon œil malgré ses 85 ans.

Dans les jours précédents, la tension monte, comme prévu. La presse, évidemment avertie, nous assaille de questions (pourquoi maintenant, n'êtes-vous pas inquiets, le Président arrive-t-il les mains vides, sinon que peut-t-il annoncer ?), ainsi d'ailleurs que les responsables syndicaux locaux, qui commencent l'inévitable échelle de perroquet des déclarations viriles.

Durant le mois précédent, nous avons entretenu des relations étroites avec la CFDT, Edouard Martin bien sûr mais aussi le responsable national de la métallurgie et bien entendu Laurent Berger. De concert avec Pierre-René Lemas, je rencontrerai les deux premiers autour du sénateur Todeschini, au restaurant de la questure du palais du Luxembourg, lieu discret entre tous.

Ensuite, les coups de fil ne manqueront pas et nous leur ferons part, sous le sceau du secret, de notre dernière idée : monter sur fonds publics une plate-forme de recherche et de développement industriel autour de l'acier du futur et l'implanter dans la vallée de la Fensch, avec une enveloppe pouvant atteindre 50 millions. Nos interlocuteurs sont séduits car ils ont depuis longtemps compris que l'innovation est la seule chance de la sidérurgie française, laquelle doit recouvrer une capacité d'expertise qui ne soit pas liée au seul Mittal, auquel les précédents gouvernements ont bradé la filière, y compris le grand centre de recherche de Maizières-les-Metz.

La presse se doute de quelque chose, puisqu'Europe 1, la veille de la visite, évoque une initiative sur le thème de la recherche. Peu importe, l'indiscrétion est suffisamment imprécise pour ne pas vraiment déflorer le sujet.

J'arrive le 25 au soir, par le TGV, avec le chargé de presse Christian Gravel, notre boule de muscles qui sait si bien « tenir » les journalistes, dont une partie nous accompagne, ce qui déclenche évidemment un « off » au bar du train, où les quelques autres passagers regardent un peu intrigués notre monôme. En arrivant à la préfecture, nouveau briefing, cette fois devant une nuée de journalistes, dont il faut satisfaire la curiosité implacable sans rien dévoiler d'essentiel : nous faisons bloc avec Nacer Meddah, qui évoque longuement le tout nouveau Pacte lorrain, façon intelligente de parler d'autre chose tout en insistant sur les liens évidents avec les problèmes du bassin ferrifère.

Après une courte nuit, nous allons attendre le président au pied de son avion puis le convoi file sur Florange, où il ne s'agit pas d'arriver en retard. Devant les grilles du site, quelques dizaines de manifestants de la Cgt et du Front de gauche, plutôt débonnaires agitent calmement leurs banderoles : évidemment les télévisions ne manqueront pas de mettre en valeur avec force plans serrés, cet accueil « musclé » dont il est pourtant clair qu'il est franchement symbolique, au regard des précédents sur le site.

Après la première rencontre, assez brève, avec la direction, où nous vérifions une commune appréciation sur le bon avancement de l'accord signé entre l'Etat et Mittal, le Président rentre dans l'arène syndicale : 16 personnes, quatre par organisation, nous attendent dans une autre salle.

Traditionnel « tour d'images », puis les échanges commencent. Ils vont durer deux heures. Tout se passe comme prévu. Il y a là de l'émotion, de la gravité, de la bêtise aussi dans les rangs de FO dont l'un des membres se permet un dérapage sexiste contre Aurélie Fillipetti qui le remet vertement à sa place. Un grand Edouard Martin, qui joue sur tous les registres, ayant l'habileté de parler en deux temps, pour laisser le président faire son annonce et pouvoir ensuite y réagir très favorablement, dès lors qu'elle correspondra bien à nos engagements. Ce qui sera fait, « tuant le match », puisque l'aval ostensible de Martin sera capté par tous les médias, d'autant plus marquant qu'il n'aura pas ménagé ses critiques durant la réunion, en sorte de n'être pas en porte à faux vis-à-vis de ses collègues.

François Hollande sera à son meilleur. Encaissant sans broncher les attaques, pour la plupart polies et indirectes mais fermes sur le fond, il va en quelques petites touches les retourner, en prenant à témoin les syndicats : l'accord signé a été un bon accord, ce fut leur victoire et pas leur défaite ; en revanche, s'ils ne positivent pas, s'ils refusent de parler de l'avenir et des perspectives réelles du site et de la sidérurgie en Lorraine, bref s'ils accréditent le thème du « no future », c'est le FN qui en sortira seul vainqueur. En écho à cette démonstration implacable, à l'annonce de la future plate-forme, la CFDT et la CGC opinent donc très clairement, la CGT est ébranlée, et l'équipe FO, divisée et très minoritaire, oscille, ce qui ne l'empêchera pas dix minutes plus tard d'applaudir le président après sa prise de parole, dans le hall.

Nous savons que c'est gagné et l'ensemble des journalistes nous le confirme.

Voilà qu'en fin d'après-midi, nous apprenons sur le site de Pompey la passe d'armes sur les Roms entre Cécile Duflot et Manuel Valls, qui vient en quelque sorte « pourrir l'ambiance ». Mais, en dépit des efforts du *Monde* pour démontrer que Florange est décidément une malédiction pour le président, chacun voit bien que cette visite à risque a réussi, au-delà sans doute de ce que nous pouvions espérer compte tenu de la somme des difficultés à surmonter. L'annonce la veille au soir des chiffres du chômage, avec une baisse record de 50 000 demandeurs d'emplois, quoique nous ayons veillé à éviter tout triomphalisme, a évidemment encore accentué le caractère positif de cette séquence : nous déchanterons malheureusement en apprenant que ce chiffre a été lourdement faussé par une mauvaise gestion du vecteur de textos de Pôle emploi...

Le cycle des retours annuels à Florange sera bien respecté : le 24 novembre 2014, le président y revient donc. Nous avons, comme en 2013, soigneusement préparé les choses : ainsi vais-je rencontrer quelques jours avant les quatre syndicats du site à la préfecture, qui m'héberge pendant 36 heures, cette fois en compagnie de notre nouveau conseiller pour l'industrie. Premier accroc, en réalité mineur : nous comprenons que la CGT et FO n'assisteront pas à la rencontre avec le chef de l'Etat, prévue comment en 2013 dans les « grands bureaux » d'Arcelor-Mittal.

Les explications sont assez oiseuses ; on m'indique des deux côtés qu'il s'agit de ne pas attiser la colère des ouvriers, dans une ambiance déjà plombée par les scores locaux du FN. J'avoue avoir du mal à percevoir en quoi s'abstenir de dialoguer, dans des circonstances aussi rares, est préférable pour la défense des salariés, mais je comprends rapidement que rien n'y fera : le syndicat FO n'est plus que l'ombre de lui-même ; quant à son homologue de la CGT, à quelques semaines des élections professionnelles, il lui est apparemment très difficile de devoir assumer que l'accord social qu'il n'a pas signé fonctionne bien, puisque tous les indicateurs sont atteints : 140 des 180 millions d'investissement prévus d'ici 2017 ont d'ores et déjà été lancés ; surtout, il ne reste que 2 salariés à reclasser sur les 629 concernés par le plan.

Mieux encore, cette visite sera l'occasion d'inaugurer la plate-forme publique de recherche promise en 2013 : le préfet MEDDAH a encore multiplié les miracles, en faisant aboutir ce grand pari en quelques mois. Seul le froid polaire qui règne dans le grand bâtiment industriel encore assez décati qui doit accueillir le projet, démontre qu'il reste beaucoup à faire. Mais ce lancement a de l'allure, en présence de grands chefs d'entreprise qui détaillent quatre projets assez futuristes traitant de la sidérurgie de demain. Enfin en Meuse, c'est le site flambant neuf de Safran/Albany qui sera aussi inauguré l'après-midi, magnifique usine où deux savoir-faire uniques permettent de fabriquer un réacteur d'avion allégé via le recours à un textile tissé, sur la base de fil de carbone.

Se déroulant sans anicroche, en dépit d'un rythme effréné, s'appuyant sur des résultats tangibles et à certains égards spectaculaires, préparé avec grand soin, y compris un travail préalable avec la presse, ce déplacement aura cependant un faible écho médiatique. Une fois de plus, les télévisions privilégieront quelques images « édifiantes », d'un ancien responsable syndical caricaturant grossièrement la situation, ou d'un monôme brûlant 3 pneus au loin du cortège. Comme si reconnaître qu'avoir résolu, certes dans la difficulté, une situation aussi complexe, qu'avoir pris les moyens de s'en assurer et le risque répété de venir sur place rendre des comptes, ne pouvait décemment être porté au crédit de François Hollande. Dans l'avion du retour, les échanges discrets tournent autour de ce dilemme désormais permanent.

Quelques mois plus tard, le 28 janvier 2015, le président recevra Lachmi Mittal, à la demande de ce dernier, pour une concertation aimable et détendue sur l'état du monde : la crise est décidément derrière nous. Et à l'été 2015, c'est un Edouard Martin dans un costume de bonne coupe que j'irai saluer, à l'occasion de son audience présidentielle de nouveau député européen. La roue tourne...

17 octobre 2016, un peu moins de deux ans après la deuxième visite, nouvelle séquence à Florange. Je suis venu en repérage la semaine précédente, les choses se présentent de manière contrastée.

D'un côté, l'intensité dramatique de 2014 et surtout de 2013 s'est effacée, ce qui est d'ailleurs la marque que les choses vont mieux : 100 nouveaux recrutements ont eu lieu, les investissements sont réalisés au rythme prévu voire davantage, les syndicats réformistes tiennent le haut du pavé, avec 70% des voix aux dernières élections ; la crise paraît un lointain souvenir.

De l'autre, le contexte politique est dégradé. Outre l'effet dévastateur produit par le dernier ouvrage de confidences des deux duettistes du Monde, c'est localement que le climat s'est tendu. Le FN a partout progressé, la droite aussi jusqu'à recruter aux dernières régionales le sémillant leader FO de Mittal, Brocoli, dont l'aller ego de la CGT est quant à lui lancé dans la campagne de Mélenchon. Autrement dit, les deux organisations qui pèsent si peu dans les urnes, vont encore réussi à capter la lumière : elles refusent de voir le Président, et pour cause mais tous les médias leurs font les yeux doux.

Cette complaisance journalistique atteint ici des sommets : tout le week-end, chacun a passé du temps à faire des images aussi évocatrices que possible de la crise, présentant la ville de Florange comme une cité ouvrière ravagée par la misère, quitte à faire des plans serrés sur un trottoir mal entretenu ou un grillage rouillé. Le comble de la mauvaise foi nous sera servi lorsque certains représentants de la presse nous expliqueront avec aplomb que s'ils n'ont pas interviewé la CFDT ou la CFE-CGC, c'est tout benoitement que leurs responsables ne sont pas venus vers les journalistes...

Ce qui est vrai est que nous avons fait le choix, dans ce contexte, d'éviter toute naïveté. Ainsi, le passage initialement prévu aux laminoirs est supprimé, au profit d'un temps plus long passé à échanger avec direction et syndicats, au siège, ainsi qu'avec les nombreux salariés présents dans le hall. J'ai plaidé et convaincu que les belles images à faire devant les brames rougeoyantes seraient de peu d'intérêt si le résultat était de donner à la CGT, avec peu de moyens, l'occasion de transformer ce lieu ouvert à tous vents en piège politique pour le président, à coup de lazzis et cornes de brume : auraient-ils été 20 ou 30, nul doute que le 20 heures du soir aurait ouvert sur cette vision édifiante.

Au surplus, nous allons finir cette journée calme et constructive sur le site de THYSSEN-KRUPP, usine du futur située aussi sur la commune de Florange, ultime note positive de cet après-midi lorrain, que les mêmes observateurs décriront comme un passage « au pas de course » : parti à 13h30 de Paris, rentré à 21 heures, le président n'aura sans doute pas le sentiment d'avoir bâclé l'exercice.

Tout ceci éclaire, décidément, notre double problème endémique. D'abord, la communication : en dépit des progrès réalisés, nous ne parvenons pas à éviter le mur d'hostilité des médias, aux yeux desquels l'action du chef de l'Etat ne trouve jamais grâce, même lorsque les données objectives sont là. Comme une ancienne blague l'attribuait à François Mitterrand, on a le sentiment que si François Hollande traversait la Seine en marchant sur l'eau, tous les journaux titreraient : « le président ne sait pas nager » ...

Ensuite et à notre débit, il faut admettre que toutes ces affaires ont le plus souvent été mal engagées : c'est le cas du dossier de Florange où, à l'instar des déclarations malheureuses de 2012 sur l'inversion de la courbe du chômage, le défaut d'arbitrage clair lié à une certaine improvisation ont plombé le climat, rendant tous les progrès enregistrés ensuite au mieux douteux, au pire contestables. En politique, il n'y a jamais de véritable deuxième chance et l'ardoise magique, à ce niveau de responsabilité, n'opère pas.

Affaire Cahuzac

Quand la nouvelle des aveux tombe, quelques jours après la démission du ministre, consécutive à l'ouverture d'une information judiciaire à son encontre, je pense immédiatement au 11 septembre : un événement sidérant et pourtant le sentiment que cela devait, sous une forme ou sous une autre, finir par arriver.

La comparaison est évidemment aberrante. Cahuzac n'a tué personne, sa crapulerie n'a en rien la hauteur d'un drame national, d'un traumatisme historique, la République ne chancèle pas davantage sur ses bases, comme quelques éditorialistes paresseux tenteront de nous le faire croire dans les jours suivants.

Mais l'effet de souffle, lui, est terrible. Nous ressentons sur le coup qu'il y aura, assurément, un avant et un après à l'échelle du quinquennat. Le mensonge assumé, l'humiliation sans doute ressentie par les deux chefs de l'exécutif, par les parlementaires de tous bords, par cette myriade de collègues, de connections, de relais auxquels on a grossièrement menti, qui se sentent soudain les cocus de la farce, ont l'effet d'un liquide corrosif déversé d'un coup sur les circuits du pouvoir et de la décision publique. Le temps est suspendu. Je ne participe pas au plus près aux échanges sur le sujet avec le président, mais je perçois, chez mes collègues et auprès de Pierre-René Lemas, comme toujours le plus exposé aux paquets de mer qui claquent sur le pont, l'ampleur de la secousse.

On glosera beaucoup sur la réaction du chef de l'État qui ne tarde pas et va se déployer sur le registre de la transparence, en deux phases, d'abord le jour même de l'aveu de son ministre, puis dans la foulée d'un conseil des ministres du 17 avril où le dispositif qu'il annonce est longuement détaillé. Dès le lundi 15, le patrimoine des membres du gouvernement a été publié.

Je n'aime pas beaucoup cette ambiance de curée mais acquiers rapidement la conviction que ces choix étaient sans alternative. La presse bruisse de rumeurs, sinon d'appels au remaniement : avec quelle visée, dans un tel contexte, et pour en attendre quoi, sinon le risque qu'une nouvelle équipe soit rapidement démonétisée ? Au demeurant, sauf nouvelles réflexions médiatiques ou judiciaires dans le sillage de l'affaire Cahuzac, on peut penser que le soufflé va retomber et que l'opinion va revenir sur les sujets de l'heure, l'emploi au premier chef. Enfin, il faut bien admettre qu'en matière de règles éthiques appliquées aux élus et aux responsables publics, la France est à la traîne de ses principaux voisins, ce qui démontre bien que des progrès importants sont à la fois nécessaires et possibles.

L'autre aspect du problème est le positionnement du président. L'onde de choc l'a empêché de maintenir tous ses projets de sortie sur le terrain, même si les obligations diplomatiques ont été honorées, à commencer par la visite d'Etat au Maroc, dont l'impact a été évidemment faussé par les évènements nationaux. Il va donc rapidement nous demander de reprogrammer des déplacements thématiques et, dans l'immédiat, il convoque plusieurs réunions de ministres, dites conseils restreints, qui permettent d'avancer sur les grands sujets économiques et sociaux du moment (finances publiques, investissements, énergie, innovation, santé, logement...).

Dans le même temps, le travail parlementaire prend un tour hystérique. D'un côté, le projet du mariage pour tous continue de déchaîner les passions de groupes divers et pour certains tout à fait douteux, qui battent le pavé de leur excès, lesquels pèsent en retour sur l'ambiance déjà tendue dans les hémicycles. De l'autre, le projet de loi transposant l'accord du 11 janvier sur l'emploi donne lieu, dans un calme relatif, à un déferlement d'amendements du Front de gauche, que Michel Sapin doit contrebattre pied à pied, afin qu'ils ne dénaturent pas le texte. Curieuses conceptions, dans un cas de la démocratie politique, dans l'autre de la démocratie sociale, curieux rapprochements aussi dans la phraséologie des deux « Fronts », qui noient l'un l'autre, sous une démagogie verbale que certains s'obstinent à qualifier d'éloquence, des réflexions et des sous-entendus qui n'auraient pas dépareillé dans certains torchons d'avant-guerre.

Difficile d'affirmer, bien sûr que, sans le compte en suisse et les mensonges de Cahuzac, ces deux procédures législatives auraient été plus fluides, compte tenu de leur objet et du contexte. Mais l'affaire a assurément renforcé l'impression que les lignes de fracture se creusent et permis qu'aux deux extrémités de la scène politique, le thème commode et porteur du « tous pourri », retrouve soudain une vigueur rance. Le leader Lutte ouvrière de PSA Aulnay ne s'y trompera pas le 13 avril en surgissant sur la scène du conseil national du PS et en faisant un parallèle direct entre les mensonges de l'entreprise et sa trahison, avec ceux subis par les militants socialistes du fait de l'ex-ministre du budget.

Nul ne sait, en cette fin avril 2013, si la braise qui couve va peu à peu s'éteindre ou si une autre flammèche viendra la raviver. Mais il va bien falloir que le train de l'Etat continue sa route. Ainsi, ce même 17 avril, le gouvernement a adopté en conseil des ministres le très important programme de stabilité destiné à l'Europe, et qui cadre, pour le quinquennat, à la fois la délicate trajectoire de nos finances publiques et les grands choix qui vont en découler, sur le plan macroéconomique mais aussi en matière de politiques sociales (emploi, santé, famille, retraites...).

Au terme de l'intense travail auquel ce programme a donné lieu, nous voyons bien que la vie continue et que l'essentiel, pour le pays et son avenir, se joue dans ces choix complexes, sinon obscurs, dans ces arbitrages fondamentaux.

Davantage en tout cas que sur l'écume d'une affaire désastreuse mais somme toute réduite aux fautes d'un homme de peu d'intérêt.

Affaire Morelle

Le 17 avril, coup de tonnerre dans un ciel déjà bien gris : une enquête très fouillée de Mediapart met gravement en cause le conseiller politique du président, à la fois sous l'angle de son comportement au Palais (en particulier le fait d'y faire venir un cireur de chaussures...) et d'une activité de conseil à des laboratoires pharmaceutiques, quelques années plus tôt, alors même qu'il était en poste à l'IGAS.

Ce second grief m'accable comme tous mes collègues de l'Inspection, d'autant que l'intéressé ne dément pas sur le fond, arguant qu'il aurait demandé une autorisation pour cette activité, dont il ne retrouve pas la trace. Or, il ne peut évidemment pas y avoir de blanc-seing en pareil cas, puisque le cumul de deux activités publique et privée est clairement interdit, de surcroit dans un secteur faisant naître un conflit d'intérêt avec des missions de contrôle, dans le cas de l'IGAS. Imagine-t-on un inspecteur des finances délivrer des conseils fiscaux rétribués à un chef d'entreprise ou un commissaire de police arrondir ses fins de mois en organisant la sécurité d'une manifestation commerciale ?

Dans l'opinion, l'épisode du cireur de chaussures va avoir un impact bien plus fort encore, car l'image est saisissante et propice à tous les bons mots et caricatures : d'ores et déjà, chacun se dit qu'en 2017, lors de la prochaine campagne, le président et le PS devront supporter des sarcasmes sur ce sujet, à une époque où le nom de l'intéressé aura probablement été oublié, mais pas ses frasques.

Le vendredi 18, nous volons vers Clermont-Ferrand, en présence d'Arnaud Montebourg, pour aller visiter l'usine Michelin. L'ambiance est lourde dans le « carré ». Je sais que les échanges se sont multipliés avec le premier ministre, lui aussi très proche de Morelle. La démission sera rendue publique en fin de matinée, au moment où je me trouve comme souvent dans un « tunnel » d'audiences syndicales. La presse est venue nombreuse car l'issue est connue de tous, tant elle paraît irrémédiable. Le président effectue toute la visite sans rien laisser paraître, honore tous les rendez-vous y compris un déjeuner très instructif et convivial avec les salariés et les syndicalistes, auquel j'assiste après avoir rejoint le convoi à l'issue de mes rendez-vous en préfecture.

Il a évidemment conscience que cette journée, pourtant ensoleillée et tout à fait positive ne donnera lieu à aucune reprise médiatique, tant les journalistes sont focalisés sur l'affaire. Il faudra d'ailleurs qu'il sacrifie à cette pression en allant s'exprimer quelques instants devant la presse, à l'issue du déjeuner. Une nouvelle fois, après Dijon et dans une certaine mesure Florange, un événement extérieur sera venu parasiter une séquence ayant donné lieu à un intense travail de préparation...

Pour l'heure, il va aussi falloir remplacer le partant. Et notamment stabiliser le pilotage de la communication, qui, au-delà de ces tristes évènements, continue de me sembler erratique, comme le relate régulièrement la presse : la sous-utilisation de Claude Serillon en est un des symptômes, le pire étant sans aucun doute le chapelet des couacs à répétition et surtout une incapacité presque chronique à valoriser ce que le gouvernement a réussi et dont la liste est impressionnante ! Ce sera, sur ce versant, le jeune Gaspard Gantzer, que j'ai connu auprès du maire de Paris et qui est un incontestable talent. Vincent Feltesse, qui vient de perdre face à Alain Juppé l'impossible combat pour Bordeaux et dans la foulée son siège de président de la communauté urbaine, nous rejoint quelques jours plus tard sur le versant des affaires politiques et des relations avec les élus. Sa créativité, que j'ai déjà éprouvée, notamment lors de la campagne présidentielle dont il pilotait le versant numérique, ne sera pas de trop, là non plus.

Au terme de cette crise, il reste difficile d'en prévoir les effets véritables. Certes, l'Exécutif a promptement réagi et en est crédité par une partie de la presse politique. Mais, pour le reste, c'est une nouvelle entaille dans le dispositif gouvernemental, au moment même où, après un remaniement et des débuts assez réussis, il semblait pouvoir bénéficier d'un nouvel élan. Et, à quelques semaines d'un scrutin européen à haut risque, qui ne voit que tout cela tombe vraiment bien mal ?

Charlie : semaine du 5 au 11 janvier 2015

Mercredi 7 septembre, je quitte l'Elysée à 12h45 pour un déjeuner prévu de longue date avec Jean-Louis Bianco. Je partage ma voiture avec ma collègue en charge de la Justice. Nous savons tous les deux qu'une fusillade a éclaté une heure plus tôt environ au siège de Charlie-Hebdo et qu'il y a des victimes, mais sans plus de précisions. Celles-ci nous parviendront rapidement, marquant l'ampleur d'un drame sans précédent.

A partir de ce moment, une longue apnée va commencer : enquête, chasse à l'homme, prise d'otage en Seine-et-Marne, puis autre prise d'otage à Nation.

Ne faisant logiquement pas partie de l'équipe très réduite qui pilote les opérations autour du chef de l'Etat, je mesure néanmoins, comme tous mes collègues, l'intensité de la période qui fait écho sur l'ensemble des activités du Palais et notamment l'agenda présidentiel.

Les coudes se serrent spontanément, nous échangeons beaucoup, y compris autour de Jean-Pierre Jouyet qui en prend l'heureuse initiative, car chacun a un rôle à jouer, ne serait-ce que pour discerner plus encore que d'habitude, l'essentiel de l'accessoire.

Soudain, le président a revêtu une autre dimension, celle du Père de la Nation, costume qu'il semble avoir enfilé naturellement, en une fraction de seconde et qu'il ne quittera pas, au terme d'une semaine d'une intensité incroyable, où sa résistance physique et surtout sa force morale vont éclater aux yeux de tous. Enchaînant les visites de terrain, les rencontres avec les familles des victimes, les échanges diplomatiques, les interventions médiatiques, les réunions de crise et bien entendu les décisions, à commencer par celle de l'assaut contre les trois assassins, le chef de l'Etat est partout, sans paraître le moins du monde fébrile ou hésitant.

Je le croise à l'occasion de réunions ou rencontres « normales », prévues à son agenda, qu'il a souhaité honorer : rien ne transparait, même s'il n'élude pas les questions sur cette actualité dramatique. Autour de l'Elysée, c'est l'état de siège car le plan Vigipirate a été relevé à son plus haut niveau.

Dimanche 11 janvier, à l'occasion d'une manifestation inouïe, les responsables de la sécurité vont réussir un tour de force lui aussi sans précédent, l'accueil presque impromptu d'une cinquantaine de chefs d'Etat et de gouvernement, dont certains parmi les plus exposés, notamment le premier ministre israélien et le patron de l'Autorité palestinienne. Tous vont défiler dans le calme aux côtés du président français.

Les images fortes se succèdent, dont l'étreinte bouleversante entre François Hollande et l'urgentiste Patrick Pelloux, encadré des survivants et des familles des victimes du raid sur Charlie. Pelloux est dans un état d'épuisement psychologique complet, qui m'a frappé quand je l'ai croisé quelques heures plus tôt à l'Elysée et qu'il m'est aussi tombé dans les bras. Je le retrouverai quelques jours plus tard lors de l'enterrement au cimetière du Montparnasse d'Elsa Khayat, sœur de l'amie Béatrice que nous allons soutenir, après que la jeune psychanalyste et chroniqueuse de Charlie-Hebdo soit tombée parmi ses collègues sous les balles des Frères Kouachi.

Je vais participer au grand rassemblement du 11 janvier, en famille et avec quelques amis. Nous sommes noyés dans une foule massive, une marée humaine jamais égalée à Paris depuis la Libération, digne, grave, mais souriante au point d'acclamer les policiers dans une ambiance assez irréelle.

Dans cette mise en abime, la vraie vie d'un côté, l'Elysée de l'autre, je mesure plus que jamais combien il est important de coller au réel, tout comme j'aurai l'impression d'être assis dans la grande synagogue de Paris en regardant le soir à la télévision la cérémonie qui s'y déroule et où s'incrustent, sur l'écran, tant de têtes connues, de collègues et d'amis. Ils auront aussi su montrer de quoi ils sont capables, quand il s'agit de se hisser à la hauteur des évènements.

Les attentats du 13 novembre 2015

A 18h30, je viens de prendre la permanence hebdomadaire du cabinet, cela doit être la quatrième fois depuis mai 2012.

Ce rôle et d'ordinaire assez actif, au sens où l'on reçoit en avant-première toutes sortes d'informations d'inégale importance mais la valeur ajoutée du conseiller est rarement décisive, c'est plutôt un filet de sécurité au cas où il faille, en pleine nuit, alerter une autorité, dans le cas bien improbable où elle ne l'aurait pas déjà été par texto ou mail.

Ce soir-là, de retour à mon domicile vers 21h15, après m'être assez facilement résolu à ne pas aller au Stade de France pour assister au match Allemagne-France, préférant le regarder devant un écran, au calme et en famille, je reçois quelques minutes plus tard un premier appel m'annonçant qu'une explosion a retenti au stade. Sans doute une bombe agricole. Je sais que le président y est présent, je trouve cette annonce glaçante, alors que l'officier de gendarmerie au bout du fil m'indique ne rien savoir de plus, évoquant les rumeurs que l'on entendra plus tard : une explosion due à une fuite de gaz dans un restaurant, voire un engin agricole comme il en saute régulièrement sur les terrains de football.

J'allume mon téléviseur, et constate que la partie se déroule tout à fait normalement, alors que les alertes ne tardent pas à défiler sur les chaînes en continu, d'autant qu'une seconde explosion vient d'avoir lieu, m'apprend-on. J'échange avec Gaspard Gantzer qui me confirme que la consigne est au silence total pour le moment. Puis les appels du service de permanence ne vont plus cesser, égrenant les annonces morbides de fusillades, d'une prise d'otages bientôt localisée au Bataclan. C'est la guerre, je sais que je n'ai plus aucune utilité car les choses sont prises en mains au niveau requis. Je serai simplement en appui sr les questions que je connais, notamment ce qui concerne les hôpitaux et l'accueil des familles.

L'extraordinaire machine sécuritaire et sanitaire se met en place à une allure folle : qui dira le courage de ces fonctionnaires, leur à-propos face à l'horreur, leur professionnalisme, leur héroïsme pour beaucoup ? Combien de vies sauvées sur le fil dans cet océan de crimes, grâce à ces anonymes, policiers, gendarmes, brancardiers, chirurgiens, revenus pour beaucoup à la hâte d'un week-end débutant dans une belle douceur, si propice aux retrouvailles en terrasse ?

Après nous être enquis, dans l'oppression, du sort de nos enfants, qui heureusement sont sortis de Paris pour les uns et avec nous pour l'autre et de nos autres proches, nous allons comme des millions de Français demeurer rivés à nos écrans, incrédules, tétanisés par ces scènes irréelles, d'un Paris du quotidien ravagé en quelques minutes, ces vies fauchées par dizaines dans la fleur de l'âge, en particulier au Bataclan, par une bande d'abrutis fanatisés.

Ce qui domine alors, après la stupeur et la fierté d'assister, de nouveau, à l'extrême fermeté d'âme du chef de l'Etat, qu'on ressent sous l'émotion à peine contenue des premières déclarations, c'est l'assurance décourageante que rien ne sera plus comme avant, à l'image du 11 septembre pour les Américains. Nous allons devoir vivre avec cela, nous protéger collectivement et individuellement, tout en restant debout, enveloppées dans le drapeau de la République qui a soudain resurgi aux fenêtres.

Tout ce qui va advenir, l'état d'urgence, le discours au Congrès, les frappes en Syrie, l'hommage du 27 novembre aux Invalides, si poignant, constitue au cours de cette étrange période autant d'étapes indispensables pour remonter à la surface et faire corps : mais à cette surface, en regardant vers l'horizon des lendemains, que voir, qu'anticiper, que désirer, et que dire aux générations montantes, qui soit à la fois rassurant et crédible ?

Nice

Chacun avait en tête qu'après la déflagration des attentats de Charlie, puis la sidération du 13 novembre, un nouveau drame, quels qu'en soient la forme et le lieu, ne verrait plus se dresser devant lui le mur de l'unité nationale.

De fait, il n'aura fallu que quelques heures en cette funeste soirée de fête nationale pour qu'une fois la course folle d'un gros camion stoppée promenade des Anglais, le collectif le cède aux réactions d'hostilité xénophobe et l'unité politique aux pires des récupérations. A ce petit jeu délétère, il faut bien dire que la droite, bousculant toutes les marges que pouvaient lui autoriser son statut d'opposante, ne nous aura rien épargné, dans un assaut généralisé de démagogie entre les candidats à la primaire, le pompon revenant haut la main à Henri Guaino, qui ose réclamer que les policiers soient équipés...de lance-roquettes.

Que penser, que faire, en pareille circonstance ? Dans l'urgence, la réaction des forces de sécurité et des personnels de santé a une nouvelle fois été admirable, évitant que la boucherie ne prenne des proportions encore plus abominables. Mais après ? Le danger est grand que la société ne se fracture un peu plus, sur fond de peur et, surtout, que la confiance ne s'érode encore davantage, frappant au passage toute la classe politique, sauf sans doute le FN, lequel, habilement, se tient coi.

La prolongation de l'état d'urgence, l'appel à la réserve opérationnelle, parmi les anciens militaires, gendarmes et policiers, constituent des recours utiles, presque de bon sens, mais dont on perçoit bien qu'ils ne peuvent occuper tout l'espace des questions ouvertes par ce nouvel attentat, dont l'ampleur et surtout le mode opératoire indiquent qu'un homme seul, ou presque, peut faire des dégâts considérables par tout moyen, en toutes circonstances, même les plus quotidiennes.

Il va falloir aborder les jours et semaines à venir sans grande visibilité, avec pour seule boussole l'unité nationale, brièvement retrouvée lors de l'Euro de football malgré son issue malheureuse, dans une France soudainement soumise à un assaut sans précédent.

Grève des fonctionnaires

Le 15 mai 2014 s'annonce houleux. Tous les syndicats de la fonction publique, au grand complet, ont lancé un mouvement en faveur du pouvoir d'achat, quelques jours après qu'ait été confirmé le gel de la valeur du point, que chacun comprend comme pouvant durer jusqu'en 2017. C'est du moins sur cette base qu'a été construit ce volet du grand plan d'économies de 50 milliards.

Comme souvent, je me heurte à la difficulté de décrypter une situation forcément plus complexe qu'il n'y paraît.

D'un côté, certains sont très inquiets et anticipent de longs défilés, sinon une explosion. Je n'y crois guère, dans le climat de crise que nous vivons et du fait que faire grève, pour un agent public, c'est perdre une journée entière de salaire, en vertu de la règle dite du « 30ème indivisible », bien plus sévère que dans le secteur privé.

De l'autre, les optimistes pensent que tout ceci glissera comme l'eau sur les plumes d'un canard. Grosse erreur, et les chiffres traduiront cet entre-deux : environ 8 à 9% de grévistes dans les collectivités et à l'Etat, plus de 12% dans les hôpitaux, un cortège de 20000 personnes à Paris : ce n'est pas une déferlante, ce n'est pas non plus anodin, puisque ces proportions sont les plus élevées depuis octobre 2010, au plus fort de la contestation contre la réforme Fillon des retraites.

Pour couronner le tout, je ne me retrouve pas du tout dans le raisonnement de l'équipe de M. Lebranchu. Celle-ci croit à sa bonne étoile : de fait, elle est parvenue à « amuser la galerie » avec talent et entregent depuis deux ans. Il est maintenant question de lancer une grande négociation sur la modernisation de la fonction publique, en espérant même en tirer des économies importantes (1,5 milliard en trois ans). Le menu des sujets à discuter est d'ailleurs très intéressant, en large part issu du rapport de Bernard Pecheur, ancien directeur général de la fonction publique, rendu quelques mois plus tôt et qui insiste sur des priorités avérées telles que la nécessaire mobilité des fonctionnaires.

Sauf que, et c'est ainsi, le climat s'est tendu. De plus, il faut désormais pour trouver un accord, qu'il soit majoritaire : sans la CGT, c'est donc hors d'atteinte. Enfin, les élections générales étant début décembre, on nous explique qu'il faudra les enjamber et donc viser un débouché...en mars 2015. En somme, l'idée est d'entrer dans un interminable tunnel, dont le syndicat le plus contestataire a les clés et nulle envie de nous ouvrir quelque porte que ce soit.

Malgré des échanges constructifs en ce sens avec Matignon, des alertes à mon niveau au sein de l'Elysée, la ministre persiste et signe, invitant les syndicats à venir discuter avec elle le 19 mai. Tout laisse malheureusement penser que les choses vont tourner court et que nous allons nous retrouver avec un nouveau problème avant l'été, manière idéale pour se préparer une rentrée compliquée.

Rentrée 2014 : rien ne va plus ?

La décision du conseil constitutionnel censurant le volet social du Pacte de responsabilité, en particulier l'exonération de cotisations sociales destinée aux salariés modestes, a fini, en ce mois d'août, de déstabiliser encore un peu plus la patiente construction d'une politique de l'offre, dont nous pensons sincèrement qu'elle est la seule possible dans la période, mais qui heurte de larges pans de la gauche et surtout peine à donner des résultats.

Las, les « sages », dans une décision où le politique l'emporte clairement sur les considérations de droit, ont décoché leur denier coup de pied de l'âne : je peste contre ce « gouvernement des juges », mais c'est de nul effet car, évidemment, leur décision s'impose quoi qu'on en pense, y compris parmi les meilleurs juristes du secteur.

Pour couronner le tout, nous avons confirmation, le 14 août, par l'INSEE, que la croissance a été nulle au deuxième trimestre (le « T2 »). Le fait qu'elle ait même reculé de 0,2% en Allemagne ne permet guère de faire diversion, car si notre premier client et premier fournisseur bat de l'aile, nous risquons aussi d'en subir les conséquences, sans pour autant que la chancelière ne se trouve soudainement prise par un élan de solidarité, qui la conduirait à desserrer l'étreinte budgétaire. Tout porte à croire que dans son propre combat interne avec le SPD, elle aura au contraire à cœur de tenir le cap alors que le mauvais temps atteint l'autre côté du Rhin.

Quant au sémillant président du conseil italien, Mattéo Renzo, à la tête pour six mois du conseil de l'Union, on doute que sa bonne étoile suffise à lui permettre d'infléchir une ligne jusqu'alors inflexible. A moins bien sûr que la nouvelle Commission Juncker parvienne à imposer un virage assez net et surtout rapide, rien n'étant alors moins sûr, dans une Europe dont les soubassements conservateurs et libéraux demeurent très dominants.

Les observateurs voient juste en soulignant que nous sommes coincés, les plus scrupuleux admettant que la lumière ne viendra pas d'une relance bien improbable par la demande. Tous s'accordent à regretter que le pays se languisse dans un manque de confiance chronique (dont les médias s'exonèrent d'ailleurs sans vergogne, alors qu'ils l'alimentent sans cesse).

Force est de constater que si les principaux indicateurs à commencer par celui du chômage, restent mal orientés, nous aurons le plus grand mal à éviter un double écueil redoutable :

persévérer sans rien changer, au risque de paraître autistes et de dérouter un peu plus encore l'opinion ; mettre en avant de nouvelles réformes structurelles, qui, au mieux, prendront du temps à faire effet et, plus certainement, renforceront la coalition déjà large des mécontentements (on pense notamment au professions réglementées, dont Arnaud Montebourg a fait son cheval de bataille).

Il me semble que le président n'a guère que le choix de la constance et du mouvement, rien n'étant pire que de rester l'arme à la bretelle. Dans ce genre de contexte, Nicolas Sarkozy avait le don du verbe haut, trop systématiquement pour ne pas avoir peu à peu sombré dans l'outrance, mais tout de même assez bien accordé à l'idée de réagir vite et fort face aux périls.

Le président va donc se trouver confronter à cette très difficile alchimie : demeurer fidèle à sa méthode, de conviction et de dialogue, mais aussi de sérieux européen, tout en essayant de bouger les lignes, à Paris comme à Bruxelles, afin de ne négliger aucune chance pour relancer la machine économique. Il paraît que les hommes d'Etat s'affirment par gros temps : c'est clairement le défi qui lui est lancé, alors que la mi-mandat s'approche.

Dans un premier temps, il va reprendre la main sous forme d'une longue interview publiée par le Monde le mercredi 20 août, jour du conseil des ministres de rentrée, à la veille d'une tournée dans l'Océan Indien, reportée en juillet du fait de la catastrophe aérienne au Mali.

Au lendemain d'une réunion de ministres consacrée à la relance de la croissance et à la fiscalité, il annonce qu'en substitution de la mesure censurée par le conseil constitutionnel, des allègements d'impôts seront accordés aux ménages modestes, tandis que le RSA activité et la prime pour l'emploi (PPE) se voient fusionnés, soit encore un très lourd chantier pour nous en perspective.

Le répit estival aura, encore une fois, été de bien courte durée, comme si, depuis 2012, les mois de septembre venaient clore des étés sans cesse plus meurtriers.

Bal tragique à Frangy

On se doutait bien, depuis la conférence de presse quasi présidentielle tenue par Montebourg en juillet, puis son interview au Monde quelques jours après celle du président, que le discours prononcé à la traditionnelle fête de la rose de Frangy, ce 24 août, risquait de décoiffer.

De fait, dans un savant mélange d'arguments de fond finalement guère décalés de la réalité gouvernementale (puisque le couple exécutif lui-même, indiquait depuis des semaines que la réduction des déficits ne pouvait s'effectuer que selon un rythme approprié et porte fortement cette exigence au sein de l'Union europécnne) et d'une rhétorique très agressive sur la forme, le ministre croit de bon goût de brandir devant la marée des caméras une bouteille de la « cuvée du redressement », tout cela à la bonne santé du chef de l'Etat...

Finalement, le clash intervient comme à contretemps, dès lors que l'équipe gouvernementale, quelles que soient ses différences, était plutôt soudée autour d'un certain desserrement de la contrainte budgétaire, dont l'un des deux grands locataires de Bercy ne pouvait ignorer ni la réalité, ni surtout la nécessité de ne pas la clamer d'emblée sur les toits. De là à estimer que le discours de Frangy était au mieux parfaitement hypocrite, au pire irresponsable, il n'y a qu'un pas.

Quoi qu'il en soit, il me semblait que la situation était parvenue à une impasse, mais je n'avais pas du tout anticipé que, dès le lundi 25 matin, nous allions apprendre la démission collective du gouvernement, geste d'une toute autre portée que le simple

« débarquement » d'un ministre ayant, selon les déclarations de Matignon, franchi la ligne jaune.

Au demeurant, il semble bien que Montebourg lui-même n'ait pas du tout prévu cet épilogue : avoir sans aucun doute cherché à tester les limites, s'être laissé emporter par une verve jamais prise en défaut, ne veut pas nécessairement dire qu'il voulait assurément claquer la porte et moins encore qu'on la lui ferme au nez.

Dans sa foulée, le départ confirmé de Hamon (mais que venait faire à Frangy le ministre de l'Education nationale à quelques jours de la rentrée scolaire ?) et, plus anecdotique de Filippetti, passeront quelque peu au second plan, le premier étant sans doute une déception, au regard d'un réel potentiel politique qu'il confirmera un temps lors de la primaire de la gauche en 2017, la seconde au contraire présentant un profil manifestement inadapté à la fonction.

Plusieurs commentateurs évoqueront une « surréaction » du premier ministre, voire même une rapide érosion sondagière qui aurait pu le pousser à exiger cette clarification, pour mieux asseoir son profil d'homme d'Etat. C'est tout à fait possible, voire crédible. Reste que passer l'éponge aurait sans aucun doute été présenté par les mêmes comme un aveu de faiblesse ou une marque d'incohérence...

Sur le moment, je considère, quoi qu'il en soit, que président et premier ministre vont probablement gagner en autorité, y compris au sein d'une opinion que ces questions de personne ne passionnent pas, mais qui réagit en général plutôt bien aux manifestations d'unité, à proportion de son aversion collective à la cacophonie du pouvoir. En revanche, bien malin qui peut déceler les effets à moyen terme de cet épisode : le gouvernement va-t-il réussir à tenir une majorité de plus en plus étroite et compulsive ou devra-t-il dégainer, comme durant les années Rocard, des 49-3 à répétition, pour faire adopter ses projets de loi et plus encore son budget ?

Il est évidemment trop tôt pour le dire, à quelques jours des universités d'été du PS à la Rochelle et deux semaines de la nouvelle session parlementaire. D'évidence, nous devrions être assez rapidement fixés.

L'amiante

Depuis des semaines, l'association nationale des victimes de l'amiante, que je connais bien, échange avec moi sur ses démarches. Les « veuves de Dunkerque », dont les maris sont décédés, pour la plupart anciens salariés de la NORMED, se rendent à Paris devant la Cour d'appel pour un des innombrables procès dans lesquels elles sont engagées. Leur but est, au-delà des sommes dont elles ont bénéficié, grâce à la mise en place du fonds d'indemnisation, le FIVA, d'obtenir la condamnation au pénal des employeurs qui ont exposé tant de travailleurs à un risque dont la dangerosité était depuis des années avérée.

Je prévois donc de les recevoir en mai 2014 et m'arrange pour que le président « passe la tête », comme nous le faisons parfois.

Quand il entre dans la « moyenne salle de réunion », qui ne paie pas de mine, c'est la stupeur : ces quatre femmes, marquées par les épreuves, sourient et pleurent à la fois, tombant dans les bras de celui qui les accueille avec chaleur. L'émotion est partagée et, durant les vingt minutes d'un échange posé et respectueux, nous comprenons que la République, après les avoir ignorées durant des années, leur accorde enfin l'attention qu'elles méritent. Du respect, plus que de la compassion, de l'écoute, de l'espoir aussi. Et ce rendez-vous, simple, presque dépouillé, marquera pour longtemps tous ses participants.

Tempêtes

La rentrée 2013 s'annonce sous de meilleurs auspices que celle de 2012, où le gouvernement, comme le président, semblaient avoir subi un trou d'air inattendu, comme si le relatif état de grâce consécutif à l'élection s'était dissipé dans les retours de vacances, en dépit de l'activité pourtant visible déployée par les deux têtes de l'Exécutif. Qu'on se le tienne pour dit, les congés suivants n'en seront pas, à peine une semaine pour la dyarchie, et encore plutôt studieuse.

Malgré une gestion du dossier des retraites assez sereine et bien cadencée, c'est sur le versant des impôts que la rentrée 2013 va rapidement tourner à la quadrature du cercle, notamment après que Moscovici ait mentionné le « ras-le-bol » fiscal des Français.

A partir de là, les sujets d'enchaînent, les annonces et les démentis aussi. Ensuite vient l'affaire Léonarda, cette collégienne expulsée a priori régulièrement mais sans grande clairvoyance policière quant à la méthode, d'où le cycle infernal des réactions politiques puis des manifestations étudiantes, enfin d'un arbitrage présidentiel et télévisé, qui mécontentera et la majorité, qui aurait voulu plus de clémence et la droite, en attente de rigueur.

Sur le front du chômage, nul répit, puisque le chiffre excellent du mois d'aout (-50 000 !) se trouve rapidement affecté par l'annonce d'un incroyable « bug » de la société SFR, qui admet n'avoir pas su expédier des milliers de SMS de rappel aux demandeurs d'emploi, de sorte que la bonne nouvelle tourne rapidement en pantalonnade. On y reviendra.

Puis la Bretagne s'embrase autour de la mise en place finalement différée, de l'écotaxe, tandis que les plans sociaux semblent repartir à la hausse (en réalité, la notoriété des entreprises en cause, comme la Redoute, crée cet effet d'optique). Enfin, début novembre, voilà que Standard and Poor's rabaisse la note de la France au niveau AA.

Dans cette tornade, que rien ne semble devoir freiner, on chercherait en vain les « anses » auxquelles pouvoir s'agripper. Rien ne fonctionne correctement, apparemment, les rumeurs de remaniement vont bon train, l'ambiance de l'équipe commence à virer au spleen et la presse, quand elle nous croise, prend selon les tendances des mines de compassion ou de discrète ironie. Sans compter l'atmosphère morose des diners entre amis. Et nous ne savons pas encore qu'en janvier 2014 éclatera l'affaire Closer sur les problèmes de couple de notre patron.

Celui-ci semble stoïque, assurant ses obligations au pas de charge, notamment sur le plan international. Pour ma part, je demeure persuadé que la stabilisation du chômage ne sera sans doute pas suffisante pour recouvrer un bon niveau de popularité, mais qu'elle reste plus que jamais nécessaire pour donner quelque crédit à une telle perspective. Tout le reste, à cette aune, me semble globalement accessoire, n'était la peu contestable faiblesse de la communication gouvernementale qui, coincée entre les chaînes télé en continu et un Parti socialiste atone, peine décidément à entrer dans le XXIème siècle.

En fait, je penche plutôt du côté de ceux qui estiment que le chef de l'Etat ne se laissera pas dicter le tempo et que rien n'indique, notamment, un changement d'équipe ministérielle à brève échéance, quel qu'en soit le besoin, a priori peu contestable. En tout cas avant les échéances électorales du printemps, qui s'annoncent périlleuses.

De la même manière, notre organisation interne continue de me paraître trop « administrative » et insuffisamment réactive au regard du rythme imposé par le quinquennat et les règles médiatiques de 2013 : pour autant, je sens bien que les raisons de ce déséquilibre ne sont pas fortuites, qu'elles correspondent pour l'essentiel à un choix conscient du président et que, dès lors, rien ne sert de se perdre en conjectures. Sans compter qu'en vertu du vieil adage, nous savons ce que nous perdrions dans un tel changement, sans bien savoir ce que l'on gagnerait au change...

Rien ne va plus

Sous réserve de nouvelles avanies, la première semaine de septembre 2014 demeurera l'une des plus noires du quinquennat.

Après la polémique lancée par le ministre du Travail sur le contrôle des chômeurs, la déflagration arrive avec la publication du livre de l'ancienne « première dame », ravageur pour l'image présidentielle.

Parmi toutes les énormités dont la presse se repaît, quitte à faire semblant de ne pas trop y voir, l'image d'un président détestant les pauvres (les « sans-dents ») est la plus frappante. Plusieurs grandes associations caritatives, tout en admettant ne pas croire un mot de telles allégations, m'alertent sur les effets de cette polémique, en particulier sur les quelques millions de Français qui peuvent, par la force des choses, se sentir visés sinon humiliés. Les amis du chef de l'Etat ont beau protester, tenter de donner de lui ce qu'ils estiment être sa véritable image, rien n'y fait.

La plongée dans les sondages se poursuit, le secrétaire d'Etat Thévenoud est débarqué pour négligence fiscale (il a tout simplement omis de déclarer ses revenus, légèreté confondante d'un jeune ambitieux qui accepte en toute connaissance de cause un maroquin...) et un sondage donne maintenant Marine Le Pen élue en cas de second tour contre l'actuel président.

Lors du sommet de l'OTAN au Pays de Galles, essentiellement consacré aux crises ukrainienne et irakienne, le chef de l'Etat va devoir, en conférence de presse, s'expliquer, rappeler ses valeurs et ses engagements, ainsi que sa volonté de tenir et d'accomplir jusqu'au bout le mandat reçu du peuple.

Cruel dilemme : se taire et c'est accréditer tout ce que cet ouvrage venimeux charrie comme accusations, accepter de répondre, qui plus est hors du territoire national et c'est lui donner encore plus d'écho, alors qu'il s'agit déjà d'un succès massif de librairie, dont chacun parle.

Pour couronner le tout, la grande conférence de presse semestrielle doit avoir lieu le 18 septembre. Chacun à l'Elysée sent bien qu'un ressort s'est sans doute brisé et qu'il n'en reste plus beaucoup pour assurer la suite, tant l'horizon semble bouché, d'où qu'on l'envisage.

Le samedi suivant, le séminaire de travail prévu est surtout l'occasion d'une intervention du président devant l'équipe, sur la terrasse du palais côté jardin, alors que le soleil de septembre est de la partie.

Tout le monde s'est insensiblement resserré autour de lui, dont les paroles sonnent juste, qui parle de difficultés réelles de cette rentrée, économiques, politiques, personnelles, du devoir de tenir et sur le plan institutionnel et sur le plan privé. Comme si, au-delà de nous, auxquels il est bien que ce discours direct soit tenu, c'était d'abord au pays que ces minutes de vérité s'adressaient.

Il en faudra sans doute beaucoup d'autres dans les temps, décidément compliqués, qui s'annoncent maintenant.

FRALIB : un sauvetage épique

Pendant la campagne de 2012, le candidat s'est rendu à Gemenos sur le site de Fralib, entreprise du groupe Unilever, qui fabrique la fameuse marque de thé l'Eléphant.

Pour de multiples raisons, le site est considéré comme non rentable et le groupe veut le fermer, d'autant que la turbulente CGT locale est perçue, depuis le siège batave, sans aménité.

Le conflit s'envenime, du fait de la combinaison de plusieurs facteurs : un imbroglio juridique rare, avec, en quelques mois, une rafale de décisions contentieuses en sens contraire ; une détermination sans faille de la CGT mâtinée d'un sens évident de la provocation et surtout d'une rare aptitude à communiquer ; enfin, un relatif autisme d'Unilever, au moins dans un premier stade, qui n'arrange rien et accrédite en tous points le vieux thème de David contre Goliath.

Il va nous falloir deux ans, jalonnés de quelques hauts et beaucoup de bas, pour en sortir. Avec le cabinet Montebourg, mais surtout l'excellent spécialiste des restructurations de l'équipe Sapin, qui deviendra n°2 puis n°1 du cabinet Rebsamen, Pierre-André Imbert, nous ne perdons jamais le contact avec les protagonistes.

L'un des atouts dont je dispose est de bien connaître le DRH d'Unilever, que j'ai compté parmi les adhérents actifs de l'ANDRH, au temps où je la présidais : cela permet au moins un langage direct et franc.

Le jeu va finalement se dénouer début mai 2014, après que nous ayons élaboré un « paquet » de sortie.

La CGT a conçu un ambitieux projet de reprise sous forme de coopérative de salariés, que nous savons périlleux. A défaut de pouvoir récupérer la marque Eléphant, ce qu'Unilever refuse, mais en bénéficiant d'un effort considérable de la communauté urbaine de Marseille, qui a acquis le terrain et les bâtiments, il s'agit que le groupe néerlandais accepte une mise de fonds supérieure, ce qui donnera des chances plus réelles au projet de voir le jour. C'est aussi son intérêt que de mettre un terme à des procédures juridiques sans fin et donc très incertaines, en se sortant finalement d'une ornière où elle n'a plus que des coups à prendre, à commencer par voir son image s'écorner un peu plus, du moins en France.

Depuis la salle des fêtes de l'Elysée, en marge de la cérémonie de remise des médailles du travail du 1er mai, je boucle au téléphone la discussion avec le PDG en ce sens. C'est donc gagné et les « Fralib », au demeurant sympathiques et attachants, vont pouvoir savourer leur succès. Nous ignorons si leur grand projet réussira, mais du moins verra-t-il le jour. C'est une réussite de ce point de vue, que les responsables syndicaux du site auront l'élégance de saluer en rappelant le rôle joué par la présidence et le gouvernement dans cette heureuse issue, en particulier à la faveur d'un long reportage de Libération.

Après avoir bouclé le dossier de la reprise de Fralib par ses salariés, sous forme de coopérative ouvrière à la mi 2014, nous savions que le président retournerait sur le site de Gemenos, qui l'avait accueilli comme candidat aux primaires socialistes en août 2011. Dans un contexte certes différent, le sujet se présentait un peu comme à Florange, avec toutefois moins de tension, la crise n'étant pas née d'une décision gouvernementale dans ce cas.

Ce 4 juin 2015, l'occasion se présente, puisque le président doit se rendre à Marseille pour l'une des nombreuses manifestations internationales jalonnant le chemin jusqu'à la COP 21 prévue à Paris en décembre. Une fois la décision prise, nous avons deux jours pour caler le dispositif avec les leaders syndicaux de la CGT devenus patrons de la SCOP, le tout sur fond d'embargo total, bien entendu. Les relations étroites que nous avons nouées avec les deux grandes figures du conflit, durant nos heures de discussion, en vue notamment d'arracher l'accord nécessaire d'Unilever pour céder le site dans de bonnes conditions, ont rendu possible l'opération.

Plusieurs questions techniques et juridiques restent encore à finaliser, que nous allons prendre à bras le corps avec mon jeune collègue Barbéris, qui se rend même sur place alors que je me trouve coincé à Paris par des rencontres avec les partenaires sociaux. Il va faire des merveilles, de sorte que lors de la visite, le président peut préciser que tout est rentré dans l'ordre, ou presque. Olivier Mazerolle suit notre déplacement pour le compte de la Provence (avant de revenir sur RTL à la prochaine rentrée) depuis le matin puisque nous l'avons « embarqué » dans le cortège et l'avion présidentiel. Il s'étonne auprès de moi du degré de détail dans lequel entre le chef de l'Etat face à ses interlocuteurs et je lui explique que c'est naturel, car ils n'en attendent pas moins de lui.

Dans une chaleur leur torride, l'accueil est généreux, presque enthousiaste, tant la fierté habite la trentaine de coopérateurs qui ont commencé à embaucher de nouveaux salariés. Une plaque est dévoilée dans les vivats, la visite des ateliers se fait d'un pas alerte et joyeux, même quand nous dégustons les excellentes infusions produites sous les nouvelles marques (dont « 1336 », symbolisant la durée de la grève en jours), mais malheureusement brûlantes dans la fournaise.

C'est donc une réussite et un moment de détente assez rare. La visite se terminera par un détour au chevet d'Edmonde Charles-Roux, 95 ans et très affaiblie, que le Président, instruit de sa présence à proximité, a décidé d'aller saluer, en prenant toute sa suite par surprise. De retour à Paris, j'ai le sentiment que tout a fonctionné et que nous travaillons parfois pour des résultats particulièrement tangibles.

Secousses à la SNCF

La réforme ferroviaire est engagée depuis des mois quand l'alternance de 2012 se produit : j'en ai suivi les soubresauts à la tête de l'association des régions de France, acteur très impliqué dans le volet essentiel de l'ouverture à la concurrence du rail, notamment des TER, prévue par les règles européennes.

Peu de temps après notre arrivée, j'ai déjà eu l'occasion de discuter avec la direction de la CGT et surtout la fédération des cheminots. Il est très clair qu'elle ne refuse pas ces évolutions, mais qu'elle exige des garanties et surtout, selon ses traditions, de pouvoir les

« arracher » au gouvernement. Toute la scénographie du projet de loi est donc organisée en fonction, d'autant que les syndicats réformistes CFDT et UNSA, qui pèsent ensemble 35% des suffrages, donc le même poids que la CGT, ont une vision tout à fait proche.

Thierry Le Paon lui-même, qui a commis un rapport en ce sens au Conseil économique et social, le CESE, vient début juin 2014 indiquer au Président qu'il faut accélérer le timing de la réforme. Il est accompagné de Gilbert Garrel, le patron de la CGT cheminots, successeur à ce poste de Bernard Thibault et qui ne dit rien d'autre, ce qui a d'autant plus de poids que les relations entre les deux hommes sont pour le moins distantes.

Chacun s'attend donc à ce que la grève « carrée », annoncée pour le mardi 10 juin, soit, comment le mouvement de juin et de décembre 2013, une sorte de formalité. Mais voilà : cette fois la CGT croit utile d'appeler à un mouvement reconductible, certaine de pouvoir le stopper le lendemain, au plus tard le jeudi 12, afin d'éviter tout débordement sur le week-end et, pire, la semaine suivante qui est celle des épreuves écrites du bac.

Ceci va donner l'occasion aux radicaux de la CGT, poussés sur le terrain par Sud, de mettre le feu aux poudres, de sorte que la grève va durer une dizaine de jours, ne prenant fin qu'après une lente décrue.

J'observe que, dans cette affaire, la CGT a perdu gros. En lançant un conflit dont personne ne comprend le sens, en paraissant d'emblée totalement déconnectée de sa base dans un de ses bastions historiques, elle manifeste une nouvelle fois une totale perte de repères. Alors que CFDT et UNSA ont rapidement conclu un accord avec le ministre des Transports, tandis que l'Assemblée nationale examine le projet de loi dans un certaine sérénité (et pour cause : les communistes y retrouvent leurs préoccupations), la CGT va simultanément assister, impuissante, à la reprise progressive du travail et à la dégradation continue de son image, bien au-delà de la seule presse conservatrice.

La bonne nouvelle est que cette réforme majeure voit le jour. Le pas de clerc de la CGT est en revanche plutôt inquiétant : certes, que le principal syndicat protestataire ne soit pas en grande forme peut sembler un atout, mais je ne peux m'empêcher de considérer que le dialogue social n'a rien à y gagner dans la durée. La suite des évènements ne fera que le confirmer.

Intermittents du spectacle

La négociation de la nouvelle convention d'assurance-chômage a donc débouché, le 22 mars 2014, sur un accord presque inespéré entre le patronat d'une part, la CFDT, la CFTC mais surtout FO de l'autre. Autrement dit, les deux frères ennemis du moment, Laurent Berger et Jean-Claude Mailly, ont réussi à converger.

Tous les observateurs du dossier connaissent, on l'a dit, l'attachement historique de FO au régime, qu'André Bergeron présida lui-même durant des années. Ses successeurs pourtant bien plus « radicaux », n'ont jamais caché leur intérêt pour en reprendre un jour les rênes, faisant toujours preuve de bien plus de réalisme dans ce cadre, que lorsqu'il s'agit d'autres négociations : l'autre exemple étant bien sûr celui de l'ARRCO-AGIRC, où FO admet régulièrement des mesures drastiques dont la plus pâle copie est toujours rejetée d'emblée par les mêmes, quand il s'agit non plus des retraites complémentaires mais du régime d'assurance-vieillesse de la sécurité sociale.

Une des clés de l'accord UNEDIC a été la réforme des fameuses annexes 8 et 10 consacrées aux intermittents du spectacle. Sur les 400 millions d'économies nettes attendues de l'accord (soit 10% du déficit annuel), un quart doit provenir de ces annexes, du fait notamment de la mise en place d'un différé d'indemnisation, autrement dit un délai de carence repoussant le moment où l'intermittent reçoit ses indemnités. De fait, bien que justifiées sur le fond, compte tenu du surcoût de ce système au regard de celui des salariés de droit commun, la mesure est sensible.

Durant près de deux mois, aucune réaction notable ne sera enregistrée, de sorte que la crainte d'un nouveau mouvement, sur le modèle de 2003 qui avait vu la paralysie des grands festivals, s'éloigne progressivement. Puis, fin mai-début juin, les réactions se font jour, s'amplifiant à un point tel que le premier ministre décide de nommer un médiateur, le député Jean-Patrick Gille, qui a déjà commis un rapport parlementaire remarqué sur la question.

Nous travaillons de près avec lui, multipliant les contacts, avec notamment une réunion le samedi 14 juin à Matignon, à laquelle se joint le premier ministre. La décision est prise d'agréer la nouvelle convention, faute bien sûr de pouvoir mécontenter les partenaires sociaux signataires, mais surtout de faire compenser par l'Etat le fameux différé, de sorte que personne ne perde la face et enfin, de lancer une mission de réflexion sur l'avenir de ce système et de sa gouvernance.

Nous pensons tenir le bon mix. D'un côté, le patronat et les syndicats, à qui nous demandons tout à la fois de conserver les annexes au sein de l'UNEDIC, de faire des économies mais pas trop pour ne pas mettre le feu au secteur, sont excédés de ces exigences contradictoires : or, les propositions faites tiennent compte de cette réalité. De l'autre, les intermittents ont satisfaction, puisque leur principale revendication est entendue.

C'était sans compter l'extrême volatilité de ce secteur. La CGT Spectacles en est certes le premier syndicat, mais bien loin de contrôler les coordinations qui se sont reconstituées sur les mêmes bases que onze ans plus tôt. Tout se passe comme si le mouvement, latent, était sorti de son lit, tel un fleuve sous l'orage, personne ne sachant comment faire baisser le niveau d'eau, à commencer par le sympathique mais tenace Denis Gravouil, successeur du très charismatique Jean Voirin à la tête de cette fédération CGT.

D'ailleurs, tous les employeurs du secteur se disent, par conviction ou intérêt, solidaires du mouvement, d'autres grands noms volant sans vergogne à son secours de Jack Lang à Martine Aubry et...Jean-Marc Ayrault. Le syndrome de Stockholm frappe une nouvelle fois aveuglément.

Or, je suis frappé par le fait que personne ne prenne le temps de rappeler que la convention d'assurance-chômage intéresse l'ensemble des salariés qu'elle couvre contre ce risque au premier chef, les 4 millions de personnes indemnisées : sans vouloir les opposer au groupe bien plus étroit des quelques dizaines de milliers d'intermittents, ce rappel aurait au moins permis de remettre les choses en perspective. Il reste que la menace qui pèse sur Aix ou Avignon semble insupportable à beaucoup de responsables, ce que je peux comprendre d'un point de vue politique, un peu moins comme citoyen, persuadé que l'immense majorité de la population même parmi les franges les plus « cultivées », n'y voit pas un enjeu déterminant pour le pays.

Sans doute a-t-on aussi commis un léger pêché de précipitation, sans écouter suffisamment David Kessler, qui poussait, à bon droit, au déploiement d'un vaste effort de conviction auprès de grandes voix de la culture, qui auraient pu appeler chacun à la raison, au vu des avancées considérables en réalité accordées par le gouvernement. Et, bien entendu, le dossier reviendra lors de la prochaine négociation UNEDIC, prévue au printemps 2016.

Sages-femmes en colère

Il est des conflits qui démarrent souvent sans crier gare, alors même que l'on en connaît les ressorts, depuis parfois des années.

Les 20 000 sages-femmes souffrent, depuis longtemps, d'un problème de reconnaissance : profession médicale, dotée d'un ordre et de prérogatives les distinguant nettement des personnels paramédicaux, elles bénéficient en outre d'une excellente image dans l'opinion, justifiée tant par leurs compétences que par leur activité. Chacun, à tout âge, a connu une naissance, comme parent, frère ou sœur, ami. Quand une sage-femme indique son métier, elle n'a pas besoin de donner d'amples explications.

Il se trouve que la réforme des études universitaires dite « LMD », dans un heureux mouvement de clarification à l'échelle européenne, a conduit à classifier et revoir les qualifications et donc les grilles statutaires et de salaires de nombreuses professions sanitaires. Pour des raisons obscures, la droite s'est préoccupée de la situation des infirmières spécialisées, mais pas des sages-femmes de sorte que celles-ci, deux ans plus tard, constatent que leurs collègues, dont les responsabilités sont moindres, se trouvent, largement mieux payées qu'elles.

Soudain, à l'automne 2013, la coupe déborde et nous constatons que toutes les rancœurs s'agrègent, y compris le manque de reconnaissance dont les sages-femmes se plaignent à l'hôpital, mais aussi en ville, où elles estiment que tout est fait pour leur dénier, dans les faits, la possibilité que leurs offrent désormais les textes de recevoir des patientes directement, pour toute une série d'actes et de prescriptions.

Malgré les fortes divisions qui se font jour au sein d'un mouvement où les syndicats traditionnels pèsent très peu, tandis que l'Ordre n'a absolument pas choisi la voie de l'apaisement, la profession parvient à se fédérer autour d'un mécontentement qui débouche bientôt dans la rue.

Les élus apprécient faiblement ce genre de contexte, au regard des précédents : chacun a encore en tête le mouvement des années

Jospin, durant lequel la propre mère du premier ministre, sage-femme très respectée, avait rejoint un cortège de manifestantes.

Après un intense travail d'échange mené pour l'essentiel par le nouveau tandem du cabinet de Marisol Touraine, Bruno Maquart et Raymond Lemoign, qui ont l'intelligence de se rendre sur le terrain tôt le matin et tard le soir pour discuter avec les principales responsables, la réunion prévue au niveau des ministres (celle de l'Enseignement supérieur est de la partie) le 20 décembre peut se tenir, alors qu'une menace de boycott persistait. Des avancées sont reconnues, notamment sur la place des sages-femmes dans l'organisation de l'hôpital et on convient de part et d'autre que, si le consensus n'est pas atteint sur les sujets statutaires, du moins la discussion continuera-t-elle sur ce thème début 2014.

La grève continue dans son principe, ce qui est de bonne guerre tant qu'un mouvement n'est pas clos par un accord, mais elle va baisser d'intensité et surtout nous savons que les sages-femmes n'arrêteront en fait pas de travailler, sécurisant en cela toutes les naissances à venir, y compris pendant les fêtes. Je dois décrypter au président ce contexte un peu particulier, un grand pas étant fait vers le retour à la normale, qui va toutefois demander encore du travail.

Finalement, un plan de bataille est décidé en février 2014 et la ministre annonce d'importantes mesures de reconnaissance professionnelle et statutaire, avec la création d'un cadre de « sage-femme des hôpitaux », satisfaisant l'ensemble des organisations syndicales, qui refusaient absolument une sortie de la fonction publique hospitalière, mais pas les diverses associations, pour la raison strictement inverse. A priori l'annonce passe bien, tous les observateurs même les mieux disposés comprenant que les intéressées n'ont pas vocation à être des médecins à part entière, ce qui ne doit en rien conduire à ne pas améliorer leur situation d'évidence insuffisamment affirmée dans les établissements. Le mouvement est sans doute terminé, mais je pressens qu'il continuera de couver sous la braise, pour peu que les gestionnaires et justement le corps médical ne prennent pas le plus grand soin à la mise en œuvre des décisions prises.

J'en aurai la preuve lors de plusieurs déplacements en France, à l'occasion de visites présidentielles, notamment à Clermont en avril 2014 : la délégation de sages-femmes que je reçois campe sur des positions radicales, mais donne le sentiment d'une certaine solitude dans ce jusqu'auboutisme.

Découragement ?

A l'annonce des chiffres mensuels du chômage, encore 8000 demandeurs d'emploi supplémentaires en cette fin janvier 2015, donc au titre de décembre dernier, nous avons confirmation que l'année 2014, loin de marquer la fameuse inversion de la courbe promise bien imprudemment...pour fin 2013, sera de nouveau un mauvais cru. Car sur douze mois, le chômage aura encore progressé de 180 000, pour flirter avec les 3,5 millions.

Sans céder à une folie des grandeurs qui me ferait considérer que j'en suis responsable, cette nouvelle, pour une fois, m'atteint au moral. Il faut dire qu'avec l'échec de l'ultime séance de négociation sur le dialogue social et, pour faire bonne mesure, l'enlisement du projet de loi sur la santé dans un marécage de conflits catégoriels, tout cela finit par faire beaucoup sur le front social, où les éclaircies restent bien rares.

Pourtant, les accords de branche sur le Pacte de responsabilité se font enfin plus nombreux, le contexte économique semble s'éclaircir – inflation nulle, chute des prix du pétrole et de l'euro, taux d'intérêt historiquement bas, remontée du moral des consommateurs – et, si l'union nationale de ce début d'année a rapidement fait long feu, notamment autour de l'élection législative partielle du Doubs, qui met de nouveau en lumière les relations troubles entre FN et UMP, le climat général semble plus positif.

Fort de ces signaux encore faibles, mais convergents, il y a matière à repartir au combat sans se décourager.

Loi Travail

A l'issue de plusieurs réunions de ministres, la décision est prise d'ajouter au projet de loi de Myriam El Khomri un volet relatif au licenciement économique. Depuis plusieurs jours, nous tentions de trouver des mesures de « flexibilité » audacieuses mais non transgressives : outre ce qui était déjà convenu, notamment la mise en place d'un barème encadrant les indemnités dues au salarié en cas de licenciement abusif, il s'agissait par exemple d'élargir par la négociation les cas de recours au CDD.

Très tôt, je constate que le premier ministre, suivant pleinement Macron, veut aller plus loin pour marquer les esprits. Une voie est trouvée : reprendre dans le code du Travail les ouvertures déjà faites par la jurisprudence et même faire en sorte, dans l'esprit de la réforme, que des précisions puissent être renvoyées à l'accord de branche (notamment le nombre de trimestres de baisse de chiffre d'affaires ou du résultat pouvant attester d'une difficulté économique suffisante pour justifier un licenciement). La comprenant sur le fond, je redoute cependant que la formule ne braque violemment nos principaux interlocuteurs, mais les doutes que j'exprime ne s'imposent pas.

Même si nous obtenons que le président abandonne dès lors des mesures plus secondaires, mais dont l'addition aurait franchement créé problème (en particulier le renvoi à l'entreprise des dérogations au seuil plancher de 24 heures pour le temps partiel), l'effet de surprise est tel que les syndicats réformistes se braquent d'emblée. Laurent Berger, conformément à mes craintes, réagit violemment, parlant de rupture, avant que notre rédaction plus adoucie lui permette de mesurer ses critiques, sans les taire pour autant. Il en va de même de l'UNSA et de la CFTC.

Très rapidement mais est-ce surprenant, le front du refus déborde largement le halo habituel de la CGT et de FO (Mailly, que le président voit alors, ne semble ni pressé de faire front commun avec Martinez qui prépare son congrès, ni prêt pour autant à avaler une telle couleuvre) ; une pétition réunit rapidement 300 000 signatures, les étudiants et lycéens semblent évidemment vouloir entrer dans la danse. Plus grave, nombre de soutiens fidèles engagés dans toutes nos réformes alertent cette fois : la mesure ne passe pas.

Les arguments de fond pèsent peu, y compris cette vérité : le licenciement économique ne se trouvera pas vraiment facilité par cette codification d'une jurisprudence déjà en cours. L'enjeu est symbolique, donc hautement politique : il n'est nul besoin de lire le texte pour s'enflammer à l'idée même que le sujet puisse y être abordé. Et comme Manuel Valls en a fait une affaire d'autorité et accrédite, par une posture presque guerrière, que nous voulons la confrontation, celle-ci est en train de devenir inéluctable.

Le président sait bien que ceci ne peut pas fonctionner et qu'il faut agir avant de devoir – une fois encore- reculer en rase campagne et perdre sur tous les plans. Il demande à sa ministre de s'exprimer dans les Echos. Relisant l'interview, qui n'est pas mauvaise même si elle manque de souffle à mes yeux, je fais en sorte que le Président la valide. Il la réécrit assez largement et je me charge de décrypter ses remarques, au secrétariat particulier, de sorte que le texte définitif parvienne au journal avec retard certes, mais à 20h30 ce qui n'est pas indécent. Or, à ma grande stupéfaction, l'article est publié sans aucune de ces corrections, Matignon ayant manifestement passé outre en évoquant une contrainte de bouclage du journal : ainsi, l'allusion très offensive à un possible recours au 49-3 pour faire passer le texte, subsiste, alors que la plume du Président l'avait clairement biffée... Outre l'extravagance de ce procédé, sur un sujet aussi sensible, cet épisode dont je ne dis rien mais qui va être assez rapidement connu, accrédite ce que la presse politique adore, l'idée d'une rivalité au sommet et pourquoi pas un dénouement dramatique à anticiper dès 2017...

En évoquant tout cela dans l'avion qui nous conduit en Polynésie puis en assistant au « off » qu'il accorde dans le salon situé à l'avant de l'appareil aux journalistes qui nous y accompagnent, j'ai la satisfaction de vérifier que le patron a compris tout ce qui se joue et les risques encourus. Dans ces conditions, dès le retour en métropole après ce périple éreintant de plus de 50 heures, le dénouement de la loi Travail va nous happer, tandis que de son sort dépendra en large part le profil de cette fin de mandat.

De fait, alors que j'ai quitté le déplacement à Lima comme prévu et non pas précipitamment ainsi que le suggère la presse, mon premier contact avec Laurent Berger au siège de la CFDT, me permet de vérifier l'ampleur de la crise. Tous les « réformistes », y compris les plus proches, sont en émoi : les fédérations et unions régionales de ce syndicat, leurs homologues de l'UNSA, de la CFTC et de la CFE-CGC sont secouées comme jamais et tout cela commence à avoir des airs de CPE, d'autant que les organisations de jeunesse entrent vraiment dans la danse, UNEF en tête, sous la férule du très habile William Martinet.

Certes, tout cela n'a rien de très rationnel, pas davantage que la charge soudaine de Martine Aubry et de ses amis, qui lancent le procès public du premier ministre dans une sorte de match retour de la polémique sur la déchéance de la nationalité. Mais cette fois, alors que les réseaux sociaux s'enflamment et que la pétition en ligne va rapidement dépasser les 600 000 signatures, l'opinion publique bascule. Si les Français font régulièrement preuve de réalisme dès lors qu'il s'agit de réformes économiques et de défendre l'emploi, y compris en matière de temps de travail ou de statut du CDI, 70% estiment bien que les droits des salariés sont menacés.

Certains au gouvernement peinent à se rappeler qu'en pareille circonstance, c'est le ressenti qui compte, pas le réel, de sorte que nos arguments démontrant l'intérêt du texte et l'absence de tout recul social, tombent à plat. L'autre myopie consiste à considérer que la très faible conflictualité enregistrée depuis 2012 et devenue une donnée stable : or, comme c'est en large part la crise économique qui explique la faiblesse des mouvements, le début de reprise vient libérer cette inhibition, de sorte qu'au premier dossier « transgressif », qui plus est abondamment commenté comme tel par le premier ministre, cette rivière provisoirement assagie sort de nouveau de son lit.

Jusqu'au retour du président, le vendredi soir 26 février et alors que nous avons échangé des messages réguliers sur la situation, je vais multiplier les contacts pour prendre le pouls. Cela me permet de lui proposer un schéma, audacieux mais à mon sens sans formule alternative. Il s'agit d'admettre que des incompréhensions se sont faites jour, que la concertation doit donc être approfondie et de lancer un processus d'échanges de quelques semaines, avec un terme enjambant le 31 mars, date prévue d'une grande journée d'action, ma priorité étant évidemment d'en dissocier au plus vite les organisations réformistes : or la décision doit être prise lors d'une réunion générale le 3 mars. Nous avons donc peu de temps pour rassurer. Evidemment ce processus débouchera sur ces concessions de notre part : mais à tout prendre, nous pourrons les maîtriser, aider nos partenaires les plus fiables à les valoriser, en évitant de lâcher d'emblée des pans entiers de la réforme, ce qui ne nous garantirait en rien une accalmie mais nous vaudrait à coup sûr d'autres concessions. En somme, le passage en conseil des ministres prévu le 9 mars (journée prévue par ailleurs d'une grève de la SNCF...) attendra quelque temps, sans dommage majeur puisque la loi pourra tout de même être votée à l'été d'après nos calculs. Le premier ministre a accepté la formule que je préconisais : recevoir dans un ultime round d'échanges chacune des organisations, non pour ouvrir de nouveau une négociation, mais clarifier ce qui peut encore l'être.

Au passage nous envoyons un signal d'ouverture, alors que la CGT chante sur tous les tons le thème du blocage gouvernemental. Nous mettons en avant plusieurs amendements formels, qui indiquent plus fortement que ce n'était le cas la place maintenue de la branche : cet ajout « ne mange pas de pain » et nous aurions eu tort de ne pas y procéder.

En effet, comme prévu, FO, jusqu'alors totalement enfermée dans un suivisme mortifère de la CGT, cherche à tout prix à s'en démarquer : Mailly, qui ne cesse de m'appeler depuis quelques jours (y compris pour organiser à l'Elysée la remise très médiatisée de la pétition intersyndicale le 28 juin), saisit donc avec subtilité ce nouveau contexte, dont il s'attribue les mérites au passage, ce qui ne nous gêne pas, d'autant que la CFDT n'y voit pas malice. En pratique, FO n'a pas trouvé la porte de sortie mais un vasistas qui fera bien l'affaire.

Comme une bonne nouvelle peut en cacher une autre, le nouveau président de la CFE-CGC, Hommeril, qui s'est quasiment rangé parmi les frondeurs lors de sa récente investiture, change aussi de ton : est-ce le fruit de nos échanges préalables assez directs, plus certainement celui de réactions internes, quoi qu'il en soit la ligne de démarcation entre réformistes et front du refus a évolué favorablement. Finalement, il y aura de nouveau recours au 49-3, comme l'épilogue annoncé d'un feuilleton dont les ressorts sont éventés : les frondeurs vont encore échouer – plutôt volontairement- à déposer une motion de censure, toujours à deux signatures près, tandis que la droite elle-même a renoncé, prétextant que le jeu n'en vaut pas la chandelle, d'autant qu'il lui faudrait défendre sa motion en plein match de la France à l'euro de football…

Dans le même temps, alors que les évènements se bousculent dans le contexte du référendum britannique, qui a éclaté come un coup de tonnerre dans un ciel calme, le président donne une interview

229

fleuve aux Echos. Il y annonce notamment que la tranche 2017 du Pacte de responsabilité va être concentrée sur les PME, avec un relèvement du CICE et un geste ciblé sur l'impôt sur les sociétés.

Lors des entretiens à Matignon, le patronat, déjà divisé, offre un visage des plus contrastés, allant de l'évidente fâcherie avec le MEDEF, à la réelle satisfaction côté artisans, ce que j'avais éprouvé quelques heures plus tôt en appelant chaque chef de file avant la parution du texte. En outre alors que Gattaz a déclaré inapplicable la loi pénibilité, appelant presque à la désobéissance civile, le premier ministre a beau jeu de le rappeler sèchement à ses devoirs, sans manquer de faire allusion au fait que c'est bien le seul MEDEF qui, en désavouant ses propres négociateurs, a préféré bloquer un accord à l'UNEDIC, alors que le compromis élaboré prévoyait au moins 800 millions d'économies annuelles...

Cette loi Travail, finalement adoptée le 20 juillet, aura connu un curieux destin. D'abord encensée, dans ses phases préparatoires, de l'Institut Montaigne à Terra Nova –qui, pour ne pas représenter la totalité du spectre politique, loin s'en faut, sont rarement d'accord sur ces questions, elle sera ensuite largement critiquée, dans l'opinion publique, au-delà des seules forces sociales hostiles. Ou plutôt mal reçue, avec ce curieux paradoxe que les Français en ont majoritairement une mauvaise opinion, mais, dans le même temps, approuvent plutôt les principales mesures quand on les leur présente une à une : il n'est pas jusqu'aux accords d'entreprise, pourtant nœud du débat avec la CGT et FO, qui ne soient ressentis comme une formule de bon sens, s'agissant de définir ensemble des solutions sur le terrain.

Autre paradoxe, en réalité produit du premier : des dispositions aussi importantes que la création du Compte personnel d'activité ou la généralisation de la garantie jeunes se trouvent reléguées au second plan et semblent vouées à l'indifférence générale.

J'ai beau me douter que de telles réformes trouveront dans quelques mois, ou quelques années, l'écho qu'elles méritent, le constat est assez cruel.

IX – PORTRAITS

Profils

Pierre-René Lemas est la chaleur incarnée. Toujours souriant, assez tactile (son côté pied-noir), aimant bien rire, il occupe sa fonction écrasante avec une simplicité bonhomme. Apprécié de tous, il n'a pas besoin de porter son pedigree administratif en sautoir : chacun a notamment en tête son courage et sa fermeté dans les fonctions impossibles de préfet de la région Corse.

Le revers de ce caractère aimable est que le Président semble beaucoup l'entendre (ils se parlent sans arrêt), mais moins l'écouter. J'en aurai la preuve lors du douloureux épisode de Florange, à l'automne 2012, mais en bien d'autres circonstances aussi. Par exemple, nous évoquons assez régulièrement des dysfonctionnements internes, moins dus aux personnes qu'à une organisation assez bancale, nous nous interrogeons aussi sur la taille ridiculement réduite de l'équipe sociale : notre accord total sur le diagnostic et les solutions ne débouche malheureusement pas, faute que le patron de l'Elysée soit habilité, ou se sente autorisé, à trancher des questions pourtant assez ancillaires. Trop gentil probablement, accommodant à l'excès sans doute. Cette fonction est décidément bien difficile à tenir de manière équilibrée, quand on veut tout à la fois piloter une équipe nécessairement complexe et assumer cet indispensable sésame au sommet de l'Etat : le dernier mot. Il ne résistera pas au « coup de balai » des municipales de mars 2014, tout en bénéficiant, heureusement, d'une très belle affectation à la Caisse des Dépôts.

Son successeur, Jean-Pierre Jouyet, avec lequel il va échanger son poste, lui ressemble, chaleureux, expansif, souriant et toujours enclin à vous attraper le bras quand il développe son raisonnement comme pour mieux le faire passer : il parait que ceci agaçait Lionel Jospin à Matignon. Son aisance sur les sujets économiques et les dossiers européens, son parcours même, parlent pour lui et le qualifient plus que quiconque pour occuper ce bureau. Le connaissant aussi depuis le début des années 80, je sais n'avoir rien à craindre de ce nouveau patron assez atypique. Même s'il apparait assez vite isolé par la masse du travail qui lui incombe, finalement peu accessible ce qui est un comble pour un homme si soucieux du contact, mais sans sa composante clé, le management, lui pourtant si expérimenté et attaché au dialogue.

Emmanuel Macron, croisé pendant la campagne, est la découverte la plus marquante de ce groupe. Brillant, le sachant, doué d'une maturité assez rare à moins de quarante ans, il est surtout pourvu d'une vertu cardinale à mes yeux : un humour ravageur. Il n'a manifestement pas besoin d'écraser pour exister, d'intriguer pour peser. Derrière le clinquant de ses costumes de bonne coupe, le doute affleure parfois : c'est une force rare, qui me laisse penser que ce garçon n'a pas fini de faire parler de lui. En attendant, j'ai le sentiment d'avoir trouvé le meilleur *sparring partner* de cet équipage. Sa nomination comme ministre en 2014 nous surprendra moins sur le fond, que par son caractère inopiné, sachant bien que cette promotion est parfaitement censée et en annonce sans doute d'autres pour plus tard. Quand en avril 2016 son mouvement « En Marche » sera lancé dans un invraisemblable bruit médiatique, nous saurons alors que la fusée est partie, sans avoir encore aucune idée ni de sa trajectoire, ni de son point d'arrivée mais, pour ma part, sans douter que l'accès aux plus hautes destinées puisse faire partie des conclusions possibles.

Nicolas Revel est d'un autre métal. Une intelligence des situations avérée, déjà démontrée durant les années passées aux côtés de Delanoë à Paris, une droiture évidente, que l'on sent venir de lointaines valeurs familiales. Souffrant sans doute de la comparaison avec son jeune collègue, dont tous les médias font le portrait, il doit protéger son territoire, au prix d'une certaine méfiance, qui me pèsera parfois et nous privera à l'occasion d'une meilleure efficacité collective. Nommé ensuite à la CNAM, il saura s'y imposer.

Il sera remplacé par Boris Vallaud, époux de la ministre de l'Education nationale, avec lequel j'ai depuis longtemps sympathisé, notamment lors de son passage auprès du remuant Montebourg. Brillant et ouvert, doté lui aussi d'un humour instinctif, il parviendra à jouer son rôle, sur un registre discret et collectif, sachant respecter l'autonomie nécessaire des conseillers les plus expérimentés.

Aquilino Morelle reste aussi insondable qu'il y a plus de vingt ans, quand je l'ai croisé, déjà fringuant, dans l'équipe Kouchner. Occupant le magnifique bureau de Giscard, usant de tous les signes extérieurs d'une position enviable, hors hiérarchie et manifestement pas trop écrasé de travail, il est le grand mystère du Palais. Drôle, vif, tranchant, a-t-il pour autant l'oreille de son voisin de palier ? Rien n'est moins sûr, d'autant que son rôle essentiel, l'écriture des discours, va en réalité très vite lui échapper.

Nous avons des relations courtoises mais, au fond, assez fraîches, car, ayant fréquenté le même corps, chacun sait à quoi s'en tenir. J'ai notamment en tête que sa production de rapports d'inspection n'a jamais été excessive. Je lui connais enfin une certaine tendance à martyriser moralement les équipes qui se dévouent pour lui. Bref, il ne me semble pas, tout en brillant de mille feux, fournir à l'équipe une balise bien lumineuse dans les tempêtes à répétition qu'elle traverse par la force des choses. En mars 2014, j'apprendrai qu'il fait une campagne de tous les diables pour décrocher auprès de Manuel Valls un poste ministériel, ambition qui me paraît tout autant naturelle, compte tenu du personnage, que parfaitement déplacée. A peine un mois plus tard, il sera contraint à la démission, suite à une enquête de Mediapart sur ses conflits d'intérêt et son comportement personnel. Son livre tant annoncé, outil d'une froide vengeance, ne sera publié qu'après le départ du président, mettant en valeur une action personnelle pourtant lourdement déficitaire, sauf à considérer que la communication présidentielle aura été un succès constant depuis 2012...

Claude Serillon, qui nous a rejoints sur le tard après avoir été dix fois annoncé, est un camarade absolument charmant et d'une grande drôlerie. Qu'un journaliste star, que tout le monde arrête encore dans la rue des années après qu'il ait cessé de présenter le 20 heures, soit capable d'une telle simplicité décontractée, prouve l'épaisseur du personnage. Sans avoir une vision très claire des circuits de la communication élyséenne, il me semble que son talent est globalement sous-utilisé. Cinq minutes de discussion avec lui sont systématiquement aussi édifiantes que récréatives. Mais il va progressivement voir pâlir son étoile, le Président ayant manifestement oublié qu'il avait beaucoup insisté pour le faire venir à l'Elysée. Son départ à l'été 2014 se fera dans une triste discrétion.

Sylvie Hubac, la directrice de cabinet, dissimule, sous un physique presque fragile, une grande force de caractère. Compétente, expérimentée, on voit bien ce qui, en elle et au-delà de l'amie de trente ans, peut rassurer le président. Elle me semble ainsi peser bien plus que son poids « administratif », déjà éminent, dans l'organigramme. J'ai avec elle une relation simple, probablement fondée sur la reconnaissance mutuelle, alors que nous nous sommes beaucoup croisés dans des vies antérieures, mais sans jamais collaborer vraiment. Elle sera remplacée par mon camarade de promotion Thierry Lataste, discret mais très efficace préfet qui arrivera quelques jours avant l'attentat de Charlie hebdo, début 2015.

Faouzi Lamdaoui, lui, souffre en silence. Celui qui fut le Sancho Panza d'un François Hollande au plus bas dans les sondages dans les années 2008/2009, le grognard des jours de vache maigre et l'ami irremplaçable pendant l'ascension du long col menant à la victoire, traîne une peine de demi-solde dans son grand bureau de l'Hôtel Marigny. Pourquoi ce pur politique, d'une loyauté sans faille, est-il employé à autre chose ? Mystère. Nous échangeons sporadiquement et, si je le trouve parfois sévère quand il évoque le manque de format politique des cabinets, l'insuffisance du travail en équipe autour du président, ou encore nos lacunes de communication, je dois souvent admettre qu'il est, sur le fond, dans le vrai. Pris dans un litige commercial mal éteint, Faouzi devra finalement quitter le Palais, après tant d'autres.

La cohorte des jeunes pousses, issues des réseaux de Moscovici ou de la Hollandie est d'une grande richesse, puisée le plus souvent avant et durant la campagne, dans laquelle, contrairement à bien de leurs collègues plus anciens et toujours prompts à réclamer leur dû, ils ont activement plongé. Ceci leur donne une sorte de contre-légitimité, car, à moins de 40 ans, voire de 30, ils portent la double épaulette de la compétence technique, qui plus est récente et donc actualisée et de l'engagement politique : Constance Rivière, Alice Rufo, Adrienne Brotons, Paul Bernard, Frédéric Monteil, Adrien Abecassis, Rodolphe Gintz, Julien Pouget, entre autres, sont de ce bois déjà solide et qui flottera loin, le tout dans une bonne humeur communicative qui ne gâte rien.

Les ministres

J'en fréquente beaucoup, mais évidemment certains de manière plus constante, outre les amis personnels comme Fleur Pellerin ou Mathias Feckl.

Michel Sapin est au premier rang, à tous égards. Nous nous connaissons depuis longtemps. J'apprécie son professionnalisme, issu d'une trajectoire parmi les plus riches du gouvernement : ministre délégué à la Justice de Rocard, puis des Finances sous Bérégovoy, enfin de la Fonction Publique avec Jospin, président de la commission des lois à l'Assemblée, député à 30 ans, président de Région. Un impressionnant parcours.

Je trouve aussi précieux que sa très grande proximité vis-à-vis du président, qui lui fait manifestement une totale confiance, ne le conduise pas à contourner les circuits : s'il lui arrive de cultiver quelques mystères liés à cette amitié, je conviens que beaucoup d'autres à sa place en auraient tiré bien d'avantage sur les dossiers sensibles.

Enfin, et surtout, alors qu'il n'était pas spécialement aguerri au dialogue social, il a su s'emparer de ses difficiles dossiers avec une grande maestria, en particulier dans la gestion des rapports avec les partenaires sociaux, qui souffrent peu l'improvisation. Au demeurant, il a aussi démontré une qualité essentielle en politique : savoir s'entourer en formant, de l'avis général, l'un des plus brillants cabinets du gouvernement. A son débit, sans doute, la curieuse idée de « l'inversion de la courbe » du chômage, qu'il va tenir contre vents et marées et qui nous vaudra bien des avanies. Sur fond d'optimisme persistant certes bienvenu quand le moral des troupes faiblit mais parfois émollient quand il faut trancher. Il fera montre du même petit travers à Bercy.

A ses côtés, Marisol Touraine, pour qui j'ai de l'affection, est un mystère. Je la pratique depuis 15 ans, l'ayant beaucoup aidée à la tête de la commission sociale du PS que lui avait confiée François Hollande, alors Premier secrétaire. Incontestablement brillante, à l'aise dans des sujets techniques (retraites, famille, finances sociales...) auxquels sa formation première ne la destinait en rien, ayant su affronter le suffrage universel dans des conditions compliquées, elle manifeste pourtant, à son poste ministériel éminent, les défauts que nous lui connaissions précédemment : un relationnel rugueux, ce qui, dans la sphère sociale, est rédhibitoire ; une difficulté à bien savoir-faire confiance et déléguer; une tendance persistante à estimer que tout le monde lui en veut, les deux chefs de l'Exécutif et ses collègues en tête. De fait, malgré nos efforts et notamment les miens pour faire rempart, elle finit ainsi par provoquer des constats cruels, voire injustes, à force de s'enferrer dans une attitude et une pratique qui ne peuvent, à terme, que lui valoir des avanies. La recomposition de son cabinet à l'automne 2013, va lui permettre de reprendre en partie pied, d'autant que son image est bonne dans le public militant extérieur à ce milieu – fait assez rare pour être relevé -, qui la crédite de ses marqueurs de gauche (dont le tiers payant généralisé), ce qui démontre un sens politique avéré.

François Rebsamen va remplacer Michel Sapin lors du remaniement d'avril 2104. C'est une gageure tant le prédécesseur aura incarné le poste durant deux ans au point d'être submergé par l'émotion lors de la passation de pouvoir. Ce que je redoutais est arrivé, perdre Sapin côté Travail. Mais, outre sa nomination bien utile à Bercy, c'est Rebsamen qui le remplace et me voici rassuré. « Rebs » est un fidèle du président, un politique affûté et, qui plus est, un type éminemment sympathique. Il aura un peu de mal dans ses premiers pas, desservi en outre par une décontraction que certains acteurs sociaux vont prendre pour de l'insouciance, mais je ne suis pas trop inquiet car l'homme est solide et intuitif, il saura s'adapter. Son départ brutal à l'été 2015, suite au décès du maire de Dijon dont il va devoir reprendre la charge, ouvrira un feuilleton malheureux de plusieurs semaines, qui s'achèvera par la nomination inattendue, très judicieuse à mon sens, de Myriam El Khomri, que je connais de ma période parisienne, mais avec laquelle je n'ai jamais vraiment travaillé.

Arnaud Montebourg joue, manifestement en division supérieure. Drôle et cassant, puissant et imprévisible, il est une sorte de bolide dont la pédale d'accélérateur serait bloquée. Beaucoup lui ont reproché Florange et je dois dire avoir été aussi excédé par ses sorties largement démagogiques sur le dossier. En réalité l'honnêteté consiste à dire que personne et surtout pas le locataire de l'Elysée, ne l'a alors freiné : il a donc foncé. De même, lors des annonces du plan social de PSA à l'été 2012, ses mots ont sans doute heurté Philippe Varin, le PDG quelque peu dépassé par les évènements, mais le ministre a su traduire un sentiment collectif d'agression à l'égard du nouveau pouvoir : je suis persuadé que cela aura beaucoup pesé sur l'attitude beaucoup plus collaborative de cette entreprise, par la suite. Enfin, dans un contexte où le gouvernement peine à trancher et communiquer de façon positive,

Montebourg détonne, le coup de la marinière et du *made in France* n'étant que la face émergée de son incroyable activisme sur le front des troupes. Son départ théâtral suivi de diverses incursions dans le monde des affaires et un souci constant de la dimension « people », en laissera beaucoup interdits : nul ne sait où et quand ressortira du chapeau ce curieux animal politique, doué pour les idées, brillant dans le verbe, mais si inconstant dans la durée.

Box-office social

Jean-Claude Mailly est devenu, par la force des choses, le doyen des grands partenaires sociaux. Avec son allure d'éternel étudiant, le cheveu mi- long flottant sur de petites lunettes cerclées d'intellectuel, on lui donnerait le Bon Dieu sans confession. Cependant c'est à un adversaire redoutable que le gouvernement de gauche doit faire face depuis son avènement en 2012. Accueillant toutes les sensibilités même les moins recommandables, des trotskystes aux zélotes déclarés du FN, Force ouvrière est une auberge espagnole où toute critique des socialistes est bienvenue à condition d'apporter ses arguments. Et peu importe que le « général » brandisse sa carte du PS, ultime coquetterie qui désarme encore tel ou tel ministre, prompt à chercher le compromis impossible.

Maillly est alors, en gros, pour tout ce qui est contre et contre tout ce qui est pour. Il suffit de le savoir, comme d'ailleurs sa propension à accepter des concessions dans le seul champ de ses ambitions : les régimes conventionnels, gérés par les partenaires sociaux (UNEDIC, ARRCO et AGIRC), tout simplement parce que son organisation, qui les a longtemps présidés, aspire à y revenir un jour. Avec ça, aussi sympathique que son prédécesseur et mentor, Blondel, était désagréable, mais du même métal et doté d'un sacré talent de polémiste. Sur la réforme des retraites ou celle du marché du travail, il saura trouver les mots justes pour ébranler la majorité et fera encore mouche en se levant contre le CICE et le Pacte de responsabilité.

Certes, ses cortèges, comme ceux de la CGT, resteront clairsemés voire indigents, mais il aura réussi à incarner à lui seul une opposition « de gauche », servant de fait la droite, tout en flattant une base parfois tentée par Marine Le Pen : du grand art. Une fois libéré de son mandat, je retrouverai un interlocuteur aussi amical qu'avisé.

Thierry Le Paon était et reste énigmatique. Bien avant que les affaires le poursuivant n'éclatent fin 2014 (appartement et bureau rénovés à grands frais, indemnité de départ...), chacun sait que ce grand gaillard plutôt souriant n'est pas le 1er, mais le 4ème choix dans l'ordre de succession à Bernard Thibault, qui aura réussi là son plus grand fiasco. De fait il semblera ne jamais pouvoir ou savoir s'asseoir dans le fauteuil de patron de la centrale de Montreuil, l'un des moments-clé de cette pantomime étant l'épisode de l'accord sur la formation, que Le Paon, dont c'est le sujet historique, a validé, puis fait accepter à toutes la direction, avant de se déjuger sur la seule volonté de la négociatrice obscure dont la CGT s'était dotée sur le sujet.

Quand il voit le président, qu'il découvre au début de son mandat, l'homme est affable, peu avare de banalités sur le temps qu'il fait et la dureté de l'époque, impressionné par les lieux et comme oublieux de ce qu'il représente. Durant les audiences officielles notamment à Matignon, il lit le plus souvent une longue déclaration bien rédigée, mais très langue de bois, dont il semble ne pas savoir s'écarter, y compris dans une rencontre bilatérale en petit comité. C'est au point où on lui attribue le flottement généralisé de la CGT et la montée des courants radicaux en son sein : au vrai, ces forces centrifuges étaient présentes bien avant lui, dans une organisation aux structures vermoulues, mais comme le charisme de Thibault n'est plus là pour faire écran à cette triste réalité, c'est à la transparence de son successeur que l'on attribue le mal. L'affaiblissement de la CGT n'est une bonne nouvelle que pour les sots : tous les spécialistes de la scène sociale savent combien il est important que cette grande maison soit tenue, ne dérive pas, car alors ce qui pouvait encore être régulé, notamment dans le monde industriel, ne pourra plus l'être, au risque de l'aventure comme on a pu le vivre à PSA Aulnay ou chez Goodyear. Et c'est bien pourquoi personne, parmi les autres syndicats, ne se réjouit même en privé des mésaventures de Le Paon.

Son successeur Philippe Martinez est bourru à souhait. Sa moustache évoque presque douloureusement le Beauf de Cabu, qui vient d'être assassiné. L'homme a manifestement de l'autorité, il lui en faudra, mais ne semble pas de prime abord prêt à beaucoup de compromis. Attendre et voir est l'option que nous prenons tous, en essayant de rétablir avec la CGT une relation normale, après ces mois d'ambiance irréelle.

Laurent Berger est la grande révélation de ces dernières années. Certes, la CFDT a pris l'heureuse habitude de bien préparer ses successions, ce qui est un art exigeant : Chérèque a ainsi l'intelligence de rééditer à l'égard de son dauphin ce qui a bien marché pour lui avec Nicole Notat. Très rapidement, le nouveau patron de la CFDT s'est imposé dans le champ social : ouvert, déterminé, sachant assumer des positions souvent audacieuses et au bout du compte plébiscité par ses militants.

Dans les moments compliqués et nous n'en manquons pas, Berger « tombe » toujours du côté de l'intelligence et de l'intérêt général. De tous, il est le responsable avec lequel j'interagis le plus, non pas seulement que la sympathie nous y pousse, mais par ce que j'ai la conviction que c'est utile pour le pays et que ce garçon a en lui une boussole bien calée sur le Nord magnétique. Il a la carrure pour devenir, sans conteste, le grand partenaire social dont a besoin chaque génération pour aller de l'avant. Peut-être même pour aller plus loin que ses devanciers en acceptant de voir la CFDT prendre davantage soin de ses alliés réformistes, notamment UNSA et CFTC, pour jeter les bases d'un syndicalisme moderne et moins éclaté, dont de nombreux exemples européens ont prouvé l'utilité.

Pierre Gattaz est un mystère. Il est d'abord l'exact contrepoint de Laurence Parisot. Celle-ci, véritable fauve politique, n'était pas une authentique patronne et d'ailleurs son autorité sur le MEDEF ne procédait pas de cette légitimité. Gattaz lui, sort de sa grosse PME, « sent l'huile », mais semble parfaitement dépourvu de tout sens politique. Non content de ne pas intégrer ses obligations d'homme public, s'exprimant à l'instar d'un ministre dans toutes les chaînes et tous les journaux, il est de surcroit affligé d'une lourde tendance à écouter le dernier qui a parlé. Bref, il déroute tout un chacun et ne laissera jamais passer un mois sans une déclaration tonitruante venant défaire ce que nous avons fait, le plus souvent de concert avec ses troupes ou lui-même.

Gattaz est au demeurant sympathique, d'un abord simple et aux antipodes d'un Sellières. Plutôt qu'un grand chef, il agit et se déclare comme le représentant de sa base, avant tout, de sorte que même si le poujadisme n'est pas son lexique personnel, il devient son moteur à la tête du MEDEF, avec des campagnes tonitruantes, des slogans, des clichés, des pin's. Tout ceci révulse les grandes entreprises, déjà très à l'écart de l'organisation, mais aussi l'ensemble des créateurs, de start-up notamment : dès lors, l'organisation se trouve coupée des deux extrémités de la pyramide économique, qui devraient au contraire en constituer les forces vives. Gattaz entretient ainsi une sorte de cercle vicieux, avec cette réalité implacable qui en fait l'expression parfaitement légitime de petits patrons à la dérive qui, sous sa férule, et il faut bien le dire avec l'activisme de l'UMP et du FN, semblent encore plus perdus et soucieux d'en découdre. Nous avons beau savoir que la vraie vie, y compris économique, est en large partie ailleurs, cette dramatique avant-scène patronale joue un rôle dépressif majeur et n'est sans doute pas pour rien dans le mauvais climat qui traverse la France, en congelant le mouvement d'embauche depuis des mois.

Valls 2

La confection du nouveau gouvernement aura duré une bonne journée et demie (on en connaîtra ensuite de bien plus lentes...). La démission collective de l'équipe Valls 1 annonçait un exercice bien plus profond qu'un toilettage : exit Montebourg, Hamon, Filippetti, mais quelles têtes nouvelles, quels effets de bord des entrants sur les restants, quelles alliances possibles ? Tout cela prend forcément du temps.

Presque trop, car, dans l'après-midi du mardi 26 août, voici que les acteurs extérieurs commencent à égrener les nouvelles : un tweet de Placé nous apprend que les Verts ne jugent pas les conditions remplies pour une participation (traduire : les tenants d'une entrée dans l'équipe, dont lui, n'ont pas réussi à infléchir la ligne dure du parti) ; une déclaration de Baylet indique in petto qu'il n'en sera pas lui-même, puisqu'aucun portefeuille régalien ne lui a été proposé, mais que les trois ministres PRG conservent leur poste...Bref, il est temps que la messe soit dite.

Jean-Pierre Jouyet va s'en charger, sur le perron de l'Elysée, vers 18h30, après que le déjeuner du mardi entre les deux chefs de l'exécutif se soit prolongé sous la forme d'une très longue réunion de travail, pour boucler le casting dans ses moindres détails.

Surprise de taille : la nomination de Macron en lieu et place de Montebourg. Ce coup de tonnerre va occulter tous les autres mouvements, sauf sans doute les promotions marquées de Najat à l'Education et Fleur Pellerin à la Culture, deux autres motifs personnels de satisfaction.

Tout a été dit sur le nouveau ministre de l'Économie, de l'industrie et du numérique, dont Jouyet a prononcé le nom avec une tendresse quasi paternelle. On a ici évoqué son talent, son humour, sa personnalité hors norme. Rarement cet adage politique si pertinent, qui veut que les grands destins soient d'abord la rencontre d'un homme et des circonstances, n'aura sonné aussi vrai que sans son cas. Chanceux à cet égard, car se trouver là au bon moment ne va jamais de soi, il a d'abord l'étoffe qui lui a permis de saisir cette chance.

En lisant à propos des exploits nautiques de Florent Manaudou ou athlétiques d'Usain Bolt, que ces deux monstres sacrés ont comme point comment de n'avoir aucune limite, il me semble qu'en dépit de toutes les vicissitudes de la chose publique, Macron n'en aura pas davantage dans son nouveau terrain de jeu.

Le mercredi matin, en le saluant ostensiblement sur le perron à l'issue du conseil des ministres, le président l'a en somme adoubé.

Plus modestement, en passant pour le féliciter chaleureusement quelques minutes avant ce même conseil, à l'entrée du Salon Murat, je n'ai pas eu besoin de le regarder longtemps pour percevoir son émotion : alors Rastignac, oui, mais pétri de valeurs dont celle, pour moi essentielle, de ne jamais se prendre trop au sérieux. Reste çà savoir si cette protection tiendra la mer durablement.

Ensuite, les annonces de Manuel Valls sur la relance de la politique du logement qui vont pour beaucoup être perçues –non sans raison- comme le démontage en règle de la loi Duflot, ceci au lendemain d'un discours très pro-entreprise devant les universités d'été du MEDEF, vont river le dernier clou des incertitudes sémantiques : la ligne social-démocrate est pleinement assumée. En dépit des tensions attendues lors du rendez-vous annuel de La Rochelle, l'intervention de clôture du premier ministre, qui mouillera sa chemise il est vrai, se passera sans anicroche.

Bref, la mise sur orbite de cette sorte d'Ovni politique qu'est l'équipe Valls 2 est opérée sans coup férir : mais tout indique que la session parlementaire qui se profile sera un sacré défi.

Castings

Cette rentrée est aussi celle des changements, de posture comme de poste. Côté posture, Emmanuel Macron, déjà installé au pinacle de la scène politique avant l'été, est reparti sur les chapeaux de roue. Volontaires ou pas, calculées ou spontanée, ses saillies sur les 35 heures ou le statut des fonctionnaires font débat, d'autant qu'elles interviennent rarement dans un contexte neutre, en tout cas pour les socialistes, où les groupies du jeune ministre cèdent souvent le pas aux critiques des militants chevronnés.

A la mi-septembre, nous sommes convenus de faire un point amical, ce qui me vaut une visite assez remarquée du ministre dans mon bureau, qui va durer une bonne heure. Mon idée est de lui parler un peu de l'économie et de l'emploi (qui continue d'aller mal comme le prouveront les chiffres très mauvais d'aout, publiée fin septembre : 20 000 chômeurs de plus en catégorie A...), mais beaucoup de lui. Je lui conseille d'abord de s'entourer sur le plan politique, car son cabinet, certes brillant, me paraît bien jeune et peu amariné pour le grand bain, d'autant que la place qu'il commence à occuper va lui valoir toutes sortes de peaux de banane : l'écosystème est ainsi fait. Ensuite, il me semble qu'il parle un peu trop, ce qui a tendance à brouiller le message. Enfin, il lui faut se méfier des ambitions du premier ministre, car la proximité et la loyauté n'empêchent pas la vigilance, au sens où la liberté ne doit jamais exclure le contrôle : car au fond, Macron, c'est l'énergie de Valls, avec 15 ans de moins et un corpus d'idées d'une grande solidité. Quelque chose me dit que ces deux-là sont lancés sur la même route en sens inverse et que la collision viendra un jour, soit en 2017 en cas de victoire, soit plus tard en cas d'alternance.

Mais il y a aussi, plus secondairement, des changements de postes en cascade. Au sein du gouvernement, ils ont eu lieu au printemps, avec l'arrivée de la sympathique Martine Pinville, chargée des PME et, en ce qui me concerne, de l'économie sociale ; côté simplifications, qui m'occupent aussi régulièrement, la nomination de Clotilde Valter à la place de Thierry Mandon que je pratiquais depuis longtemps, est un gage de sérieux, pas forcément de détente.

A l'Elysée la valse continue ; Le brillant et original physicien Vincent Berger part diriger la recherche du CEA, un poste taillé à sa mesure et se trouve remplacé par Christophe Prochasson, historien de son état, ce qui adoucit la perte de mon voisin de bureau, tant son successeur se révèle un collègue aussi brillant que modeste et au surplus grand connaisseur de Brassens. Xavier Piechaczyk, qui est en charge d'un vaste portefeuille (environnement, énergie, logement, transports...) est aussi sur le départ pour RTE, et nous espérons le voir remplacé à bon niveau.

A Matignon, l'envolée pour Air France de mon collègue et ami Gilles Gateau va davantage encore modifier le dispositif, en particulier dans le champ social, après que nous ayons collaboré pendant plus de 3 ans. Son remplacement par le jeune Aurélien Rousseau, venu du conseil d'Etat mais surtout grandi dans la pépinière Delanöé, un de plus, est certes un gage de bonne entente et de hauteur de vue, mais d'évidence je vais devoir m'employer plus encore pour pallier un manque patent d'expérience des sujets et surtout des acteurs sociaux : l'exercice se révèlera aussi efficace que plaisant.

X - LE TERRAIN, LES TERRAINS

Congrès de la Mutualité à Nice et Nantes

Je n'ai pas eu le sentiment que François Hollande, dans les années antérieures, était spontanément attiré par les questions de santé. Pourtant, j'ai assez vite compris qu'elles ne lui étaient pas indifférentes, réflexe spontané de grand politique face à un enjeu majeur, influences familiales (du père médecin à la fille interne), sans doute un peu de tout cela à la fois. Du reste, comme indiqué par ailleurs, la préparation de grands dossiers de ce secteur, durant la campagne, ne m'a vraiment pas paru optimale. Alors que nos premiers mois ont été occupés par cette mauvaise affaire de la négociation sur les dépassements d'honoraires et tandis que le « milieu » gronde de l'addition de tous les mécontentements, nous faisons du sur-place.

Par chance, le premier ministre, dans son discours de politique générale, a acheté l'idée encore brumeuse, mais bienvenue, d'une « stratégie nationale de santé ». A défaut de contenu précis, elle suggère bien que tout se tient et qu'il va falloir enfin embrasser l'ensemble des facettes de cette politique si nous voulons faire bouger les lignes : le financement, mais aussi la correction des inégalités, les relations ville-hôpital (les fameux parcours de soins), la recherche et l'innovation, la sécurité sanitaire, la formation des professionnels, les systèmes d'information. Dans cette liste sans fin, chaque défi est déjà considérable.

Aussi, quand Etienne Caniard, vieux complice qui préside la Mutualité, renoue avec la tradition en y invitant le chef de l'Etat, je comprends vite que c'est notre chance. Ce dernier acceptera évidemment de s'y rendre, par courtoisie et il ne revient qu'à nous que son discours permette de lancer, au plus haut niveau, cette grande ambition.

Là encore, comme pour tout discours important, nous allons produire de multiples versions, qui seront corrigées jusqu'au dernier moment, en se rendant à Orly, puis dans l'avion et encore dans la voiture qui chemine vers le Palais des congrès de Nice, en ce samedi matin ensoleillé d'automne. L'accueil des congressistes, il est vrai acquis à la gauche en large part, est triomphal et le discours a du souffle.

Certes, il ne comporte pas d'annonces pour le grand public, ce n'est pas l'objet, de sorte que les reprises ne seront pas très importantes. Mais c'est une étape indispensable pour aller de l'avant, car il faudra ensuite que chaque responsable gouvernemental s'approprie l'approche globale ainsi promue et se décide à pousser le char de la réforme sur la longue pente qui nous fait désormais face.

Encore une fois, le plus dur reste à faire mais ce simple constat est bien la preuve que nous avons gagné la première manche ou du moins le droit d'espérer que la santé ne sera pas l'angle mort du quinquennat.

Trois ans plus tard, à Nantes, en ce 12 juin 2015, le climat a changé. La politique du gouvernement en matière de santé a pour le moins peiné à trouver des soutiens, avec notamment une loi Touraine à la fois assez disparate et sujet de fâcheries pour l'ensemble des milieux qu'elle concerne – et ils sont nombreux- bien au-delà des réactions assez irrationnelles provoquées par le tiers-payant généralisé, au demeurant plébiscité par les Français.

Côté mutuelles, beaucoup a été fait pour appliquer les promesses de Nice. Le problème véritable est un peu masqué : l'extension de la complémentaire santé aux salariés des TPE a pour conséquence non seulement d'intégrer les 500 000 qui en étaient exclus, mais d'inciter une bonne partie des 5 millions d'autres couverts à titre personnel ou comme ayant-droit de leur conjoint, à résilier ces protections généralement plus faibles et plus couteuses à la fois, au profit des nouveaux contrats groupe. Or, les mutuelles sont très présentes sur le marché...de l'individuel et subissent donc logiquement ce contrecoup.

Nous travaillons d'arrache-pied pour néanmoins avancer plus avant dans notre grand dessein : la généralisation de la couverture santé des Français via l'extension de la complémentaire, puisque seuls les naïfs peuvent encore penser que la Sécurité sociale pourra « boucler » seule les pans encore non couverts de la population. La piste, ce sera celle des retraités, qui aujourd'hui, quand ils quittent leur emploi, subissent de forts contrecoups tarifaires, qui plus est croissants dans le temps.

Après avoir reçu le président de la FNMF, Etienne Caniard le 6 juin, le Président sait qu'il sera certes bien accueilli, mais que rien n'est acquis et que l'ambiance sera sans doute moins à l'exaltation qu'à Nice en début de quinquennat. Cela va me valoir une série d'allers-retours sur le discours, encore plus longue que d'habitude, y compris dans le Falcon qui se rend à Nantes, au point que l'intervention sera prononcée en large part sur la base d'un texte truffé de corrections manuscrites.

Alors que l'arrivée du chef de l'Etat dans l'immense salle du palais des congrès de la Beaujoire est saluée avec une chaleur retenue par l'assistance, son discours sera vivement applaudi et la traversée de l'interminable salle de restaurant où se sont attablés les congressistes se révèlera périlleuse d'abord du fait des effusions et embrassades en tous genres, auxquelles le président va se prêter, comme toujours, sans barguigner.

Les Mureaux

Dans la série des déplacements du printemps (pourri) de 2013, la visite aux Mureaux, le 30 avril, est pour moi une double première.

D'abord, c'est mon anniversaire. Par l'entremise amicale de la chef adjointe de cabinet, Isabelle Sima, j'ai droit à une pâtisserie improvisée dans la cantine du collège où nous faisons escale pour un débat entre le Président et les responsables locaux. Les jeunes ont mitonné en quelques minutes une sorte de fraisier en fraises Tagada avec une belle bougie. Sympathique et touchant.

C'est aussi mon premier contact d'une longue série avec la « manif pour tous », ces collectifs très militants qui, sur le terrain, vomissent leur bile contre le projet de loi Taubira. Je les croiserai de nouveau, en quelques semaines, notamment dans le Doubs, puis à Rodez.

Etonnant assemblage de jeunes gens bien comme il faut et de vieux catholiques assez caricaturaux, capables de débiter des horreurs homophobes dans des termes choisis. Le plus étonnant n'est pas leur phraséologie assez convenue dans ces milieux, mais l'exaltation qui s'est emparée d'eux, qui s'encaillent dans leurs premières manifs et n'hésitent pas à convoquer l'arsenal de la martyrologie républicaine, alors qu'ils ne semblent pourtant pas étouffés par leur dévotion à Marianne : résistance, agressions policières, droits de l'Homme. Mais cette fois, ils ont des moyens importants, du matériel, des argumentaires.

En somme une grande modernité dans les moyens, mise au service d'un archaïsme rance...

Rodez et Castres

Les 29 et 30 mai 2013, nous tentons une sorte de réplique du déplacement à Dijon, sur deux jours. En réalité c'est un peu le fruit du hasard : invité à inaugurer la nouvelle usine de Pierre Fabre à Castres, le président accepte le projet de visiter celle de Bosch à Rodez en suggérant de lier les deux, pour des raisons pratiques.

La visite de l'usine Bosch me semble une excellente idée : au début, je suis à peu près le seul de cet avis. En effet, sur ce site d'excellence, en difficulté du fait de la mauvaise conjoncture des grands motoristes diesel, ses donneurs d'ordre, un accord de flexibilité a été signé sur des bases doublement originales.

D'une part, les syndicats ont accepté une nouvelle organisation du travail et de la modération salariale en contrepartie d'un lourd investissement de la maison mère allemande, pour une nouvelle ligne de production d'injecteurs haut de gamme. D'autre part, le protocole vient d'être signé par ...Sud, syndicat majoritaire ainsi que la CGT et la CFE-CGC, ce qui démontre une fois de plus que vérité au niveau national ne l'est pas nécessairement sur le terrain.

Je plaide pour que le Président, après une visite du site, rencontre à huis clos les partenaires sociaux, en vue d'un change direct comme il les affectionne, puis qu'il intervienne devant les ouvriers. Le DRH de l'usine me fait remarquer que, dans ce cas, il faut inviter tous les personnels présents sur le site, afin d'éviter les frustrations : il y en aura environ 500. Je sens à l'Elysée que le principe fait peur. Finalement j'ai gain de cause et ce discours devant des centaines de salariés se passera dans une excellente ambiance, prolongé comme il se doit par un interminable bain de foule à l'issue.

Le lendemain à Castres, le même exercice sera réédité avec le même succès. Pourtant le point fort de cette étape sera finalement, dans le minuscule bâtiment de l'aéroport local, la rencontre avec l'équipe de rugby en partance vers la finale du Top 14 au Stade de France. Contact heureux puisqu'il se soldera par une victoire des Castrais sur Toulon, pour le moins inattendue.

Tandis que la séance de photos et d'autographes s'éternise, nous devisons devant l'immense Transall qui trône, incongru, sur la piste et dans lequel la troupe des journalistes nous a rejoints.

Rodez Acte II

Un an après la visite de chantier du musée Soulages, c'est l'inauguration officielle. Je fais de nouveau partie du déplacement, pour recevoir les délégations, cette fois en compagnie de mon collège « agricole », Philippe Vinçon, qui sera le héros inattendu de la journée.

En effet, tandis que j'écoute les représentants enjoués des chambres consulaires, un premier texto de journaliste me demandant si je suis vraiment séquestré, me met la puce à l'oreille. Finalement, je comprends que Philippe est retenu par la confédération paysanne, qui attend de connaître le sort de ses militants de la Somme venus loin d'ici, quelques jours plus tôt, mettre le désordre dans la fameuse ferme des Mille Vaches.

Après un petit moment de flottement des policiers locaux, je vais aux nouvelles et constate, par téléphone, que tout va bien et que l'intéressé prend les choses avec flegme. Il devient vite évident pour moi que cette « retenue » durera jusqu'à 14 heures, moment où les fameux militants doivent être remis en liberté. Et c'est ce qui se passera, alors que plusieurs coups de fil de Paris, marquant un zèle soutenu, plaideraient presque pour une intervention du GIPN qui est dans les parages : on imagine assez bien le tableau.

J'ai entre temps rejoint la visite et peux ainsi profiter de quelques bribes de ce lieu magique, au sein duquel passe et repasse la haute et droite stature de Soulages. Tout le centre-ville a été bouclé car les intermittents, peu nombreux mais résolus font du bruit et même plus que cela, en ayant blessé deux CRS.

La ville semble comme suspendue mais, en l'arpentant à pied depuis la préfecture vers le musée, je trouve que le site est si calme et majestueux que cet amas de force semble disparaître, comme happé par l'endroit. Le président, rapidement rassuré sur le sort de Philippe, demande quand même que l'on débriefe la presse toujours prête à en « faire des tonnes ». Et encore me dit complaisamment l'un d'eux, ce n'était pas le conseiller social, car alors quel symbole !

Malgré l'écho international de l'œuvre de Soulages et la réussite unanimement saluée de ce lieu, c'est évidemment l'incident qui restera dans les mémoires, et en tout cas dans les reportages du jour. Du moins ne prête-t-il pas à conséquence.

Berlin, sommet sur l'emploi des jeunes

Le social s'exporte peu et j'ai donc rarement l'occasion de franchir les frontières. Cette fois, il s'agit de répondre à l'invitation de la chancelière, qui, en pleine campagne électorale, a convié tous ses collègues européens à débattre de l'initiative pour l'emploi des jeunes, que la France a souhaitée et qui a été rejointe par l'Italie et l'Espagne. Michel Sapin s'est démené comme toujours pour élargir nos alliances sur le sujet profitant de sa bonne entente avec sa ravissante homologue Ursula Van der Leyen, de sorte que l'Allemagne, d'habitude peu réceptive à ces sujets dans le concert européen, a désormais pris le taureau par les cornes.

Nous arrivons à Berlin avec des « munitions », car la plupart des mesures imaginées pour utiliser la manne de 6 milliards dégagée lors du dernier conseil européen, existent déjà en France : garantie jeunes, apprentissage...

Le président français est bien traité, puisqu'installé de plain-pied aux côtés de la chancelière, alors qu'une quinzaine de chefs d'Etat et de gouvernement, ainsi que toutes les autorités communautaires et les partenaires sociaux, ont fait le déplacement. Il annonce d'ailleurs que la prochaine réunion se tiendra à l'automne à Paris. Nous sommes le 3 juillet 2013 et notre petite délégation a conscience que le temps va passer vite et que cette bonne idée va rapidement devenir une gageure d'organisation.

Pour qui maîtrise imparfaitement les codes de cette diplomatie européenne, c'est mon cas, retrouver tous ces responsables épaule contre épaule dans les vastes surfaces de la chancellerie, est assez étonnant. La familiarité rassure sur la capacité collective à conduire le char de l'Europe, en même temps qu'un sentiment de superficialité gagne rapidement, sans doute lié au verbiage des textes et des communiqués, systématiquement rédigés dans un anglais de cuisine. Grandeur et limites du projet européen, entraperçues à l'occasion d'une réunion qui est elle-même traversée par de forts contrastes, des responsables de très haut niveau échangeant sur des questions certes stratégiques mais surtout très techniques.

Dans l'avion du retour, nous oscillons donc entre la satisfaction d'avoir rempli notre mission, puisque des pistes enfin concrètes ont été ouvertes et un certain scepticisme sur ce que tout cela peut apporter dans la lutte contre le chômage, sans compter ce que l'opinion pourra bien retenir des 15 secondes auxquelles l'événement aura droit au 20 heures. D'autant que la presse française, qui était nombreuse sur place, a bien davantage questionné le président sur le limogeage de Delphine Batho, concomitant, que sur sa vision du rôle de l'Europe dans l'objectif d'inversion de la courbe du chômage...

Ce sommet fera des petits, à commencer par celui de Paris, le 12 novembre suivant, auquel je participerai activement, avec la cellule Europe animée par Philippe Leglise-Costa, avec lequel nous formerons un tandem soudé et je crois efficace. Mais, une fois encore, malgré la présence inédite à l'Elysée de pas moins de 24 chefs d'Etat et de gouvernement autour du thème de l'emploi des jeunes et en dépit d'une préparation de presse minutieuse, les échos en seront bien limités, comme si nos médias nationaux, prompts à dénoncer l'intérêt mesuré de nos compatriotes pour l'Europe, s'échinaient à ne surtout pas leur en parler.

Après Berlin, Milan

Le 8 octobre 2014, se tient sous présidence italienne la réplique des sommets de Berlin et Paris consacrés à l'emploi des jeunes.

Le cœur n'y est plus vraiment. La crise européenne bat encore son plein, avec une commission Juncker qui peine à obtenir le blanc-seing des eurodéputés (nous apprendrons heureusement dans la journée que Pierre Moscovici est aisément confirmé à son poste de commissaire, quand la candidate slovène se voit rejetée).

Par ailleurs, l'ambiance est alourdie par les problèmes de bouclage du budget français, puisqu'il est clair que le risque de le voir retoqué par Bruxelles est devenu une assez forte probabilité, avec le cortège de conséquences politiques que l'on imagine.

Quant au sujet du jour, l'Initiative européenne pour l'emploi des jeunes (IEJ), force est de constater que, si la France joue un rôle leader, la rigidité des règles communautaires (délais de mise en place des fonds, avances financières aux opérateurs réduites à 1%, complexité des justificatifs à fournir...) a pour le moment réduit l'impact pratique du programme à peu de chose. J'ai beau, en tandem avec le conseiller Europe, expliquer le sujet en détail à la presse avant notre départ, le scepticisme est de règle, au-delà de l'annonce, déjà consistante, que le projet IEJ va passer de 6 milliards à 20, en étant prolongé jusqu'en 2020.

Au centre des congrès de Milan, gigantesque, la réunion de chefs d'Etat et de gouvernement est assez fastidieuse, tout se passant en coulisse. Le Président multiplie les apartés avec la chancelière allemande, Renzi et Barroso et il semble en effet davantage question du budget hexagonal que de l'emploi. Rebsamen et Harlem Désir qui font partie de la délégation restent concentrés sur le dossier, nous aussi, mais les nombreux observateurs présents ont la tête ailleurs.

Du côté de la presse, c'est encore plus flagrant, d'autant que nous sommes en pleine polémique du l'assurance-chômage, après que plusieurs déclarations ou « off » de Matignon aient accrédité l'idée d'une réforme rapprochée de l'UNEDIC.

Le sujet est complexe. D'un côté, nous savons tous qu'il va falloir faire davantage d'économies dans ce secteur : c'est d'ailleurs inscrit dans notre « trajectoire des finances publiques » d'ici 2017. Et l'accord des partenaires sociaux, conclu au printemps sur des bases larges (avec notamment le visa de FO), prévoit certes de serrer les boulons, mais pas à la hauteur requise. On devra donc se retrouver en 2016. De l'autre, précisément, il s'agit d'un système conventionnel, autrement dit dans lequel l'Etat n'a pas de pouvoir de substitution, sauf en cas de carence. Va-t-on, l'encre de la nouvelle convention à peine sèche et quelques mois après l'avoir officiellement agréée, retirer cet agrément et provoquer une crise majeure, pour anticiper des économies par un acte unilatéral ? Si certains ont pu y penser, cela me semble totalement baroque : par chance, c'est aussi l'avis du président. Donc, ambitieux pour cette réforme, certainement, mais le moment venu, en 2016 et pas en 2014.

La tension est telle que Claudine Ripert m'appelle au secours en salle de presse, où je vais consacrer une bonne demi-heure à rappeler ces vérités, tout en tentant de démontrer qu'il n'y a pas de hiatus entre les deux chefs de l'Exécutif : je parviendrai finalement à peu près au premier objectif, mais guère au second, compte tenu du climat et, peut-on les en blâmer totalement, de l'attrait des journalistes pour ce qui leur semble être le premier couac du gouvernement Valls 2.

Visites hospitalières : Kremlin-Bicêtre, Lorient, Necker

Rien n'est plus traditionnel qu'une visite d'hôpital. Cela ressemble aux déambulations dans les usines, avec une tension supplémentaire, car la souffrance, parfois le malheur ne sont jamais bien loin. L'espoir non plus, il est vrai. Au Kremlin-Bicêtre il est question de Sida à l'occasion de l'inauguration du pavillon dédié en sa présence du prix Nobel Françoise Barré-Senoussi, puis à Necker celle d'un magnifique bâtiment venu renouveler totalement le fonctionnement de cette vénérable institution orientée vers les enfants.

Je connais bien ces milieux. Je n'ai pas le sentiment que le président y soit d'emblée à l'aise, quand on évoque en amont un tel projet. Mais une fois sur une place, il a pourtant l'art de trouver les mots justes et le bon contact.

Je suis pour ma part les choses à distance, soucieux de ne déranger personne : il n'est pas question d'envahir une chambre !

Evidemment je suis souvent appelé dans un autre local pour recevoir les syndicats. A Necker, ainsi, après une entrevue assez rugueuse, les responsables de Sud me font comprendre qu'ils aimeraient assister au discours présidentiel. Qu'à cela ne tienne, je les y convie, confiant dans le fait qu'ils écouteront dans le calme. Mieux, ils demanderont et obtiendront sans peine, à la fin, de se faire prendre en photo avec celui dont ils dénonçaient la politique quelques instants plus tôt. Effet de la politique spectacle, du « vu à la télé » ? Probablement, mais pas uniquement.

A Lorient, après avoir inauguré le nouvel hôpital, fruit d'un long combat de Jean-Yves Le Drian, venu attester avec nous de son action de maire opiniâtre, nous nous rendons au centre de réadaptation de Kerpape, où coexistent des accidentés de la vie et des handicapés de naissance, de tous les âges.

En voyant ces enfants immobiles, dont seuls les yeux nous disent combien le moment est pour eux important, en saluant leurs parents tout aussi émus, le président redevient père de famille, sourit, embrasse, écoute et répond.

Olivier Lyon-Caen, notre médecin, est discrètement à ses côtés et fait montre d'une grande humanité, que j'ai déjà observée lors d'une autre visite d'établissement consacrée à la fin de vie. La fatigue aidant, même les plus endurcis d'entre nous n'en mènent pas large, les journalistes regardent ailleurs, les ministres aussi malheureusement. François Hollande « fait le job », bien davantage même et je sais un peu plus ce que je fabrique dans cette aventure.

Chartres

Dans le cadre d'une journée consacrée à l'attractivité de la France, il est décidé d'honorer une invitation de la région Centre à visiter une usine ultra-moderne du laboratoire danois Novo Nordisk, leader mondial de l'insuline.

Ce vaste ensemble, situé à Chartres depuis une cinquantaine d'années, ne cesse de croître et d'embaucher, ce qui est assez rare pour retenir mon attention. En outre, le PDG danois fait partie des invités à l'Elysée pour cet évènement de promotion du "site France", ce que je découvre fortuitement. Je plaide donc pour que la visite illustre les débats du matin et la suggestion malgré les atermoiements habituels, est validée.

Après une première visite de préparation, qui confirme l'intérêt du lieu, le jour J se déroule sans accroc. Le président est attentif et demande même à rencontrer les syndicats de l'usine, qui ne se font pas prier et nous confirment la qualité du dialogue social local.

La presse qui nous accompagne est aussi prise par cette bonne humeur communicative, alors que rien de majeur ne se passe dans ce contexte. Dans l'échange final qu'il a avec les journalistes, un grand éclat de rire parcourt l'assistance car Ivan Levaï a fait son apparition sans raison apparente, ce qui lui vaut une sortie présidentielle bien ironique : « eh oui, Ivan, je suis social-démocrate », rappelant au vieux chroniqueur sa curieuse question en conférence de presse quelques semaines plus tôt.

Dijon, le retour

En 2013, le déplacement avait été totalement pollué par une gestion malheureusement de la police locale, malgré son très bon déroulement par ailleurs.

Cette fois, il s'agit de se rendre au congrès de la fédération Léo Lagrange. Autrement dit une opération sans risque, en terrain conquis.

C'est Bruno Le Roux, lointain successeur de Pierre Mauroy à la tête de l'institution, qui a aisément convaincu le président, d'autant que nous serons de nouveau dans la bonne ville de l'ami Rebsamen. Les occasions ne sont pas si nombreuses de se retrouver « en famille ».

Alors que l'automne vire décidément au printemps, tout arrive, le discours présidentiel déchaînera un tonnerre d'applaudissements au Palais des congrès. Pendant ce temps, je suis comme il se doit en préfecture à recevoir des délégations syndicales, mais en rien surpris quand l'équipe me confirme le bon déroulement des opérations.

La suite sera à l'avenant, avec un déjeuner amical à Gevrey-Chambertin chez Guy Rebsamen : devant le restaurant, une centaine de personnes vont attendre plus d'une heure pour saluer le visiteur d'un jour avec force cris d'encouragements, d'autant plus agréables que le public n'a pas été « fait » par la section socialiste locale.

Ce déplacement a fait l'objet d'intenses discussions au sein du cabinet. Certains estiment en effet qu'il n'apporte rien et va distraire un temps précieux à quelques jours d'une émission importante prévue sur TF1 ; d'autres, dont je fais partie, considèrent certes qu'il n'y aura pas d'annonces fracassantes à ce congrès (ayant participé activement à la rédaction du discours, je ne le mesure que mieux) mais qu'il est important d'aller saluer un réseau aussi puissant et identitaire à gauche que Léo Lagrange, tout comme il n'est pas anodin de réserver au président une séquence positive et conviviale. D'ailleurs l'intéressé lui-même nous confirmera au retour le plaisir qu'il y a pris, l'énergie qu'il y a puisée, au point de rester sur place sensiblement plus longtemps encore que prévu.

Marseille, le Havre

Je retrouve les joies du « CASA » matinal, où nous croisons les journalistes encore ensommeillés, dans une ambiance potache à « l'escale » de Villacoublay, qui n'est toutefois plus aussi bon enfant depuis les attentats de janvier. En outre, le voyage dans ce transport de troupes assourdissant et poussif est toujours redouté, car on ne peut ni y travailler (autant dire que le réseau wifi du Falcon est bien loin...), ni s'y reposer vraiment. Bref, une entrée en matière idéale quand on s'apprête à recevoir moult délégations en marge d'un nouveau déplacement méridional.

L'avantage, toutefois est que la préfecture de région est l'une des mieux organisées : l'accueil y est toujours parfait, les convois réglés comme à la parade, toute perte de temps évitée. Cela me vaudra, après des échanges courtois et un peu vains avec plusieurs syndicats de la CGT (y inclus celui d'Air France, dans un climat tendu), dont c'est d'ailleurs la journée d'action nationale, de rejoindre sans encombre le convoi au Camp des Mille, où le président inaugure un magnifique lieu de mémoire et prononce un discours inspiré sur la tolérance.

Au Havre, même opération, audiences assez détendues puis participation au clou de la journée, le lancement du plus gros porte-container du monde, battant pavillon français de la CGM, avec une cérémonie majestueuse, une pompe à la limite de l'excès voulue par le clan SAADA, mais une fierté communicative des autorités locales et de l'équipage d'ailleurs réduit, chargé de piloter ce monstre des mers.

Vœux en Corrèze

Samedi 17 janvier, la tradition des vœux présidentiels à Tulle revêt, évidemment une nouvelle dimension, moins d'une semaine avec la grande manifestation populaire consécutive au massacre de Charlie Hebdo. Mobilisé pour recevoir les délégations, comme souvent, j'ai la chance de pouvoir assister au discours, tenu devant près de 1500 personnes dans la salle polyvalente de la ville.

C'est une ovation qui accompagne son entrée dans une salle surchauffée, un peu à l'image de l'hommage rendu les jours précédents lors de l'inauguration de la nouvelle Philharmonie de Paris ou dans les locaux de l'Institut du monde arabe. Les corréziens ont retrouvé « leur président », mais surtout le chef de l'Etat. Dans le Falcon présidentiel, celui-ci a d'ailleurs l'occasion de revenir longtemps sur les évènements avec les deux journalistes qu'il a conviés à l'accompagner, l'une à l'aller, l'autre au retour. Très riche moment de décryptage, qui me permet de mieux comprendre le fil des évènements mais surtout son état d'esprit.

Oui, tout a changé, explique-t-il, pour lui, pour le gouvernement, pour le pays, mais en même temps les problèmes de la veille demeurent, à commencer par l'économie et l'emploi. Cela dit, il nous fait comprendre que rien ne sera plus comme avant et que l'enjeu, c'est désormais de ne rien relâcher, ni l'attention autour des problèmes de prévention et de l'impératif de sécurité, ni sur le suivi des réformes dont le pays a toujours besoin, plus que jamais sans doute.

Séquence formation des jeunes, Alençon et Brest

Les 27 et 30 avril 2015, nous voici de nouveau « sur la route » pour illustrer la priorité accordée à la formation des jeunes.

A Alençon, un saut en hélicoptère nous conduit, de nouveau, dans un EPIDE, où le Président va préciser ses récentes annonces, faites sur Canal Plus : augmentation de 25% des capacités de cette structure de type militaire, mais de statut civil, qui offre une seconde chance à des jeunes en difficulté ; création de sept (et non pas trois comme prévu) sites du Service militaire volontaire, version métropolitaine du Service militaire adapté, déjà évoqué, qui a fait ses preuves Outre-Mer. Dans les deux cas, la cible est constituée d'un public plutôt fragile, le plus souvent en échec, qu'un gros travail de socialisation, fondé sur les savoir-faire mais surtout sur le savoir-être, aspire à remettre sur le chemin de l'insertion sociale et professionnelle.

A Brest, la visite concerne deux campus des métiers, celui de l'Education nationale, dédié aux métiers de la mer et celui de la chambre de commerce, qui concerne davantage de filières et vient d'être implanté dans un site absolument remarquable. D'obscures raisons bureaucratiques expliquent que chaque structure ait été conçue « dans son coin », mais finalement, grâce à l'élan donné par la mobilisation pour l'apprentissage décrétée en septembre 2014 à l'Elysée, force est de constater que les relations entre ces univers plutôt étanches (Education nationale et monde économique) se sont nettement réchauffées, la capacité des bretons à travailler ensemble ayant fait le reste.

Là encore, le chef de l'Etat « bonifie » une annonce, concernant la gratuité pour les employeurs du recrutement d'un apprenti mineur, pour les petites entreprises : jusqu'au bout j'essaierai de faire un point précis pour bien caler ce qui va être dit, mais je n'y parviendrai que 5 minutes avant le discours, en attirant dans la discussion le ministre du Travail. Finalement, la mesure énoncée sera bien comprise par les acteurs concernés, ce qui est l'essentiel, car l'objectif est de réussir la prochaine rentrée des apprentis, dans un contexte où le nombre d'inscriptions en CFA ne semble pas repartir à la hausse comme espéré. Or, nous visons toujours

500000 jeunes formés en 2017 et n'en sommes qu'à environ 420 000...

Incursion dans le Lot

Il est toujours étrange de parcourir des paysages familiers et de circuler en grand équipage sur des routes que l'on emprunte généralement comme quidam ou touriste. C'est le cas ce 14 avril 2015, entre Cahors et Figeac, première journée estivale de l'année.

Je suis comme souvent embarqué dans l'équipe parce qu'il faut recevoir une délégation syndicale, au demeurant courtoise, dans le sous-sol d'une charmante sous-préfecture. Respiration presque champêtre, parmi de nombreuses têtes connues, comme une parenthèse dans une semaine assez dense. Comme elles le sont toutes, il est vrai...

Périple au bout du monde

Samedi 20 février, c'est le grand départ pour une boucle de plus de 40 000 kilomètres, qui va nous mener de Polynésie à Wallis et Futuna, puis en Amérique Latine, Pérou, Argentine et Uruguay. Même si je ne ferai pas les deux dernières étapes, c'est pour moi une première, car je me suis peu encore déplacé hors de France pour le compte de l'Elysée.

L'Airbus présidentiel, le fameux « Air Sarko » tant décrié avant 2012, mérite sa réputation. Plus que le luxe, guère supérieur à celui d'une classe affaires, c'est son côté pratique qui me frappe, avec bureau et chambre pour le chef de l'Etat, salle de réunion/salle à manger et moyens de transmission sophistiqués : en somme un outil de travail bien adapté au principal responsable d'un grand pays.

Ce confort me permet d'échanger au calme avec le Président – il est vrai que le premier trajet va durer 21 heures- puis de partager avec lui et mes collègues un premier repas, enfin d'assister à un point de presse off déjà évoqué, sur le projet de loi Travail.

L'organisation de ce type de déplacement est une mécanique très bien huilée : le GSPR assure non seulement la sécurité, mais tous les aspects pratiques, notamment les cortèges de voiture à chaque étape, les transferts vers les hôtels, l'acheminement des bagages. Outre le service privé du Président, qui va devoir sous la pluie et les fortes chaleurs changer plusieurs fois de tenue, l'équipe de presse est aussi au grand complet car nous sommes suivis par une vingtaine de journalistes, l'équipe médicale est en poste, et la chefferie de cabinet coordonne l'ensemble, y compris la fastidieuse gestion des cadeaux à remettre à chaque étape.

Je ne relèverai aucune fausse note dans cette horlogerie fine alors que nous accomplissons une série d'étapes assez courtes, qui chacune, exige une forte minutie protocolaire : accueil des autorités locales, revue des troupes, prises d'armes, cérémonies traditionnelles (en particulier celle dite du « Kava » à Wallis puis à Futuna), dépôts de gerbe, visites diverses, inaugurations, point de presse...En Polynésie puis à Wallis, je retrouve un chaleur humaine qui ne se dément jamais : colliers de fleurs, colliers de coquillages nous sont offerts à profusion. Même lors de ces multiples audiences syndicales, qui me valent d'être présent, les femmes m'embrassent comme du bon pain et me passent ces colliers au cou, leurs camarades masculins n'étant pas en reste, ce qui crée d'emblée un climat de discussion assez particulier, quelle que soit la gravité des dossiers abordés et ils ne manquent pas.

Ce périple improbable est une nouvelle fois l'occasion de vérifier l'incroyable résistance de notre patron : les journalistes vont d'ailleurs faire un de leurs angles sur place, tant le phénomène est frappant dans un tel contexte. Il en va de même de la qualité de son contact avec les gens : certes, nous ne sommes pas en banlieue parisienne ou sur le marché de Tulle, mais il faut le voir arpenter les allées de celui de Papeete dans une cohue indescriptible pour comprendre combien il aime ce contact direct, que tant d'autres subiraient sans bonne grâce, tant l'exercice peut paraître pénible voire épuisant.

Trois jours plus tard, il sera plongé dans une foule autrement hostile au Salon de l'agriculture, avec des réactions sans doute bien moins spontanées, mais dont les médias sauront se repaître pour le coup, estimant sans doute que la colère paysanne fleure bon l'authenticité, alors que les sourires des vahinés ne sont rien moins qu'un cliché touristique en provenance directe du monde des bons sauvages.

Ces grands voyages sont aussi l'occasion de discussions plus approfondies avec mes collègues, qu'ils appartiennent au cabinet ou à la « technique », ce qui soude le collectif et met chacun à hauteur d'homme.

Ces heures de sommeil et de repas partagés, ces impressions échangées, autant de circonstances qui nous sortent de l'ordinaire élyséen où, en dépit d'horaires extensifs pour tous, nous vivons plutôt les uns à côté des autres, que les uns avec les autres.

XI - DERNIERE LIGNE DROITE

Retour gagnant

Mercredi 23 novembre, retour à Arques, près de Saint-Omer, pour visiter l'usine ARC International, que le gouvernement a littéralement sauvée du naufrage en 2014.

Cet immense site, que nous rejoignons après un périple rallongé par les intempéries, a employé jusqu'à 14 000 salariés, au plus fort de sa croissance. Mais le marché de la vaisselle haut de gamme s'est effondré et le salut est venu de nouveaux marchés, notamment avec le géant Ikéa, avec des produits moins prestigieux mais de très forts volumes.

Nous avons préparé le déplacement avec l'équipe du nouveau secrétaire d'Etat à l'industrie, Christophe Sirugue, dont j'ai toujours apprécié la force de travail et la bonhommie et notre nouvel ingénieur des Mines, Sébastien Massart, tout juste la trentaine, mais comprenant déjà tout très vite.

Mon rôle se concentre sur la séquence avec les syndicats, dans une configuration originale, puisque le plan social (PSE) a donné lieu à un accord majoritaire CGT-FO-UNSA.

L'échange avec le président sera chaleureux, le leader CGT lui demandant même s'il compte bien se présenter aux présidentielles. Je sais par mes contacts « réformistes » avec la centrale de la Porte de Montreuil, que l'intéressé est atypique et d'ailleurs en guerre avec les responsables locaux de son syndicat, ce qui ne le perturbe pas outre mesure. Pour finir, le président fera un discours inspiré devant quelque 600 salariés, qui vont longuement l'applaudir avant l'inévitable séance de poignées de mains (y compris avec un vieux camarade de service militaire qui lui tombe dans les bras) et de photos : une nouvelle fois, nous sommes bien loin du chef de l'Etat décrit comme enfermé en son palais et coupé du monde.

Lorraine, 30 octobre

Cette fois, pas de Florange, nous y reviendrons sans doute une autre fois. Il s'agit d'inaugurer le premier site du Service militaire volontaire importé des DOM, qui permet à des jeunes encadrés par l'armée de Terre, d'apprendre un métier. J'assiste avec intérêt à ce lancement, pour avoir travaillé sur le sujet avec le ministère de la Défense, qui démontre une fois de plus son professionnalisme. Après la banlieue de Metz, le président visite un nouveau quartier rénové à Vandoeuvre, bénéficiant d'un accueil fort chaleureux, qui efface les quelques lazzis subis un peu plus tôt dans le mois à la Courneuve.

Devant évidemment recevoir des délégations, d'abord à Metz puis à Nancy, j'ai fait le choix d'assister le soir au discours politique prononcé devant 600 élus et responsables locaux, dans l'enceinte du conseil départemental de Meurthe et Moselle, ou un jeune élu socialiste vient de succéder au regretté Michel Dinet. Les ministres, Défense, Travail, Budget, Anciens Combattants, sont serrés au premier rang devant une marée d'écharpes tricolores. Discours ample, plus d'une heure, à la fois très politique, avec de belles formules (notamment sur la droite qui faute de prévisions, risque de se retrouver sans provision...) mais aussi des développements sectoriels, sur l'emploi, le logement (avec une annonce - phare, l'extension du prêt à taux zéro, le PTZ, à l'achat dans l'ancien), de sorte que le message me semble assez ambigu. Je réalise combien il est difficile pour le président de se livrer à un exercice purement politique, hors campagne présidentielle.

En relisant le « prononcé », j'éprouverai le même sentiment d'une très forte densité, mais de sa difficile diffusion médiatique et, au-delà, dans l'opinion. Cela n'empêche certes pas nos hôtes d'un soir d'être aux anges.

Restos du Cœur

En cet hiver 2015, les Restos fêtent leur 30ème anniversaire. 30 ans déjà que, jeune conseiller de Georgina Dufoix, j'avais participé activement avec mon vieux complice Jean Blocquaux, âme de ce projet du côté du gouvernement et qui va malheureusement disparaître quelques années plus tard, à une alliance de travail tout aussi baroque que diablement efficace conduite à un train d'enfer par Coluche. Je me souviens notamment d'une visite à Henri Nallet, alors ministre de l'Agriculture, qui allait jouer un rôle clé dans la mobilisation des surplus alimentaires, indispensables pour lancer l'opération : arrivés rue de Varenne, nous tombons sur une manifestation d'agriculteurs, une de plus, qui allait très rapidement se transformer en fête joyeuse, après que la star, cachée derrière ses lunettes mais reconnaissable entre tous sous son perfecto de cuir, ait été reconnue par la foule soudain joyeuse.

En ce 16 décembre, le président a accepté ma proposition de se rendre dans un petit centre de l'association, rue Saint-Roch, qui a comme originalité d'accueillir dans la journée des mères avec enfants en bas âge et le soir de se transformer en restaurant où les SDF et autres démunis viennent dîner au calme et au chaud. L'équipe de choc qui est sur place, les nombreux jeunes bénévoles qui les aident, constituent un groupe soudé, souriant, qui fait plaisir à voir.

Olivier Berthe, qui préside l'association, à la suite de Véronique Colucci que je retrouve avec plaisir et qui en est en quelque sorte le visage tutélaire, présente les uns et les autres, expliquent le fonctionnement, les problèmes qui sont en partie résolus chaque année mais dont certains subsistent, les chiffres, qui donnent le vertige : 2200 centres, 950 000 personnes aidées par an, 128 millions de repas servis. Le président a un mot pour chacune et chacun, rencontre les habitués, sans presse, puisque la seule caméra est celle de l'Elysée, afin que les Restos conservent une trace de cette soirée, à leur demande.

Je suis heureux de cette séquence, simple et concrète. Toutefois, je ne peux, sur le chemin du retour, m'empêcher de penser que jamais nous n'aurions imaginé, en 1985, que le concept réussirait si vite mais surtout durerait si longtemps, indice aussi que la pauvreté n'a vraiment pas reculé en France depuis lors.

Plan de relance

La période des vœux débute traditionnellement par l'adresse aux Français, le soir du réveillon du 31 décembre.

Cette édition sera, à mon sens et de loin, la meilleure depuis le début du mandat. Les mots sont forts, le ton est juste, les messages sont denses : j'en retiens surtout que l'état d'urgence est aussi économique et social. Dès lors, il va falloir, sur la base de pistes annoncées ce soir-là (formation des chômeurs, apprentissage, nouvelle aide à l'embauche des PME...), se placer à la hauteur du défi, éviter le syndrome de la « boîte à outils ».

L'occasion sera les vœux aux forces vives, c'est à dire aux partenaires sociaux et au monde économique, que le président, à la faveur d'une rencontre avec le nouveau bureau du CESE, décide de tenir au palais d'Iéna. Ceci me vaudra d'ailleurs un appel courroucé du patron de FO, qui prend ce choix pour un nouveau coup de pied de l'âne, puisque Mailly vient donc de subir un revers avec l'élection au premier tout du nouveau président de cette institution, Patrick Bernasconi, facile vainqueur du sortant, Jean-Paul Delevoye, qu'il soutenait pleinement.

Quoi qu'il en soit, la logistique de l'événement est plus complexe qu'une réception dans la salle des fêtes de l'Elysée, comme il est d'usage et cette charge de travail va se greffer sur le lourd chantier des annonces et du discours. Heureusement, l'équipe économique avec ses jeunes pousses est bien mobilisée et nous réfléchissons de concert, à coups de réunions et d'échanges parfois échevelés, sinon redondants, avec les autres cabinets, à un plan d 'action précis, déclinant les orientations fixées par le chef de l'Etat.

Le 13 janvier, deux heures de réunion y sont consacrées autour de lui, du premier ministres, et des principaux membres du gouvernement, dont Macron, qui a rasé la barbe arborée, pour la plus grande joie de la presse, lors du conseil des ministres de rentrée. Si les questions de formation et même la nouvelle prime à l'embauche pour les PME qui acceptent de recruter, sont rapidement traitées, dans un sens très proche de nos propositions, un curieux ballet se déroule sous mes yeux à propos du CICE, dont il n'était a priori pas question de traiter cette fois.

Or, Macron avance l'idée, déjà débattue précédemment, que l'on pourrait marquer les esprits en confirmant que ce crédit d'impôt sera pérennisé sous forme de baisse de charges. Alors que les ministres de Bercy sont blêmes, car un tel mouvement aurait un impact d'une vingtaine de milliards sur les finances publiques, je constate, contre toute attente, que le premier ministre exprime une position certes nuancée mais clairement favorable à cette idée. Je comprends assez vite que ce soutien de façade, puisque chacun sait autour de la table que cette bascule ne peut avoir lieu dès 2016, prend sa source ailleurs que dans le débat fiscal : les deux hommes sont d'évidence dans une période de tension et de surveillance mutuelles et ils ont fait le choix d'afficher leur entente, jusqu'au sein du Salon vert.

Rien de tout cela ne peut échapper à l'hôte des lieux, qui écarte subtilement la proposition, pour mieux dégainer un plan B moins ambitieux mais tout aussi audacieux pour Bercy, le remboursement anticipé des créances de CICE, en clair le fait pour l'Etat de payer dès maintenant ce qu'il aurait déboursé en 2017 ou 2018 au profit des entreprises éligibles.

En préparant le discours le week-end suivant, nous savons bien que cette piste risque d'être contestée et que rien ne garantit qu'elle sera exposée lors des vœux du 18. Au demeurant, d'autres incertitudes doivent encore être levées, d'autant que le président a reçu successivement la CFDT et le MEDEF en toute discrétion, avec un haut niveau de tension relevé entre les deux numéros un, dont l'entente et en tout cas la capacité à se mettre d'accord, conditionnent l'essentiel du dialogue social dans la France de 2016. Or, Laurent Berger est manifestement fatigué par les saillies à répétition de Gattaz sur le thème du « toujours plus », tandis que le patronat observe avec inquiétude le raidissement de la CFDT, semblant ne pas comprendre que celle-ci aussi doit tenir compte de la sensibilité de sa base, 700 000 adhérents qui, eux, paient leur cotisation sur leurs propres deniers...J'avais cru pouvoir les réunir ensemble autour du président, cela n'a pas été possible dans ce climat de défiance croissante, alors nous avons découplé : il faut sans cesse retisser ce fil et je sais que le temps passant, l'échéance de 2017 se rapprochant, ce sera de plus en plus compliqué. A cet égard, la négociation sur l'assurance-chômage qui doit débuter avant le printemps, s'annonce déjà comme un sacré parcours du combattant.

Sur ces bases, le président se voit remettre la version 1 du projet de discours, dont nous avons pu, ce qui est rare, discuter quelques instants du plan avec lui, ce qui facilite grandement ma tâche et celle de Jean-Jacques Barberis, qui a mobilisé ses –réels- talents de plume économique pour cette bonne cause. Après un samedi plus calme que prévu, l'alerte rouge arrive. Sans être jugé catastrophique, le projet est perçu comme insuffisant par son destinataire, le texto présidentiel, dont Jean-Pierre Jouyet, depuis sa Normandie, nous relaie une copie, annonçant des heures difficiles à venir.

Nous nous retrouvons donc dans le bureau présidentiel à 16 heures et il ne nous faudra pas moins de cinq heures de travail intense pour remettre au propre une version corrigée, entrecoupées il est vrai d'une utile réunion dans le salon vert, en présence du premier ministre, ainsi que des ministres de l'Economie et du Travail.

271

Myriam El Khomri, que j'ai déjà dérangée deux fois au téléphone a tenu à être présente, malgré des soucis de garde d'enfant. Elle semble au demeurant épuisée, à tel point que je sors quelques instants afin que lui soit rapidement apporté un petit encas réparateur.

Lundi matin, aux aurores, le Président me tend une nouvelle version encore largement annotée de sa main. C'est donc « reparti pour un tour » et, pendant que nous déchiffrons ses corrections avec ses secrétaires, en lui rendant le nouvel original au fur et à mesure, le voici qui, comme souvent, corrige encore et encore, à tel point que les manuscrits finissent par se mélanger et nous en perdons le fil. Il est alors pris d'une colère noire, fait rare et demande qu'on le laisse seul pour remettre de l'ordre dans ses papiers, qui forment une pile informe sur sa table de travail. Il est 11 heures, nous sommes censés être déjà partis. 15 minutes plus tard, avec un retard somme toute convenable il commence son discours dans l'hémicycle du CESE : évidemment tout y est, dans le bon ordre et l'humeur est redevenue détendue.

L'accueil médiatique sera mitigé, comme prévu, partagé entre critique partisane et paresseuse sur le thème du traitement statistique du chômage (que dirait-on d'un président qui s'attacherait à le voir augmenter ?) et mise en cause plus subtile de dispositions sensées mais arrivant trop tard. De même, je me félicite plutôt que le patronat réagisse avec circonspection, tant le soutien affiché de sa part peut nous créer d'effets indésirables.

Non, ce qui comptera, ce sera notre capacité à mettre en œuvre rapidement et efficacement toutes ces mesures. C'est pourquoi nous avons lancé une série de réunions de mobilisation pour que toutes les administrations mais aussi tous les partenaires, consulaires, experts-comptables, DRH, etc. acceptent de diffuser les informations pratiques, notamment sur la nouvelle aide à l'embauche, qui se révèlera assez vite un réel succès. Le vrai défi est là, et il se double évidemment d'une lutte contre le temps, en cette dernière année pleine du mandat.

Nationalité

Devant le Congrès réuni à Versailles au lendemain des attentats du 13 novembre, le président a évoqué la déchéance de nationalité pour les binationaux qui auraient été condamnés pour actes de terrorisme. Sur le coup personne n'a vraiment réagi mais, en ce début d'année, le sujet devient la grande affaire politique.

Au vrai, je suis moi-même fort hésitant. Je sais que la question est très sensible pour l'ensemble de la gauche et tous les défenseurs des droits de l'Homme. Je sais aussi que la réforme, aurait un impact concret très réduit, symbolique, puisque chacun comprend bien que les fous furieux en question n'ont que faire de leur nationalité française, de sorte que l'on peut à la fois estimer que la mesure n'aurait aucun caractère dissuasif et que, précisément, puisqu'elle concerne si peu de gens, dont toute la société admet l'infâmie, on ne voit pas bien pourquoi se soucier de les protéger. Mon intuition, étayée par des analyses juridiques plus précises que les raisonnements initialement utilisés par les ministres et même le premier d'entre eux, est que mieux vaudrait ne pas distinguer entre binationaux et Français exclusifs : pour ces derniers en effet, l'impossibilité d'en faire des apatrides me paraît discutable, car les textes le prévoient déjà. Et, encore une fois au regard des actes commis, on voit mal pourquoi traiter différemment un franco-tunisien et un français « mono-national ».

En tout état de cause, il va falloir trancher. Si l'opinion est très largement favorable à la déchéance, y compris à gauche, ce n'est pas le cas des cadres et responsables politiques ou syndicaux. Je me méfie de cette dichotomie, qui rappelle quelque peu la guerre d'Algérie, quand les élites pensaient d'une certaine manière et la base de l'autre. Aujourd'hui, il me semble que l'opinion a beau approuver, elle ne sera pas davantage reconnaissante au président de sa détermination, tandis que dans la cour même des fidèles du palais, on sent les certitudes vaciller.

Comment ne pas reculer, dans un contexte aussi tendu sur le plan sécuritaire, sans se couper non pas des frondeurs mais des proches, ce sera l'enjeu des prochaines semaines, d'ici à une réforme constitutionnelle dont tout indique qu'elle ne sera pas du tout consensuelle, entre une gauche très divisée et une droite qui ne fera aucun cadeau, même s'il faut, pour gêner le chef de l'Etat, voter contre ce qu'elle a toujours soutenu : l'union nationale, dans notre pays, n'est plus qu'un mot creux, lointainement enfoui dans les souvenirs de 1914...

Pôle emploi et les régions

Jeudi 4 février 2016, nous partons à la direction de Pôle emploi pour un échange de deux heures avec l'équipe de direction. La veille, une réunion de ministres a permis de faire un point d'étape sur le future loi travail, dite « MEK », d'après les initiales de la nouvelle ministre. Les sujets sont tellement vastes (réforme du Code du Travail, renforcement de la négociation collective en entreprise, nouveau fonctionnement des prud'hommes, mise en place du Compte personnel d'activité, entre autres) qu'une autre réunion est déjà programmée la semaine suivante, avant le bouclage du texte pour envoi au conseil d'Etat.

Le Président a donc souhaité se rendre à Pole emploi. J'en déduis qu'il ne s'agit pas de visiter ou de rencontrer les équipes, mais de tenir une véritable séance de travail, en petit comité, en tentant d'aller au fond des choses, ce qui est rare dans notre course échevelée et permanente. Jean Basseres, le sympathique et compétent, mais parfois ombrageux patron, m'avoue que lorsque je lui ai annoncé la nouvelle, il a pensé que je le faisais marcher, tant l'événement est rare. Il sera très satisfait d'avoir pu expliquer sa stratégie, les résultats déjà obtenus, les progrès encore à faire, tant les défis qui se posent à cette institution sont immenses et son image indexée, quoi qu'elle puisse faire, sur les chiffres mensuels du chômage. Ces deux heures passées au siège, Porte de Bagnolet, seront de fait instructives.

Le 2 février, Pôle emploi a aussi été au centre des attentions, puisque le premier ministre a reçu les présidents de région, anciens et nouveaux, pour parler emploi, réunion prolongée par un déjeuner à l'Elysée, lui-même suivi d'une rencontre avec les préfets de région. Ce long « tunnel » a un objectif central : mobiliser tous les acteurs autour du plan d'urgence pour l'emploi, enfin presque tous car, pour éviter la thrombose, les partenaires sociaux seront reçus un peu plus tard dans le mois.

Les régions sont assez unanimes à réclamer plus de prise sur la politique de l'emploi, sans aller toutes jusqu'à demander la décentralisation de l'institution, ce qui est la hantise de ses cadres et de ses syndicats. J'observe en souriant mon ancienne équipe de l'Association des régions de France défendre des positions que, pour l'essentiel, j'avais élaborées pendant la période précédente, tandis que la ligne de fracture entre jacobins et girondins ne correspond plus du tout aux séparations partisanes, les raisonnables (Xavier Bertrand, Valérie Pecresse...) se trouvant aussi à droite et les jusqu'au-boutistes (Alain Rousset en tête) maintenant leur exigence, malgré un soutien affiché au gouvernement...

Dans ce grand camp du Drap d'Or, j'ai le sentiment que la discussion a progressé, les deux partis s'efforçant de s'écouter pour coconstruire des solutions nécessairement coordonnées. Pôle emploi en vient même, après avoir d'abord produit un tir de barrage anti-régions, à faire des propositions concrètes pour jeter les bases d'une véritable collaboration, à laquelle d'ailleurs chacun voit bien qu'il n'existe aucune alternative, tant les 13 nouvelles collectivités, présidées par de fortes personnalités, pour certaines élues dans un Front républicain contre le FN, ont acquis depuis lors une dimension nouvelle.

Boulangers

En recevant quelques jours plus tôt le président des artisans, qui se trouve aussi diriger la confédération de la Boulangerie, le chef de l'Etat s'est vu convier au « Salon Europain », événement mondial qui se déroule tous les 2 ans au Parc des expositions de Paris-Nord Villepinte. Il a évidemment répondu oui. Mes collègues de la chefferie de cabinet et de la communication trouvent l'idée saugrenue ; je les comprends lorsque je me mets à leur place, même si j'espère que cela se fera, car j'ai besoin d'un signe fort envers les artisans, à un moment où les projets du gouvernement les froissent quelque peu, tandis que le MEDEF continue de les mépriser largement.

Loyalement, je ne relance donc pas le patron, attendant sans guère en douter, sa réponse. C'est avec un certain amusement que, comme prévu, il indique à ceux qui l'entourent lors d'un déplacement à Bordeaux qu'il honorera évidemment sa promesse. Nous sommes vendredi 5 février, il est 18 heures et la visite doit avoir lendemain midi, juste avant le match de rugby France-Italie. Qu'à cela ne tienne, après une visite préparatoire au pas de charge le samedi matin, l'événement se déroulera sans coup férir, parmi des centaines de professionnels de tous les pays ravis de la surprise, tout cela dans la bonne humeur générale et de roboratives effluves de pain chaud, avec un président des artisans aux anges, ce qui facilitera grandement mes échanges à venir.

Macron en marche

Lors d'une réunion publique sur ses terres, à Amiens, Macron annonce tout à trac, créer un mouvement politique, « En Marche », rien que ça. Là encore, je ne cède ni à l'enthousiasme de certains (dont Jean-Pierre Jouyet), car je ne vois pas ce que cela peut apporter au Président, si tôt en tout cas dans le processus, ni à l'opprobre qui monte dans les rangs du PS, dans la mesure où ce vent frais peut être, à certaines conditions, plutôt salutaire.

Le coup médiatique est en tout cas une réussite, on ne parle que de lui. A cet instant, difficile de prévoir ce qui peut advenir, un pschitt retentissant comme on en a connu tant, « ni de droite ni de gauche », c'est à dire surtout à droite (de JJSS à Noir, Léotard puis Barre et Bayrou...) ou une mise à feu réussie, mode Giscard ou, en moins abouti, Ségolène Royal.

En croisant plusieurs fois le jeune ministre durant les jours suivants, je ne peux m'empêcher de penser que rien ne sera plus comme avant et que l'heure approche où il va falloir choisir entre deux fidélités, qui semblaient pourtant si bien confondues jusqu'alors.

La politique ne s'accommode décidément que des réalités et ne fait jamais fond sur les sentiments.

Usines et bonnes nouvelles

La France va mieux, telle est la nouvelle antienne présidentielle, parfaitement exacte mais que nous peinons à faire valoir, faute d'embellie nette et durable sur le font du chômage.

Alors il faut illustrer : nous terminons le mois d'avril par trois visites de sites industriels, Plastic Omnium, dans l'Oise, qui conçoit des réservoir de carburant ultra-modernes pour l'automobile puis Novo Nordisk, leader mondial de l'insuline, qui continue contre vents et marées – et notamment un véritable harcèlement du ministère de la santé- à investir et embaucher sur son site historique de Chartres, alors qu'il serait si simple de rester au Danemark, dans un royaume sans doute moins « pourri » pour les entrepreneurs...

Enfin, Thalès, dans sa nouvelle installation de Genevilliers, où nous aurons droit à trois présentations aussi passionnantes que brillamment menées par une responsable de mon entourage familial, sur les systèmes de radar embarqués et la cyber-protection notamment.

Dans les trois cas, les entreprises vont bien (et s'agissant de Thalès reviennent de loin) et les équipes aussi. Le chef de l'Etat est accueilli dans une ambiance très bon enfant, voire survoltée, avec rafales de poignées de mains, de bises et de selfies. En ce moment de la France qui grogne, que penser de cet engouement : artificiel, circonstanciel ou au contraire authentique contre-point à un « Président bashing » entretenu par les médias parisiens ? Lesquels, pour faire bonne mesure ont décidé, Figaro en tête, de faire du mouvement « Nuit Debout » et des quelques centaines de personnes qui s'incrustent chaque soir à la République, un véritable phénomène de société.

Deviendrais-je autiste, l'âge venant ? Peut-être, mais je peine à discerner dans les protestataires de tous poils, d'où s'échappe sporadiquement le cortège habituel des casseurs, les jeunes en mal d'insertion que la loi Travail veut justement protéger. En échangeant avec quelques apprentis visités à l'invitation du CFA du bâtiment à Reims, j'ai eu confirmation que cet « autre monde », celui qui travaille et tente de s'en sortir, reste à l'abri des slogans et des récupérations.

Notre chance pour une fois, est de bénéficier d'une rafale de statistiques et résultats flatteurs. Le festival a commencé par une baisse historique du chômage (60 000 demandeurs d'emploi en moins, un record depuis août 2000...), puis une hausse de l'intérim, un méga contrat de sous-marins avec l'Australie (34 milliards d'euros dont sans doute 8 pour nos usines DCNS). Moins visibles, mais importantes, les annonces d'un net rebond du BTP par les artisans du bâtiment eux-mêmes, des perspectives très favorables pour les recrutements de cadres publiées par l'APEC et les chiffres mensuels de l'ACOSS qui mesurent les embauches et sont aussi bien orientés. Le 29 avril, ce sera pour clore en beauté, le verdict de l'INSEE : la croissance au premier trimestre (le T1) a atteint 0,5%,

278

alors que la prévision était de 0,4% et le consensus des économistes plus faible.

« Ça va mieux » est le nouveau mantra du Château, mais personne ne le moque, même la presse économique, qui analyse les chiffres et le Figaro qui parvient à peine à les relativiser. Je retrouve un sentiment déjà perçu depuis des semaines : les médias sont en attente de bons chiffres, car il y a là matière à commentaires, à « papiers », bref à changement d'angle. Je n'y vois aucun souci de nous complaire, mais le mouvement de va et vient habituel de ce petit milieu aux codes si prévisibles en définitive.

49-3, le retour

Nous le savions depuis la première crise sur le projet de loi Travail. Même largement revu, et désormais soutenu pour les réformistes, ce texte mal né ne trouvera pas sa majorité. La question n'était pas donc pas de savoir si le gouvernement allait devoir engager sa responsabilité et dégainer le 49-3, mais quand et dans quelles conditions politiques.

Je suis personnellement d'avis qu'avec des pointages aussi défavorables (il manque au moins 40 vois, soir bien d'avantage qu'au moment de la loi Macron) rien ne sert de traîner, au risque de devoir en plus accepter des amendements dont nous ne voulons pas : à quoi bon payer le double prix du passage en force et d'un résultat juridique insatisfaisant ?

De fait, le choix se rétrécit à une alternative de calendrier, ce sera le mardi 10 mai ou le mercredi 11. La première solution a le mérite de nous sortir plus vite de la tranchée, mais l'inconvénient de devoir dramatiser, puisqu'il va falloir réunir un conseil des ministres extraordinaire, faute de pouvoir attendre le lendemain et la séance habituelle. C'est bien cette voie que le Président va choisir, après que nous en ayons parlé lors d'une longue réunion au Salon Vert le dimanche 8 au soir. Nous sommes tous arrivés des quatre coins de

France après ce rare week-end de break interrompu pour la bonne cause : le premier ministre bien hâlé, la ministre, Bruno le Roux et le rapporteur du texte, Sirugue, qui va bientôt remplacer Macron.

La surprise sera finalement l'ampleur de la fronde, puisque, si la droite dépose sa motion de censure rituelle, la gauche « radicale » va échouer à deux voix seulement (il en faut 58, soit 10% des députés) à déposer la sienne. En réalité, les aubrystes n'ont pas franchi le Rubicon, par peur des conséquences pour le gouvernement sans doute, mais surtout pour eux-mêmes. La majeure partie du groupe communiste, retrouvant des réflexes que l'on croyait enterrés dans les tourbillons de l'Histoire, joint ses voix à celle de la droite : plus que le contenu de ce texte jugé ultra-libéral et aux antipodes de tout progrès social, ce qui compte pour eux est de renverser le premier ministre. En somme, nous y revoilà : un bon socialiste est un socialiste mort...

Au-delà de ces péripéties et d'un bon discours du premier ministre qui n'est jamais autant à son avantage que dans ces contextes de crise, nous sommes quand même sonnés, face à un paysage politique aussi perturbé. Certes, « ça va mieux », mais le pouvoir semble plus isolé que jamais, tandis qu'au sein de défilés de plus en plus réduits, la violence des casseurs gagne en intensité et nous inquiète.

Saison des blocages ?

Nous avons sous-estimé Martinez, ou plus précisément son habileté qui, combinée à la complaisance de la presse et la mauvaise passe du gouvernement, va faire mouche. En quelques jours, avec une poignée de militants déterminés, le front des luttes s'est étendu : routiers, raffineries, ports, EDF, SNCF...

Dans ces bastions traditionnels, peu ou pas concernés par la loi Travail, les débrayages ne sont pas massifs, mais l'impact sur les stations-services, qui n'atteindra jamais le niveau du mouvement de 2010, est fort : les automobilistes se précipitent aux pompes, de sorte que la pénurie auto-entretenue, de purement théorique, devient ici ou là réalité, avec un niveau de consommation parfois cinq fois supérieur à la normale. Les radios enchaînent les « reportages de terrain », aussi éloquents que possible, afin de faire accroire à une France sans essence, dans une ambiance qui ferait presque penser à l'exode de 1940...

Nous allons passer beaucoup de temps à gérer cette situation, les forces de l'ordre étant encore une fois aux prises avec de nouvelles charges, puisqu'il faut bien libérer l'accès aux dépôts de carburant, sans recourir d'emblée à la réquisition. Matignon tient deux réunions de crise chaque jour, à midi et 18 heures.

Le samedi matin 28 mai, le Président, de retour du G7 au Japon, où Obama a tenu la vedette en se rendant à Hiroshima, convoque ses ministres et nous mesurons à la fois que la situation s'améliore et combien les risques demeurent élevés. A cette date en effet, la négociation avec les cheminots n'est pas encore bouclée et le PDG de la SNCF semble parier sur son échec : il est évidemment hors de question de nous couper de l'UNSA et de la CFDT, car, si elles rejoignent CGT et Sud, ce sera la crise, en plein Euro de football.

Dans le même temps, la majorité vacille de plus belle. Les déclarations intempestives vont bon train, y compris au sein du gouvernement – Michel Sapin lui-même se laisse surprendre-, nous appelant à « bouger », ce qui n'a pas de sens, puisque tous ces bons conseils, dont FO est l'épicentre, visent en réalité à dénaturer le projet de loi et abandonner le principe de la négociation d'entreprise, le fameux article 2.

Notre difficulté tient au fait que le sujet reste obscur et familier à la fois : au fond cette réforme inquiète contre toute raison, car elle n'est pas comprise, de sorte que les grossières contre-vérités (plus c'est gros, plus cela marche...) débitées dans les tracts de la CGT et par ses leaders à longueur d'interviews, marquent les esprits. En face, Laurent Berger fait feu de tout bois, avec constance et talent, mais il ne peut à lui seul compenser ce déferlement. Chacun semble avoir décidé que, s'agissant de la loi El Khomri, les carrés de la contestation avaient cinq côtés et pas quatre. Ou que le soleil de la vérité prolétarienne tournait décidément autour de la terre des vérités juridiques.

Mon opinion est qu'il ne faut pas bouger au risque de nous retrouver seuls et, pendant ce temps, régler les sujets les uns après les autres. Nous avons déjà réussi à éteindre le conflit naissant des routiers, après un contact avec le responsable CGT qui a pu rassurer ses troupes sur leurs questions d'heures supplémentaires : leur statut ad hoc sera maintenu et il n'a jamais été question qu'il évolue, au demeurant. Pendant ces quelques jours, je me félicite d'avoir conservé des contacts étroits avec plusieurs responsables de la CGT, ce qui me permet de ne pas voir tous les fils se rompre au pire moment : évidemment la discrétion est de mise. Il en de même côté FO, dont le patron cherche à sortir de l'isolement où l'a plongé la percée médiatique de son homologue de la CGT, avec des fédérations « réformistes » (métallurgie, services publics...) qui commencent à regimber devant la multiplication des journées de mobilisation interprofessionnelles.

Phénomène collatéral : les chiffres du chômage d'avril sont de nouveau bons (-20 000 chômeurs de catégorie A), mais cette heureuse nouvelle passe au second plan. Cette fois, pourtant, la fameuse courbe est enfin inversée, avec, c'est une première depuis 2011, un deuxième mois consécutif de repli. Aux ministres et à mes collègues qui déplorent le contexte, je ne peux m'empêcher de faire remarquer que si les chiffres avaient été mauvais, l'impact médiatique aurait été, pour le coup, catastrophique.

Juin débute dans la même ambiance, aucun mouvement de fond, mais une série de points chauds qui clignotent : les stations-services revenues à la normale, c'est la collecte des ordures ménagères qui est attaquée, à Paris d'abord. Nul besoin de mettre en mouvement les 5000 éboueurs qui assurent la propreté d'un arrondissement sur deux : selon une tactique que je connais bien depuis mes années parisiennes, il suffit de bloquer un ou deux des garages de la Propreté pour empêcher les bennes de sortir et de compléter en aval, par des actions dans les centres de tri.

Campant sur une position politique de complaisance à l'égard de la CGT, ne manquant pas au passage de déplorer le « manque de dialogue » avec le gouvernement, Anne Hidalgo ne se rend manifestement pas compte qu'outre affaiblir son camp, elle donne à ses interlocuteurs une bonne raison de ne pas lâcher : il faudra plusieurs jours pour que la municipalité se réveille et demande notamment au secteur privé, comme c'est prévu dans les marchés publics de collecte, d'assumer une part de la collecte défaillante. Moyennant quoi la capitale, en particulier dans les beaux quartiers, aura offert une triste image alors que l'Euro débute, et que nous sortons juste d'une assez violente crue de la Seine, qui a paralysé les voies sur berges et le RER C, au moment même où diverses lignes sont à la peine du fait de la grève SNCF...

L'agitation persistante que créent ces divers mouvements pourtant d'ampleur limitée, nous prive d'un levier. En effet, le Sénat a commencé l'examen du projet de loi en commission et la droite, qui aurait pu aisément nous piéger en reprenant simplement à son compte la version initiale du texte (avec notamment la mesure sur le barème des indemnités prudhommales et la définition du licenciement économique) a préféré adopter le « grand menu » libéral, dépassant les propres revendications du MEDEF. Malgré une réunion publique tenue en commun le 8 juin par le premier ministre et Cambadelis, nous peinons pourtant, dans ce contexte social troublé, à faire valoir que le contre-projet des Républicains offre une vision précise d'une approche ultra-libérale du droit du travail et par contrecoup montre bien que l'approche du gouvernement est beaucoup plus protectrice des droits des travailleurs.

Le point commun entre tous ces fronts est que leur impact médiatique est élevé et leur rapport avec la loi Travail inexistant, puisque personne parmi ces acteurs n'est concerné, ce qui est assez fascinant, moins il est vrai que le silence presque assourdissant de la presse sur cette réalité pourtant simple à documenter, le cas le plus caricatural étant celui des pilotes d'Air France. La même réflexion vaut sur la supercherie le résultat des appels à la grève dans des « AG » auxquelles ne participent que des grévistes, ce qui permet de réaliser des scores albanais lors des votes. On observe cette curiosité tant parmi les troupes de la fédération de la chimie (affiliée il faut le rappeler à la Fédération syndicale mondiale, vieille héritière du bloc communiste et qui a tenu récemment congrès...à Damas), que celles, moins caricaturales, des cheminots, qui ont toutefois les plus grandes peines du monde à trouver une issue, puisqu'ils ne peuvent ni signer l'accord négocié par la CFDT et l'UNSA, ni le dénoncer tant il est avantageux, ni annoncer qu'ils reprennent le travail immédiatement, dès lors que les ultras de Sud restent dans l'action.

En ce 10 juin, et alors que l'équipe de France de football vient, au terme d'un match crispant, de vaincre de peu la Roumanie, le soulagement est de constater que l'acheminement des spectateurs vers les stades s'est globalement déroulé sans encombre, de même que la sécurité a tenu le choc : car les échauffourées violentes qui ont gâché l'ambiance à Marseille en marge du match Angleterre-Russie sont d'une autre nature, la classique stupidité des hooligans avinés n'ayant pas la même portée politique que la persistance des conflits sociaux à répétition.

Le 14 juin, nouvelle journée nationale interprofessionnelle. Alors que la mobilisation sera, au plan global, la plus faible à une près des neuf journées de ce type que nous avons connues depuis mars (80000 manifestants à Paris venant de toute la France, mais dès lors très peu en province, au plus 40 000), cette date va marquer les esprits. En effet, outre les déprédations habituelles des casseurs sur la voie publique (remontant le boulevard des Invalides le soir, j'en observerai les stigmates sur les murs et la chaussée), des films et photos flagrants vont saisir sur le vif des militants portant chasuble et badges de la CGT se mêler aux hooligans du jour, envoyer force projectiles sur les forces de l'ordre, ceci jusqu'au pied de l'hôpital Necker, dont l'attaque des parois vitrées restera dans les mémoires : il faut dire que le symbole est lourd puisque le petit garçon du couple de policier assassiné quelques jours plus tôt, est pris en charge dans cet établissement...

Le lendemain, en conseil des ministres, le président évoque la possible interdiction des futures manifestations si la sécurité des biens et des personnes n'était pas assurée ; le premier ministre enfonce le clou lors des questions orales à l'Assemblée. Je ne me sens pas très à l'aise avec ces déclarations martiales, qui pourraient laisser penser que l'on veut s'en prendre au droit de grève et vont surtout, dans un premier temps, contribuer à serrer les rangs au sein d'une CGT pourtant prise la main dans le sac. Mieux aurait valu laisser faire des observateurs extérieurs, presse et autres syndicats : en outre, nous savons que le projet de loi ne sera pas substantiellement amendé, sauf à reculer contre toute logique après des mois de combat. Dès lors, autant rester serein et ne pas trop élever la voix.

Car il faut bien en convenir : en dépit des débordements et de grèves à répétition tout à fait inexplicables en temps ordinaire, les Français demeurent largement hostiles au texte et, partant, assez compréhensifs à l'égard des protestataires. Autrement dit, il nous faut éviter de pavoiser.

Brexit

Contre toute attente, les britanniques ont causé une déflagration inouïe, en choisissant le « *leave* » contre le « *remain* ». Effet d'optique, de cécité même de la classe dirigeante, intellectuels, patrons, intellectuels, dirigeants politiques, ce véritable vote « de classe » (les vieux contre les jeunes, les citadins de Londres contre les provinciaux, les Ecossais et dans une certaine mesure les Gallois contre les Anglais), sidère l'opinion européenne. D'emblée, nous savons tous que le processus sera long, que les impacts économiques seront inévitablement importants et que tout cela peut assez mal se finir pour tout le monde, sinon la clique des eurosceptiques, qui ont décidément et un peu partout le vent en poupe. Nous savons que les citoyens des 28, même dans des proportions diverses, aiment plutôt l'Europe mais pas du tout l'Union européenne, que celle-ci peine à faire valoir ses apports, qui semblent toujours noyés derrière une chape de bureaucratie suffisante et tatillonne, dont les Etat membres sont au demeurant responsables au même titre que la Commission, laquelle ne peut en vérité pas grand-chose sans eux.

Nous ne savons pas encore que l'élection de TRUMP relèguera bientôt le Brexit au rang de péripétie.

Oppositions

En cette rentrée 2016, le temps semble suspendu : les bonnes nouvelles économiques et sociales se succèdent mais restent entrecoupées de signaux plus inquiétants, en particulier l'absence de croissance au second trimestre 2016, en écho aux attentats mais aussi aux mouvements sociaux divers. Et puis les primaires approchent, à droite bien sûr mais aussi à gauche, où les ambitions vont pouvoir se donner libre cours, cependant que les intentions du Président semblent se préciser dans le sens d'une nouvelle candidature.

Dans le pays, le vent d'hostilité ne semble pas perdre en intensité, malgré le contexte estival et des jeux olympiques de Rio où, en définitive, les équipes de France, après un départ poussif, se débrouillent fort bien. Et parmi ces vents, le souffle le plus constant ne vient pas de notre droite.

La montée de la contestation « de gauche » est assez naturelle quand un gouvernement social-démocrate est aux affaires : n'est-ce pas une constante de la vie politique française que de voir la gauche dénier à elle-même, ou à l'une de ses tendances, la légitimité de gouverner ? Prendre le pouvoir, soit, mais l'exercer c'est une autre histoire, comme l'avait pressenti BLUM en son temps.

Le fait nouveau est que l'écroulement du PCF, qui assurait auparavant la fameuse fonction tribunicienne décrite par Georges Lavau a laissé la place à d'autres courants épars, les mêmes qui traversent en large part la CGT tendance Martinez et FO. Quels qu'aient été les soutiens obtenus par le candidat Président lors de la campagne de 2012 (on se souvient de la position sans fard prise par Bernard Thibault), les liens se distendront rapidement lors du quinquennat, bien avant la polémique née autour de la loi El Khomri, symptôme et non pas cause de ce grand malaise.

Si l'on fait le compte des rancœurs, notamment celle des ministres remerciés au fil du temps, un grand classique, (Montebourg, Filipetti, Hamon) des minoritaires professionnels à la Filoche, mais aussi des bruits de fond médiatiques dus à quelques penseurs vedettes se sentant maltraitées par le pouvoir (à l'instar de Piketty) et enfin de la caisse de résonance des médias « progressistes », les affluents sont nombreux vers ce fleuve de critiques. Très rapidement, il fera litière des grandes avancées sociétales comme le mariage pour tous pour mieux nourrir son flot croissant de sujets comme le CICE ou le pacte de responsabilité, censés symboliser des cadeaux aux entreprises –mieux, au patronat- autrement dit la duplicité honteuse du gouvernement avec le grand capital, on est prié de ne pas sourire.

Or, ces arguties portent, car elles entrent en écho avec une autre tradition vivace, surtout au sein du PS et qui n'épargne donc pas certains ministres eux-mêmes, la défiance envers l'économie en général et les entreprises en particulier. Personne ne relève combien le « made in France », slogan malin du Montebourg alors installé au 3ème étage de Bercy, est orthogonal avec son approche économique globale, une fois rendu à sa posture d'éternel révolté. Dans ce milieu, on parle croissance, investissement, qui fleurent bon les années 70, le Plan et l'économie administrée, mais on récuse le profit, cette obscénité, les actionnaires, cette anomalie, comme si la création d'emplois, mère de toute les batailles, était une génération spontanée et pouvait durablement s'accommoder de déficits, qu'ils soient publics ou privés.

Ce que la loi Travail va créer, c'est une exacerbation de ces courants contraires et, plus grave, une sorte de ciment inespéré entre des personnalités et des groupuscules d'habitude d'accord sur rien ou bien peu de choses. La « nouvelle » CGT fera le reste, en habillant des oripeaux du syndicalisme originel dans sa pureté –et donc sa dureté- un procès en illégitimité qui semble tout droit sorti des années 30, quand il s'agissait encore de « plumer la volaille socialiste », pour mieux convoler en 1936 d'ailleurs...

Il me semble à l'usage que l'idée de deux gauches irréconciliables, qu'il aurait certes mieux valu taire, fait sens, sauf à se demander si la gauche radicale relève encore de cette géographie politique. François Furet s'était attiré les foudres de l'intelligentsia en publiant le « Passé d'une illusion » où il avait osé rapprocher traits communs du nazisme et du communisme (sans jamais les confondre au demeurant, comme le démontre la lumineuse biographie publiée par l'ami Prochasson[2]). Or, à des étages très inférieurs du tumulte de l'Histoire, il faut bien remarquer que, de la même manière, les programmes et la rhétorique de Melenchon et Le Pen sont étonnamment proches, à de très rares exceptions près, comme la question des étrangers.

Irréconciliables donc, au point que « la gauche de la gauche » n'a de projet que de déboulonner sa rivale majoritaire, quitte à faire sans vergogne le jeu de la droite au nom des grands principes.

---

[2] « François Furet, les chemins de la mélancolie », Stock, 2013

Suffira-t-il que Sarkozy soit candidat, lui que tout de même on abomine sur ces rivages, pour que la raison revienne et l'ordre des adversaires soit remis à l'endroit ? En ce mois d'août 2016, il est permis d'en douter…

Prime à l'embauche

Ce 24 août, à Trélazé, longtemps réputée pour ses ardoises, c'est sous une chaleur de plomb que se déroule la visite d'entreprise du jour, choisie pour marquer le succès de la prime à l'embauche, qui vient de dépasser les 600 000 bénéficiaires (le cap des 700 000 sera franchi le 20 septembre).

Ce déplacement en Maine et Loir a été organisé à la dernière minute, car il nous fallait nous assurer de la nature des chiffres du chômage, rendus publics le soir même à 18 heures, comme chaque mois. Heureusement, ils sont bons (-19 000 chômeurs de catégorie A, soit un recul global de 75 000 depuis le début de l'année), de sorte que le projet peut être mené à bien, étant entendu que le président comme sa ministre du Travail partiront quelques instants avant la levée de l'embargo, le choix étant fait de ne diffuser qu'un communiqué factuel de Myriam El Khomri, prêt depuis le matin, pour éviter toute emphase.

De fait, les échanges avec les patrons conviés sur place et les salariés concernés, seront chaleureux et authentiques, malgré une préparation assez improvisée en cette fin d'été et la presse sera pour une fois à l'unisson pour saluer ces bons chiffres, à l'habituelle exception de Libération qui ne peut s'empêcher d'assortir ce constat objectif de remarques visant à en limiter la portée.

Fuites ?

La grande affaire de cette rentrée, ce sont les livres d'entretien avec le Président, annoncés en rafale, assortis d'une série de « scoops » du Monde, qui illustre des compte-rendu de conversation, multiples depuis 2012, avec le locataire de l'Elysée, avec divers documents confidentiels égrainés sur une semaine.

La première me concerne de près, car elle porte sur la loi Travail, sous forme d'une note de Boris Vallaud, faisant le point sur l'état des forces parlementaires début mai. Ce document n'a guère d'impact, s'agissant d'une simple photographie n'appelant pas d'arbitrage : le problème est qu'il comporte des annotations présidentielles manuscrites, certes sans portée majeure, mais dont la nature indique bien qu'elles n'avaient aucune vocation à se retrouver là.

Les connaisseurs du dossier me font remarquer qu'il est curieux de ne pas me voir cité, puisque mon rôle a été assez central dans toute cette période : cela indique à la fois que les journalistes n'ont pas vraiment cherché à comprendre les ressorts du dossier et qu'ils se sont laissés prendre au vertige des interprétations, feignant de considérer qu'une note technique aurait non seulement influencé son destinataire, mais pourrait expliquer à elle-seule le sens de ses décisions sur ce dossier majeur, qui nous aura occupés durant près d'un an.

A défaut de nous éclairer sur les origines de ces fuites, vraiment troublantes, nous aurons confirmation de la médiocrité journalistique de cette opération, aussi boursoufflée dans sa forme qu'indigente en termes d'information des lecteurs.

Dans la même veine, un article de Pierre Rosanvallon, paru dans le Monde durant l'été et qui m'aura un temps échappé, me démontre que même les meilleurs esprits s'égarent : ce brillant historien que je ne connais pas, se permet de critiquer « les conseillers sociaux » de l'Elysée et de Matignon pour leur gestion de la loi Travail et leur méconnaissance des acteurs sociaux. Sans doute avons-nous grandement failli sur divers plans, mais qu'un intellectuel aussi avisé des choses du pouvoir pense encore qu'il suffit de bons conseillers pour changer le cours de l'Histoire, est proprement confondant : il faut croire qu'entre le Collège de France et les palais nationaux, le pire risque d'isolement ne réside pas toujours là où on le situe habituellement...

Macron en marche, le président sur la ligne de départ

Le 30 août au matin, la scène médiatique s'embrase : Macron va démissionner à 15 heures, en apportant lui-même sa lettre à l'Elysée dans un ballet fluvial bien organisé depuis l'embarcadère de Bercy, après quoi il s'adressera à la presse et sera sur le plateau de TF1 à 20 heures.

Cette action commando, d'évidence préparée de longue main, se déroule sans coup férir, après que Cécile Cornudet, manifestement bien informée, ait allumé la mèche par une bref article sur le site internet des Echos.

Nous sommes tous assez interdits, moins par cette décision, qui semblait à beaucoup inéluctable, que par son calendrier et sa soudaineté. Au palais, le silence radio qui s'abat soudain accrédite non pas tant la violence de la rupture, qui n'est pas dans le style des deux protagonistes, que la sidération qu'elle provoque, comme si le chef de l'Etat attendait du temps qui passe l'émergence de la bonne réaction, de la formule adaptée. Il faudra patienter plusieurs heures, pour voir tomber un communiqué de presse plutôt laborieux et que le film qui se déroule sous nos yeux entre enfin dans la réalité institutionnelle. Tout cela n'augure rien de bon.

Alors pourquoi ce choix et pourquoi maintenant ? Je ne peux m'empêcher de penser qu'en cas de candidature de François Hollande, Macron ne pourra y aller, coincé qu'il serait entre une primaire socialiste où ses chances seraient nulles et une candidature directe, hors d'atteinte faute d'appareil et de financement, car l'enjeu est ici le scrutin présidentiel.

Certains partagent mon point de vue en y ajoutant une touche morale : or, si je connais suffisamment ce jeune homme pour mesurer sa rigueur et sa droiture, je ne me fais pas d'illusion sur le cirque politique qui fait que les entourages, les médias, les soutiens, pèsent bien trop lourd pour prévenir les pas de côté. Au fond, je vois tout simplement mal Macron se sortir d'une candidature directe contre Président, sans qu'il y ait là matière à réflexion philosophique, mais du seul fait des réalités : pas de parti, peu de moyens, des soutiens parlementaires assez maigres qui y regarderont à deux fois avant de couper les ponts avec le PS, comme me le confirmera l'un des plus visibles au sein de ce club, Pascal Terrasse.

Mais la majorité des observateurs, y compris les plus avertis, dans la classe politique ou au sein de la presse – dans ce dernier cas, on ne peut aisément démêler ce qui relève de l'analyse sereine et de l'intérêt des journalistes pour un scénario à fort relief...- le sentiment s'affirme : Macron va y aller, d'une part car c'est dans la dynamique de son nouveau positionnement qui, à défaut, n'aurait pas de sens, d'autre part pour empêcher une candidature Président en la tuant en quelque sorte dans l'œuf. Le raisonnement se tient, mais Macron peut-il décemment faire le choix d'annihiler les chances de la gauche social-démocrate et porter durablement ce stigmate ? Certes, il doit estimer qu'il a de meilleures chances de victoire et qu'au fond, c'est au président sortant qu'il revient de ne pas s'obstiner : mais pense-t-il sérieusement que, dépourvu de parti et de ressources, il puisse rivaliser face à la machine de guerre sarkozyste ou même face à un Juppé, dont tout porte alors à croire que les centristes reconnaîtront en lui leur champion bien davantage que chez l'emblématique collaborateur de François Hollande ? A ces questions, nulle réponse rationnelle ne s'impose et il faudra sans doute attendre l'automne pour y voir plus clair.

Pour l'heure, le chef de l'Etat fait le job. Il poursuit ses visites de terrain sur les grandes priorités, emploi en tête : nous sommes ainsi le 12 septembre dans un centre de formation, IFOCOP, à Montigny le Bretonneux, pour évoquer le plan « 500 000 » formations destiné aux demandeurs d'emploi, visite très réussie mais dont l'organisation m'aura donné des sueurs froides du fait du fonctionnement assez électrique de la secrétaire d'Etat Clotilde Valter et, par capillarité, de son cabinet. Les déplacements les plus simples à organiser peuvent susciter des préparations complexes et vice-versa, tout cela ne porte guère à conséquence...

Dans un genre différent, le voilà qui enchaîne le 15 septembre une visite au Bon Coin, pour son 10ème anniversaire au palais Brongnart, où les jeunes salariés de cette société en plein boom lui font un triomphe, dans un nouveau déluge de poignées de mains et de selfies. Le monde extérieur en a-t-il conscience ? Sans doute pas ou très peu, et pourtant ces moments d'harmonie font du bien à ceux qui les partagent : j'y suis pour ma part en famille, ce qui ne gâte rien.

Dans le même espace-temps surchargé, il aura salué les lauréats de la France s'Engage, puis ceux de l'Audace Créatrice, sans compter un grand nombre de rencontres diplomatiques et autres rendez-vous de toutes natures...

Plus fondamentalement, le candidat Président perce de plus en plus derrière le président. Salle Wagram, haut lieu de la boxe dans les années 50, il délivre un fort discours sur le thème « terrorisme et démocratie », salué de toutes parts, qui porte plus que jamais sa patte et auquel il aura travaillé des heures durant, notamment dans l'avion qui le ramène la veille du Vietnam. Puis, dans la même veine, paraît une grande interview dans la revue Le Débat, conduite par le tandem de choc Pierre Nora/Marcel Gauchet, dans laquelle il fournit –enfin ! pensent certains...- une lecture en profondeur du quinquennat et de nombreuses pistes pour la suite. S'annonce aussi pour début octobre une intervention attendue sur les institutions, au Palais Bourbon, lors d'un colloque organisé, en écho au rapport remis sur le sujet par Michel Winock à Claude Bartolone.

Pendant ce temps et comme prévu, Sarkozy bat la campagne, imprime son rythme au reste de la troupe de droite et refait un peu de son handicap sur Juppé : rien ne semble l'atteindre et surtout pas les nouveaux sursauts judiciaires de l'affaire Bygmalion, pourtant si gênante pour lui. Il faut dire que le procès Cahuzac lui offre un utile paravent, dans le cas où quelques électeurs penseraient encore que droite et gauche, ce n'est pas la même chose au banc des turpitudes.

Tout se passe d'ailleurs comme si la presse, après avoir pendant des mois scénarisé le refus du « remake » de 2012, au point de se liguer contre François Hollande et de tresser d'incessants laurier à Juppé – on retrouve, notamment au Monde, les échos de la « balladurite » qui avait gagné de nombreux médias en 1993 - se résolvait à sa réédition, mieux, semblait s'en réjouir. On montre encore à longueur de journaux répétitifs sur BFM ou I-Télé les rares sorties de Marine Le PEN, mais pour le reste, ce ne sont que des bribes d'images qui fournissent les échos sans intérêt des autres déclarations, de Fillon à Montebourg, de Hamon à Le Maire et consorts : en dépit de sondages qui n'évoluent guère en faveur de chacun des champions, le bal des seconds couteaux semble peu à peu avoir troqué la gigue contre des ronds dans l'eau.

Réfugiés

Ce sera donc décidément pour moi la seule incompréhension fondamentale des choix opérés depuis 2012. Voir Angela Merkel, droite face à une opinion versatile, surtout dans son propre camp, faire preuve d'une humanité raisonnée mais sans fard ni compromission, faire face à l'afflux de migrants provenant de plusieurs théâtres de guerre et de catastrophes humanitaire ; et pendant ce temps, les Français se rabougrir, oublieux de leur tradition d'accueil, dépourvus de discours gouvernemental clair, ce n'est à mes yeux ni explicable, ni pardonnable. Car enfin, si la situation est d'évidence difficile, l'Allemagne aura accueilli chaque mois plus de réfugiés que nous n'en comptons à Calais.

Certes, les images de fraternisation n'auront pas duré très longtemps de l'autre côté du Rhin, où le spectre de l'extrême droite se déploie de plus en plus. Certes, notre ministre de l'Intérieur va prendre à bras le corps le dossier et obtenir à la fois que les Anglais de son ancienne collègue Theresa May ouvrent enfin leur porte à 2000 personnes et que plus de 12000 places d'hébergement soient disponibles sur notre territoire pour mettre fin à la jungle de Calais. Et le Président ira à Tours dans un centre d'accueil puis à Calais, tardivement mais il y sera allé.

Mais ce qui aura manqué dans cette affaire, c'est la force du verbe, l'appel aux bonnes volontés, qui sont nombreuses, surtout après l'émotion provoquée par ces terribles images d'enfants échoués sur les plages, bref une occasion unique de « faire France ». Tout en montrant, au passage, que les olibrius violents qui ont manifesté au printemps contre la loi Travail se sont doublement trompé de combat. Oui, trop peu, trop tard.

Dépendance

Etrangement, le sujet du vieillissement, pourtant si présent durant la campagne de 2012 (il était alors question de créer le fameux 5ème risque de la sécurité sociale, après que Sarkozy ait multiplié les annonces et les rapports, sans qu'aucun ne soit suivi d'effet), a été peu abordé par le président depuis le début du mandat. Pourtant, après bien des vicissitudes, liées en particulier au coût de la réforme, la loi dite ASV (adaptation de la société au vieillissement) a été adoptée fin 2015.

Le texte a finalement plutôt fière allure, en revalorisant l'Allocation personnalisée pour l'autonomie, l'APA, créée par le gouvernement Jospin en 2002, singulièrement en faveur du maintien à domicile et en introduisant plusieurs innovations, dont une série d'actions en direction des « aidants », ces proches souvent en difficulté quand il faut prendre en charge un vieux parent qui a perdu son autonomie.

Nous allons, le 4 octobre 2016, mettre à profit la « semaine bleue », consacrée à ce thème et une grande enquête du mensuel Notre Temps pour organiser enfin à l'Elysée une manifestation permettant de valoriser cette réforme majeure, passée plutôt inaperçue. L'accueil est bon et l'ambiance chaleureuse : même le brillant frondeur Jérôme Guedj affiche un large sourire, Paulette Guinchard toujours digne et souriante a tenu à être là, malgré ses lourdes difficultés de santé et seule Michèle Delaunay, pourtant toujours cordiale à mon endroit, me fait remarquer avec acidité que le président ne l'a pas citée parmi les grands architectes de la loi, ce qui n'est au demeurant pas faux...

Mais je retiendrai surtout de cette matinée, malheureusement, l'extrême désinvolture du cabinet de la secrétaire d'Etat, Pascale Boistard, qui n'aura rien fait pour faciliter les choses, au point que l'équipe de l'Elysée, contre tous les usages, aura dû organiser les choses dans le moindre détail, du fait de cette carence : décidément, la vie est plus facile, dans la majorité des cas, avec les ministres importants, dont les équipes n'ont sans doute pas besoin de se montrer arrogantes pour exister.

Retour en Corrèze

Ce 8 octobre, le programme de la visite en Corrèze est largement tourné vers mes sujets, notamment une inauguration d'un centre de formation, puis d'une maison de retraite, sans compter les inévitables délégations syndicales à recevoir : j'en suis donc.

Après des débuts assez chaotiques, dus au brouillard matinal qui nous déroute de Brive vers Limoges, la journée va s'enchaîner sans anicroche. Au contraire, notre déambulation dans le département est ponctuée par de nombreuses haltes pour saluer les passants – bises, selfies, sourires- et un excellent déjeuner en petit comité dans un restaurant de Tulle, où l'ambiance est à l'avenant. Le Président est alerte et détendu, tout à son plaisir manifeste de se retrouver parmi les siens, n'ayant évidemment pas oublié sa verve habituelle pour tacler habilement et tour à tour les programmes de la droite, le président du conseil départemental de la Corrèze de la même couleur et même la Russie de Poutine pour son comportement à Alep.

Dans l'avion du retour, entre deux communiqués pour saluer la mémoire de Pierre Tchernia, qui vient de disparaître, puis condamner l'agression de deux policiers dans l'Essonne, l'ambiance est détendue, comme si cette parenthèse, dont nul ne majore la signification, était vraiment bienvenue, alors que la veillée d'armes de la campagne a clairement commencé.

Alstom

Les annonces liées au sauvetage de l'usine de Belfort ont fait « flop ». C'est injuste sur le fond : que n'aurait-on dit, y compris dans la presse dite libérale, si le gouvernement était demeuré les bras croisés devant ce drame social annoncé ?

Et pourtant, alors qu'il n'existait pas d'autres solutions dès lors que le sauvetage s'imposait, la commande de TGV qui devront dans un premier temps rouler sur les voies « normales » d'une ligne dite d'équilibre du territoire, vaut au gouvernement tous les sarcasmes possibles. Nous avons beau savoir que, dans les familles belfortaises, ces billevesées pèsent peu par rapport au soulagement qu'ont provoqué ces annonces, le coup médiatique est pourtant rude.

Pourtant, les équipes en charge ont du savoir-faire, Alain Vidalies, qui est aux transports ce qu'est Le Drian à la Défense, mais aussi Christophe Sirugue, nouvellement en charge de l'Industrie, qui plastronne moins que son vieux rival Montebourg et n'a pas le brio de Macron, mais dispose d'une image de savoir-faire et de proximité non usurpée. Rien ne nous protégera autant des lazzis journalistiques, qui se nourrissent surtout du climat de curée qui s'est installé dans les rédactions parisiennes. Notre consolation est que cela ne durera sans doute pas.

Confidences

Cela faisant longtemps. La rentrée littéraire avait il est vrai commencé en beauté avec une rafale d'articles et d'ouvrages riches en confidences présidentielles. Mais cette fois, le tandem Davet et Lhomme, du Monde publie 700 pages de cette veine. En cette mi-octobre, c'est une déflagration médiatique, qui va totalement éclipser la très longue et excellente- interview donnée par le Président au Nouvel Observateur.

Si les coups de patte aux footballeurs sont relevés, c'est surtout la violente charge contre les magistrats qui va d'abord marquer les esprits et ni l'audience accordée en urgence aux deux principaux d'entre eux, ni le courrier diffusé à toutes les autorités judiciaires (entaché d'une coquille gênante) n'y feront rien. L'onde de choc est forte car, si la polémique fleure bon le jeu de rôle germanopratin et l'entre soi, c'est le premier cercle hollandais qui est atteint et traversé par des questions sans réponse : pourquoi ce déluge de confidences en tête à tête, sans filtre ni relecture ? A quoi rime d'avoir reçu plusieurs dizaines de fois (60 dit-on...) des plumitifs à la fois doués et mal intentionnés, donc doublement dangereux ? Quel intérêt, même indirect, peut avoir un tel exercice au regard des risques qui lui sont inhérents ? Comme en outre personne n'a pensé, à l'Elysée, lancer un résumé et fournir quelques éléments de langage (surtout sur des citations comme toujours largement sortie de leur contexte), nous en sommes réduits à des mines sombres et des regards interrogateurs.

Je vais mettre à profit la brève pause de la Toussaint pour m'acquitter d'une tâche que j'ai remise jusqu'alors : lire ce fameux bouquin. Surprise, je le trouve bien écrit, surtout bien construit et, comme plusieurs de mes collègues, je remarque à peine les passages litigieux, noyés dans 700 pages denses, non exemptes d'ailleurs de développements louangeurs, notamment sur les questions internationales et qu'évidemment, aucun des multiples commentaires de presse n'a mentionnés.

En réalité, le problème n'est pas là. Ce qui compte est moins le contenu du livre que son existence, mois le sujet que l'objet. Ce qui atteint non pas l'opinion qui n'en a cure, mais l'armature déjà chancelante du PS, les cadres et les militants, c'est le temps démesuré que le Président aura consacré à ce tandem de journalistes acerbes, sans témoin ni relecture, tout ceci au sein d'un agenda pourtant démentiel. Ce que se demandent tous ses soutiens, jusqu'aux plus fidèles grognards est simple : pourquoi avoir pris de tels risques ?

Sans doute par souci d'apporter lui-même sa propre vérité sur cette histoire qui se construit, ses ombres mais aussi ses lumières. Nous sommes plusieurs à le comprendre ainsi, mais aussi à faire le même constat : tout cela est bel et bon, mais à quel prix ?

Dans ces conditions, en regardant l'hommage aux victimes de Nice ce samedi matin 15 octobre, rempli d'émotions et marquée par un puissant discours du chef de l'Etat, je me pose une double question : comment fait-il pour tenir si fortement son rôle et son rang dans une telle tempête ? Mais dans le même temps, comment expliquer qu'il s'expose aussi crûment à la vindicte générale en se fragilisant lui-même, alors qu'il sait être, toujours, à la hauteur de sa mission quand les circonstances le commandent ?

Une courbe qui se retourne

Comme je l'espérais après la douche froide de fin septembre (50 000 chômeurs de plus au mois d'août), le crû de fin octobre marque une réplique positive : 65 000 demandeurs d'emploi en moins. C'est exceptionnel à tous points de vue et sans qu'il y ait le moindre doute statistique : la plus forte baisse depuis 20 ans.

Je ne cesse d'expliquer chiffres à l'appui que la seule mesure qui vaille, à savoir l'enquête trimestrielle de l'INSEE, marque une tendance favorable depuis déjà plusieurs mois, au 3ème trimestre 2015 exactement : mais tant que les chiffres de Pôle emploi oscillent mensuellement, les rares observateurs avertis eux-mêmes en oublient de raisonner en tendance. Nous payons les déclarations inconsidérées de 2012 et 2013 annonçant comme imminent le fameux retournement : que n'avons-nous choisi d'évoquer avec plus de bon sens l'objectif d'une stabilisation.

Artisanat

Le 27 octobre, retour au Palais Brongniart devant les artisans de l'UPA. J'apprécie ce milieu, pourtant rugueux, car la règle n'y est ni le rond de jambe, ni la malignité. Le président CROUZET, par ailleurs patron de la boulangerie française, est une nouvelle fois ravi de la venue du chef de l'Etat : je sais qu'il dira à la tribune ce qui lui va et ce qui lui déplait dans la politique conduite depuis 2012, mais aussi que l'accueil sera respectueux et la salle sereine. Par les temps qui courent, dans ce milieu, pareille garantie a du prix.

Je m'arrange au passage pour que la fidèle Martine Pinville fasse le trajet depuis l'Elysée dans la voiture présidentielle, car ce petit quart d'heure lui sera précieux pour évoquer les sujets qui lui tiennent à cœur.

La Rochelle

Retour rapide sur le lieu des anciennes universités d'été du PS, sur cet immense site de l'Encan, au Port des Minimes, beau soleil d'automne et foule compacte pour les Assises de la Mer. J'y assiste presque en touriste, n'ayant eu qu'à recevoir la classique délégation CGT/FO venue expliquer au représentant de l'Elysée que tout va mal et que la France est au bord du précipice. J'ai beau avoir beaucoup « donné », cet épisode finit par m'énerver, après quoi le climat se détend : entendre que Président et Sarkozy c'est pareil est devenu, le temps passant, au-dessus de mes forces.

Certes, la chose est rare car, dans ces réunions, nous évoquons plutôt de vrais sujets locaux et les échanges sont alors directs, sans raccourcis ni dérives démagogiques de base.

Là, mauvaise pioche : du moins aurais-je dit à ce gens ce que je pense vraiment. Le dialogue et l'écoute, oui, mais dans les deux sens

Reconstitution de ligue dissoute

Avec mes vieux complices Grosset et Bontems, nous avons depuis des mois l'idée de rééditer la réunion des soutiens syndicaux qui s'était tenue en 2011 à la mairie de Saint-Ouen. Ce sera le 16 novembre au Musée social, rue Las Cases.

Evidemment l'ambiance a changé et l'air politique est à couper au couteau, depuis l'affaire « du » livre et la déclaration de candidature de Macron, la veille.

Pourtant, 200 responsables sont au rendez-vous, dans la grande salle comble du Musée social, où je reconnais de nombreux visages, issus de la CFDT, de l'UNSA, mais aussi des autres organisations exceptée la CGT, dont nous avons jugé plus prudent de faire en sorte que les quelques figures « réformistes » ne se montrent pas à ce stade.

Après un propos liminaire de nos deux hôtes, puis d'un Cambadelis pour le coup en forme, les questions vont bon train. Sans concession, notamment sur les difficultés du gouvernement à valoriser son action depuis 2012, mais sans agressivité notamment à l'endroit du président : cela n'allait pas de soi.

Michel Noblecourt, un des rares journalistes qui a pu entrer dans la salle, en tirera dans le Monde un billet mal ficelé et assez fielleux, dont il n'est pas coutumier. La vérité est que cette réunion a évité le double écueil qui était possible : la cécité conformiste du « tout va bien », le psychodrame du « tout va mal ». J'en déduis qu'une suite sera possible, dès que la candidature sera lancée, ce dont je ne doute guère à cette heure, d'autant qu'à mon texto de compte rendu, l'intéressé répond « Bien, c'est un début ». C'était ni plus ni moins notre objectif, mais je déchanterai quelques jours plus tard.

A la rencontre des fonctionnaires

Le lendemain, nous voici à Lyon, siège de la préfecture de région, sur le thème de la fonction publique. Nous y sommes venus en précurseurs 24 heures avant l'événement, ce qui peut donner quelques sueurs froides, mais l'équipe de la préfecture est solide.

Voici des mois que je tente d'obtenir que le chef de l'Etat s'adresse aux agents publics, le seul discours de haut niveau qui leur ait été adressé datant de Jean-Marc Ayrault début 2013 à Metz : or, avoir salué à maintes reprises les forces armées sur les divers théâtres d'opération, les enseignants, puis la police, la gendarmerie et les personnels de santé lors des vagues d'attentats terroristes, ne peut suffire. Nous devons aussi porter attention au service public du quotidien, aux 5 millions de professionnels qui s'y dévouent et, accessoirement, semblent gagnés par un scepticisme croissant à l'égard de la gauche.

La nouvelle ministre Annick Girardin, bien qu'assez déroutante par son dynamisme tous azimuts, a finalement bien endossé le costume, aidée il est vrai par un directeur de cabinet solide que j'ai contribué à placer là. De concert avec lui, j'élabore un programme « trois en un » : débat libre avec une trentaine de fonctionnaires de tous horizons qui ont travaillé sur la modernisation du service public, dans le cadre d'une réflexion nationale bien conduite, car très concrète sur le fond et adoptant dans le même temps des méthodes peu usitées dans le secteur, notamment celle des jeux de rôle. Dans un échange direct avec le Président, qui se prête sans peine à l'exercice, cette séquence d'une petite demi-heure sera dense et riche, évitant les poncifs et les discours convenus.

Ensuite, sur trois stands, le chef de l'Etat se fait présenter des innovations numériques, une par fonction publique : Insee pour l'Etat, Hospices civils de Lyon pour les hôpitaux, métropole du Grand Lyon pour les collectivités, chacune totalement tournée vers les usagers.

Enfin, grand discours dans la salle des fêtes, devant plus de 300 personnes, fonctionnaires en très large part. J'ai préparé un texte valorisant le bilan – il est dense-, mais aussi critique contre les programmes de la droite, qui se rejoignent tous pour attaquer le secteur et lui promettre une saignée de ses effectifs ; on croit entendre l'écho de Poincaré : planter des fonctionnaires, il poussera des impôts ». Pour une fois, il y aura peu de corrections sur le projet d'intervention, preuve sans doute que j'ai trouvé le bon ton, à moins que la densité du contexte n'ait privé le président du temps nécessaire pour tout réécrire : mieux vaut en la matière rester humble. Quoi qu'il en soit, le discours prononcé est bien reçu, riche, vibrant, digne. Après des applaudissements nourris, le chef de l'Etat ne manquera pas de traverser le parking pour saluer les personnels présents, y compris des délégations syndicales en attente du début des audiences que nous avons programmées et qui demanderont aussi leurs autographes et autres selfies.

Bref, alors que cette journée avait donné lieu à bien des hésitations, en partie liées au fait que nous sommes dans le fief de Collomb, soutien de Macron. Le sénateur-maire de Lyon se fera heureusement porter pâle, au motif stupéfiant qu'il est en séance au Sénat et ne veut pas risquer une retenue sur son indemnité...Bref, le rapport qualité-prix de la journée est satisfaisant.

Surprises électorales

Après le Brexit, coup de tonnerre aux Etats-Unis avec l'improbable triomphe de Trump, qui va faire mordre la poussière à Clinton, pourtant en avance de plus de deux millions de voix.

Les populistes du monde entier, de Poutine à Le Pen se frottent les mains et il n'est que d'écouter Sarkozy pour sentir qu'il jubile. Mais patatras, la droite française va se lever massivement le 20 novembre pour adouber Fillon, profil certes radical mais plus classique.

Quoi qu'il en soit, en ce lundi matin 21 novembre, je suis convié dans le bureau présidentiel pour trouver une « idée de sortie ». Les échanges vont durer près de deux heures, l'enjeu étant de repérer un site dans la sphère sociale pour marquer une présence et faire notamment pièce à Manuel Valls, dont nous venons d'apprendre qu'il a organisé une sortie chez son fidèle Cavournas, suivie d'un véritable meeting politique...

Je suggère un local des Restos du Cœur, qui vont lancer leur campagne hivernale, une crèche expérimentale pour les demandeurs d'emploi, entre autres. Finalement rien ne sera fait, au motif bien réel que cela créerait une situation artificielle et un sentiment de panique que rien ne saurait expliquer : en effet, le triomphe de Fillon est plutôt une bonne nouvelle et sa posture droitière, avec un programme ultra-libéral (500 000 fonctionnaires de moins, retour aux 39 heures, déremboursement du « petit risque », ambiguïtés sur l'IVG et l'adoption pour les couples de même sexe...), tout cela est bien plus encourageant qu'un Juppé positionné davantage au centre.

24 novembre : emploi, chômage

Nous avons anticipé depuis des semaines la sortie des chiffres du chômage d'octobre. J'ai organisé deux déplacements à la suite.

D'abord à Bercy, autour du tandem de fidèles Sapin-Pinville, le lancement des « contrats à impact social », qui consiste en ce que des acteurs privés d'investissement dans une action de solidarité (en l'occurrence l'appui à la création d'activités en zones rurales et dans les quartiers), qui est dotée d'objectifs précis et dont l'Etat assure en aval le remboursement lorsqu'une évaluation indépendante démontre que lesdits objectifs ont bien été atteints. C'est aussi l'occasion de dresser le bilan du quinquennat en matière d'économie sociale et solidaire, car beaucoup a été fait : un travail de réseau en somme dont il ne fallait pas se priver. J'ai le plaisir d'y croiser encore un membre de ma petite famille.

Changement de décor ensuite. Nous filons dans le Xème arrondissement chez OPEN CLASSROOMS, jeune start-up, dont je suis l'ascension depuis 3 ans, un des leaders français des cours en ligne, les Mooc's, que son jeune fondateur, Pierre DUBUC, a eu l'idée de mobiliser pour aider les chômeurs. Déjà 30 000 ont suivi ce cursus, grâce à un partenariat que nous avons suscité avec Pôle Emploi et des formations certifiées ont même commencé, avec quelques diplômés ayant suivi un cursus totalement digitalisé.

Cette belle aventure présente bien des attraits : l'innovation sociale, la formation des demandeurs d'emploi dans le contexte de notre « plan 500 000 », la lutte contre le chômage.

Nous quittons les lieux, après un nouveau petit bain de foule dans la cour où les salariés des autres entreprises du passage sont descendus se manifester joyeusement. Il est 17h20, la ministre du Travail reste sur place pour poursuivre la discussion et présenter à 18 heures les bons chiffres du chômage : près de 12 000 demandeurs d'emploi de catégorie A en moins, ce qui porte le recul à plus de 100 000 depuis janvier, soit une baisse moyenne de 10 000 par mois, ce qui n'est pas arrivé depuis 10 ans. Ce résultat ne permet pas à lui seul de lancer la campagne, mais je sais bien que s'il avait été en sens inverse, il aurait pour le coup ruiné tout espoir d'y parvenir. C'est donc une grande satisfaction.

28 novembre : lendemain de primaire

Décidément, rien ne tourne comme prévu. Le second tour de la primaire de droite est marqué contre toute attente, alors que les jeux sont faits et Sarkozy éliminé, par un nouveau record d'affluence, avec près de 4,5 millions de suffrages. Et en déjouant encore les pronostics, Fillon, loin de s'éroder, fait le plein des voix pour en capter plus des deux tiers.

La soirée dominicale a été cruelle pour notre camp, si l'on peut encore désigner ainsi le champ de mines de la gauche. Fusent-ils de circonstance et d'un froid polaire, les sourires sont de mise chez les Républicains et les haines recuites promptement remisées pour d'ultérieures circonstances. Pendant ce temps, Montebourg pavane, Macron s'ébroue, Melenchon pérore, trouvant le moyen de se faire remettre à sa place par un Cohn-Bendit qui n'a pas apprécié d'être accusé par l'autre de crime de lèse-tutoiement en direct. Comme Bartolone n'a rien trouvé de mieux que d'appeler les deux chefs de l'Exécutif à s'affronter aux primaires, tandis que le petit PRG propulsait directement Sylvia Pinel à la présidentielle, la confusion est à son comble et le moral des troupes en deçà de tout étiage.

Le lundi matin à 8h30, la réunion de coordination est tendue, l'enjeu étant de savoir ce qui peut se passer ou pas lors du rituel déjeuner avec le premier ministre, d'ailleurs avancé à 12h30 : finalement la fumée blanche en sortira, sans que nul ne sache ce qu'ils se seront raconté, mais nous avons toujours un gouvernement à cette heure et le char de l'Etat peut poursuivre sa route, même si, en ces heures, nos dossiers et réunions multiples nous semblent quelque peu dérisoires.

En tout cas, les multiples journalistes et photographes, qui font le pied de grue devant le grand portail, guettant le moindre indice d'une crise, en seront encore pour leurs frais.

1er décembre : les mots de la fin

Depuis plusieurs jours, j'ai l'intuition que ce pourrait être le jour de l'annonce, surtout s'il est question d'enjamber la primaire, bref de renverser la table deux jours avant le meeting de la Belle alliance populaire, grand œuvre de Cambadelis.

Mais je n'y crois guère, car l'élan n'est pas là, les sondages en rafales montrent que le capital électoral du Président reste très bas et que sa popularité ne décolle pas. J'ai ressenti ce malaise lorsque le jour de la publication des bons chiffres du chômage, il a finalement décidé de ne pas communiquer du tout, comme si ce pas de côté, certes très *fair-play* vis-à-vis de la ministre, en annonçait un autre, radical.

A l'inverse, lors de son discours concluant la belle séquence que nous avons organisée sur le bien-être des jeunes, le 29 novembre, j'ai trouvé le chef de l'Etat inspiré, agrippant son pupitre et se penchant vers l'auditoire, dans une gestuelle de campagne presque évidente. Alors que penser, en ces heures où nous semblons tous en apesanteur ?

Ce soir à 18 heures, je descends à la salle des Fêtes pour assister à la remise collective de décorations du jour et saluer deux des impétrants, Pierre-René Lemas et Thierry Repentin Les figures amies ne manquent pas, je croise même le général Puga, nouveau grand chancelier de la légion d'Honneur, décoré comme un père Noël avant l'heure. Puis je repars dans mon bureau.

Une dépêche tombe soudain, annonçant une déclaration à 20 heures sur toutes les télévisions, depuis l'Elysée. Je comprends alors en un instant : parler candidature depuis le Palais, c'est forcément pour annoncer qu'il renonce. Mes collègues piaffent, pleins d'espoir, je n'ose pas les démentir, d'autant que les premières minutes de la déclaration peuvent prêter à confusion, laissant croire que son choix est finalement d'y aller. Nous sommes agglutinés dans le bureau de Boris Vallaud, le coup de bambou fauche tout le monde, les yeux s'embuent, chacun regarde ailleurs, puis la colère va sourdre, même si la plupart veillent à ne pas prononcer de mots définitifs, destinés qui à Macron, qui à Valls, qui aux frondeurs.

Je ressens des sentiments mêlés : peine pour l'ami, dont je devine la déchirure qu'il a dû ressentir en entrant dans le petit studio de la rue de l'Elysée pour ce geste solitaire et sans retour ; tristesse pour les équipes, jeunes et anciens, qui se sentent orphelines, énervement quand je me remémore tous les mauvais coups reçus depuis 2012, regrets enfin car les erreurs internes n'ont pas manqué, à commencer par une sorte d'impuissance à valoriser tout ce que nous avons fait. Difficile alors de ne pas de reposer quelques questions lancinantes : pourquoi s'être laissé enfermer au sein d'une majorité rabougrie et rétive, pourquoi ne pas avoir tué dans l'œuf dès le printemps 2016 l'idée que le président sortant participe à une primaire ?

Nous devisons au téléphone tardivement avec Sandrine Duchene, que je sens au bord des larmes, secouée comme seuls les grognards des premiers jours, l'époque à jamais révolue du « Monsieur 3 % ».

Le lendemain, jour anniversaire du sacre, d'Austerlitz - et du coup d'Etat de Louis-Napoléon il est vrai - Jouyet nous réunit pour un petit buffet dans son grand bureau, heureuse initiative dans cette boutique où les moments collectifs sont si rares et le management des troupes indigent. Il nous rappelle avoir vécu le précédent Delors, il y a tout juste 22 ans, paraît désemparé, face à ce vide qui nous saisit tous. Je reçois pour ma part une quantité de messages de soutien et j'ai de nombreux échanges téléphoniques, notamment avec des leaders syndicaux. Nous y sommes : François Hollande va redevenir populaire, la presse s'attachera à souligner ses succès, passés et pourquoi pas à venir, lui peut-être gagnera en liberté d'action durant les cinq mois qui lui restent.

Au loin, on perçoit le moteur de la machine Valls qui accélère sans encore s'emballer et va d'ailleurs les jours suivants, connaître quelques hoquets avant de se cogner au mur de l'axiome politique du moment : il faut sortir les sortants. En ce week-end frisquet qui commence, l'incertitude reste entière sur le casting de la primaire, le choix probable d'un nouveau chef de gouvernement, la stratégie des acteurs, alors que Fillon, est calmement installé dans la peau du super favori, ce qui lui vaut, déjà, d'aligner sans coup férir toute la droite derrière ses couleurs, malgré quelques erreurs de communication assez surprenantes, en particulier la remise en cause de l'assurance-maladie.

Je provoque un rapide échange au sortir d'une réunion, en remontant l'escalier d'honneur : que doit-on faire, que dois-je dire notamment à mon vaste « réseau » qui se trouvait l'arme au pied, depuis notre réunion du Musée social ? Il me fait comprendre que le soutien à Valls est l'option raisonnable, mais sans plus : une seconde d'émotion traverse cet échange furtif, quand il me serre de nouveau la main alors que nous venons de nous voir toute la matinée.

En recevant discrètement Laurent Berger puis Jean Grosset, il laissera entendre la même chose : il faut défendre le bilan, éviter l'aventure type Montebourg, ce qui plaide pour l'ex premier ministre, mais point trop n'en faut. C'est après que le vrai combat s'instaurera, la seule question étant alors de savoir si la fusée Macron, portée par les premiers errements de Fillon, l'échec de Juppé et l'absence –provisoire ? - de Bayrou, poursuivra sa trajectoire ascensionnelle, auquel cas il n'y aura de choix qu'entre le ralliement et le suicide électoral...

Marseille, encore

Ce jeudi 8 décembre, arrivant d'un Paris écrasé par une nappe de pollution qui a contraint à instaurer la circulation alternée, l'avion présidentiel se pose à Marignane sous un grand soleil. Comme cette visite se tient pour beaucoup en plein air, c'est un soulagement.

La préparation de ce déplacement a été un long chemin de croix. L'ancienne ministre Marie-Arlette Carlotti veut en faire une sorte de meeting électoral – bref, un « pot de départ pour la patron » ... -, en conviant elle-même, sur le quartier de la Belle de Mai dont elle n'est d'ailleurs pas l'élue, des jeunes et des acteurs associatifs mais aussi des militants. Ce mélange des genres ne peut pas convenir à un chef de l'Etat, fut-il non-candidat à sa propre succession, le tout sous le regard de grands fauves de droite comme Estrosi et Gaudin...

Nous allons passer un temps infini à calibrer les choses de sorte à ne pas déjuger la députée tout en évitant le traquenard. Une réunion se tiendra même autour du Président, dans le salon vert, avec Carlotti en duplex et larmoyante et notre malheureux chef de cabinet bien injustement placé sur le grill. Tout cela me rappelle que si le client est roi dans le monde commercial, l'élu a toujours raison dans la sphère politique, immunisé de tout procès en mauvaise foi – ce qui l'incite d'ailleurs à persister- Mais là, nous avons atteint des sommets.

Grâce à la solidarité interne du cabinet et il faut l'avouer à l'efficacité de l'équipe préfectorale, personne ne s'apercevra de ces tensions et, tels les skieurs lancés dans un slalom pentu, le convoi franchira tous les piquets sans heurts : la cérémonie en l'honneur des cadets marins pompiers, puis la rencontre- bain de foule avec la jeunesse, lycéens, apprentis, bénéficiaires de la garantie-jeunes, service civique...sera utile et très chaleureuse. Tout le monde, nous compris, est encore sous le choc de l'annonce du 1er décembre et cette ambiance fait du bien. Même mes audiences habituelles en préfecture, qui m'ont extrait une heure de la visite, se sont déroulées dans un climat plus léger, comme si l'effet de sidération avait dans le même temps gommé les habituelles tensions, réelles ou rituelles.

Pour le reste, ce genre de visite, où les temps d'attente sont assez longs entre les étapes, permet d'échanger, avec les fonctionnaires, la société civile, les élus (j'ai notamment une discussion plaisante avec l'impayable Jean-Luc Benhamias, candidat désormais « centriste » à la primaire de la gauche) : même pour les collaborateurs que nous sommes, ce sont le plus souvent des moments assez précieux.

Retour à l'hôpital

Ce sera Chambéry, où Louis Besson avait proposé il y a quelques mois une inauguration présidentielle de l'hôpital flambant neuf, fruit de cinq années de travaux. De fait, le bâtiment a fière allure et la visite n'est pas trop délicate à préparer, même si l'aller-retour avec les précurseurs est plutôt fastidieux le lundi précédent. On nous indique localement qu'un suspect doté d'une fiche « S » est activement recherché, de sorte que la décision est prise de renforcer le dispositif de sécurité en s'appuyant sur des équipes du Raid : bonne intuition car, quelques jours plus tard, nous apprendrons avec stupéfaction que le suspect tunisien de l'attentat perpétré sur un marché de Noël à Berlin a transité par Chambéry, avant de se rendre à Milan, aux heures mêmes où le président s'y trouvait.

Le jour venu, la visite débute comme prévu aux Charmettes, dans la résidence de Jean-Jacques Rousseau, sombre et glaciale mais émouvante de simplicité : c'est l'ami Repentin, élu du secteur, qui en a eu l'idée, ce qui permettra au chef de l'Etat de faire allusion au contrat social, contre-point fort utile dans la période. En signant le livre d'or, il découvre avec émotion quelques vers inscrits là en 1943 par un tout jeune homme juif venu se réfugier dans les parages et qui osa les signer de son nom : Robert Badinter.

La visite de l'hôpital se déroule conventionnellement mais comme à la parade : des urgences au service d'orthopédie, ce ne sont que sourires, poignées de mains et photos innombrables, même les patients y mettent du leur. Le discours se tient dans un atrium monumental, avec en surplomb quatre étages remplis de curieux, qui créent une impression d'amphithéâtre d'ailleurs bondé : les applaudissements seront nourris, au terme d'une intervention qui m'aura une nouvelle fois valu bien des angoisses, avant de saisir les commandes qui me sont faites, une des demandes présidentielles étant cette fois de savoir « qui paie », alors qu'en matière d'hôpital public c'est par définition la sécurité sociale. Il faut croire que mes formulations n'étaient pas claires sur ce plan, ce qui finira par être résolu sans drame, après deux discussions directes dans son bureau.

3ᵉᵐᵉ mois de baisse du chômage

Nous cherchions une entreprise pouvant illustrer le succès de la prime « Embauche PME », lancée début 2016 et qui a, dès le début du mois de décembre, franchi le seuil symbolique du million de bénéficiaires.

Puis l'idée s'est imposée d'y adjoindre une dimension emploi, à l'occasion de la publication des chiffres du chômage de novembre, programmée le 26 décembre à 18 heures. Bien que certain de rien avec cette fameuse statistique mensuelle de Pôle emploi, je me mets en chasse peu avant Noël et me heurte rapidement à réalité simple : les PME plutôt industrielles et franciliennes sont rarement ouvertes durant la trêve des confiseurs.

Après avoir fait chou blanc à une dizaine de reprises sur ce motif, une fois éliminées bien sûr les pistes qui révèlent selon les cas des problèmes d'infraction au Code du Travail, voire des situations délicates avec le fisc ou l'URSSAF, je finis par dénicher la perle rare : ETNA France, située dans le Val d'Oise à Taverny.

Cette entreprise parait avoir été conçue pour la circonstance, tant elle « coche de cases » : 20 recrutements de jeunes en insertion, suite au gain d'un gros marché, 8 aides à l'embauche PME dans ce cadre, du CICE, un prêt important de la BPI, des contrats de génération, de l'apprentissage, la présence de travailleurs handicapés et pour couronner le tout, un jeune PDG dynamique, ravi de valoriser le travail d'équipe mais aussi de saluer la politique cohérente du Président, indiquant clairement à toute l'assistance que sans elle, sa boutique aura mis la clé sous la porte, au lieu d'incarner ce succès éclatant.

L'ambiance est donc détendue et une foule compacte se tasse dans les locaux exigus, pour entendre le Président rappeler le sens de ce qui a été fait et terminer son intervention à 17h55, juste avant la levée de l'embargo sur les chiffres, en laissant la ministre du Travail commenter les chiffres, non sans qu'il ait au préalable « ambiancé » la salle et une presse aux aguets qui les connait depuis une heure : oui, la tendance reste bonne et nous aurons pour la première fois depuis 8 ans un troisième mois consécutif de baisse du chômage.

Cette bonne nouvelle, associée à une visite rondement menée, nous vaudra le 26 au soir et le 27 matin, une presse quasi-unanime, même la droite, pourtant bien représentée (la nouvelle maire de Taverny, Florence Portelli, est la porte-parole de Fillon) peinera beaucoup à convaincre qu'il s'agit d'un mauvais résultat. Seul le Figaro titrera sur le « bilan désastreux du quinquennat » : venant de ce sommet d'objectivité, ce serait presque un compliment.

Malheureusement, un mois plus tard, le mauvais chiffre de décembre viendra interrompre cette série et comme rompre le charme, même si la baisse de 100 000 chômeurs en catégorie A sur l'année sera finalement assez largement mentionnée.

Le compte personnel d'activité (CPA)

J'ai fait le pari que cette grande réforme, qui nous a tant occupés, ne prendrait corps qu'au moment où le portail internet qui lui est associé verrait le jour.

Les équipes du ministère du Travail et de la Caisse des dépôts ont objectivement réalisé des prouesses et le résultat qui nous a été présenté quelques semaines plus tôt est remarquable, avec une ergonomie très simple mais des services très élaborés pour accéder à tous ses droits via une navigation aisée ainsi qu'à de précieuses informations dont les bulletins de paie en ligne.

Le 18 janvier, nous avons donc installé des ordinateurs dans le salon Vert, qui n'y est accoutumé que les soirs d'élections. Président, premier ministre et ministre sont serrés autour des écrans et suivent attentivement la présentation, posent des questions de fond, au point que la séance va finir avec un quart d'heure de retard et décaler d'autant le solennel conseil de Défense, dont les membres étoilés poireautent gentiment dans l'antichambre.

Les Grands Voisins

Le 17 janvier, nous sommes à Saint-Vincent de Paul, site hospitalier historique désaffecté depuis plusieurs années et qui a retrouvé une seconde jeunesse grâce à un projet social assez exceptionnel. Sur ce site dit des Grands Voisins cohabitent de multiples acteurs de la solidarité, qui accueillent, hébergent, forment, nourrissent, accompagnent des publics en insertion, pour beaucoup en grande difficulté.

Nous avons proposé au président de s'y rendre et de rencontrer ces acteurs, en profitant de l'occasion pour lancer la Fondation de l'innovation sociale, dont la ministre Ségolène Neuville a eu l'idée et qu'il s'agit désormais de faire soutenir par des entreprises mécènes, dont plusieurs sont déjà sur les rangs et présentes à notre invitation : ENGIE, BNP, Accenture, AG2R la Mondiale, entre autres.

Alors que la question nous avait été plusieurs fois posée de l'intérêt d'une telle visite et que nous-mêmes savions que son déroulement serait sans doute non conventionnel, cette séquence sera riche de symboles et de rencontres. Peu importe que la presse ne soit guère présente, c'est la période qui veut cela et il ne nous semble pas que la discrétion invalide l'intérêt d'une telle démarche. Dans un froid glacial mais sous un ciel bleu limpide, je ne sais pas encore qu'il s'agira de mon dernier déplacement du quinquennat.

Téléthon

Le 30 janvier, une foule compacte se presse dans les salons pour marquer le 30ème anniversaire du Téléthon : patients, familles, chercheurs, médias –dont la présidente de France Télévision- et parrains célèbres (Gérard Jugnot, Michel Boujenah...). La présidente, Laurence Thiennot a convaincu le Président d'accueillir cette réception en lui rappelant malicieusement qu'il s'y était engagé lors de sa campagne en griffonnant sa réponse favorable...sur un post-it.

Pour première fois depuis 2012, mon projet de discours ne m'est pas revenu largement amendé. Le seul point sensible est lié au reproche que l'AFM-Téléthon encourt depuis des années, à savoir une sorte d'hégémonie économique dans le domaine de la recherche sur les maladies rares, liées aux sommes vertigineuses récoltées chaque année grâce à la générosité publique. Le président saura glisser quelques mots sur la nécessaire mutualisation des moyens et la cérémonie se terminera par un joyeux brouhaha, en prélude à l'accueil de handballeurs français champions du monde quelques heures plus tard.

Primaires de la gauche

Les 22 et 29 janvier, la « Belle alliance populaire », pour l'essentiel réduite au parti socialiste tient ses élections primaires. Après un premier tour calamiteux, marqué par une faible participation et un vaste cafouillage dans l'annonce des résultats, contrastant avec le sans-faute de 2011 et, plus récemment du scrutin organisé par la droite, le second tour se déroule bien, réunissant 2 millions d'électeurs, ce qui est un score honorable.

La victoire nette et attendue de Benoit Hamon, avec plus de 60%, rappelle d'ailleurs celle de Fillon : pronostics déjoués, malheur des sortants, prime aux campagnes précoces. Quelle que soit la sympathie inspirée par le gagnant, je peine à me résoudre à voir en lui la solution au risque d'un dérapage du pays à droite voire au-delà : avoir contesté sans relâche le gouvernement n'est pas le meilleur brevet de vertu pour appeler à l'unité de son camp ; quant aux propositions, je suis bien placé, au moins s'agissant du revenu universel, pour savoir que leur attrait est inversement proportionnel à leur soutenabilité. Bref, Hamon est en lice pour perdre, même s'il est vrai que ni la forme ni le fond de la campagne de Manuel Valls ne m'ont paru de nature à fournir le talisman de la victoire et, de fait, il est sèchement éliminé.

Les caciques ont beau nous répéter que Macron est un feu de paille ou qu'il n'est, décidément, « ni de gauche, ni de gauche », l'idée va rapidement se répondre avec ou sans adhésion réelle au demeurant, que c'est décidément lui ou le déluge, d'autant que les affaires s'accumulant brutalement sur la tête de Fillon (le « Pénélopegate ») laissent penser, en ce début du mois de février, que la droite vient, contre toute attente, cheminant gaiement sur la voie de son triomphe annoncé, de marcher sur une mine.

Epilogue

Fin de partie

Alors que je me trouve en congés d'hiver pour quelques jours, un coup de fil de l'ami Rousseau m'apprend que Jean Pisani-Ferry quitte France Stratégie, l'ancien commissariat général au Plan, pour rejoindre Macron. La question est de savoir si je souhaite candidater.

Je réponds rapidement oui, tant ce défi me semble passionnant : retrouver le chemin de la réflexion, sur des sujets suffisamment familiers pour que je puisse être utile mais aussi suffisamment diversifiés pour que j'y puise intérêt et motivation renouvelés. En outre, je réfléchis depuis le renoncement inattendu du Président à ce que je ferai ensuite et, malgré quelques pistes, je n'ai pas encore trouvé de solution idoine alors que le compte à rebours est maintenant engagé.

Après m'être prêté au jeu quelque peu baroque du comité de sélection réuni à la hâte par le secrétaire général du gouvernement, dès lors que le Président m'eut confirmé son accord et sachant déjà l'aval de Matignon, je m'apprête donc à être nommé lors du conseil des ministres du 18 janvier. J'apprends soudain que tout est remis en cause, le tandem exécutif craignant semble-t-il des réactions, sur le thème du « recasage », manifestement alerté par un papier de Libération, sur son site internet, signé d'une journaliste que je connais pourtant et qui, contre tous les usages, n'a pas même pris la peine de me joindre, ne pouvant résister à un petit coup de patte sur l'Elysée et le gouvernement.

Assez abasourdi par cet épisode, je vais avoir une explication directe avec les deux protagonistes de la décision, qui reviendront heureusement au bon sens, de sorte que je serai nommé dès la semaine suivante le 25 janvier.

Cette fois et sans transition, la page est tournée, mon bureau vidé, les adieux rapidement conclus avec mes collègues les plus proches et mes secrétaires, après une traversée de quelque 56 mois, qui se referme peu avant son terme ultime.

Quel bilan ?

A l'heure de quitter le navire, dans une atmosphère étrange, mélange d'ambiance fin de règne et d'une certaine légèreté retrouvée, les sentiments sont nécessairement mêlés, voire confus.

D'un côté, l'exercice du bilan, en tout cas dans la sphère sociale, est éloquent : quatre conférences sociales, plusieurs grands accords interprofessionnels dont celui du janvier 2013 est le plus emblématique, quatre lois sur le travail (sécurisation de l'emploi, formation, dialogue social, loi El Khomri), réforme des retraites et de la politique familiale, création de la prime d'activité et du CPA, plan de lutte contre la pauvreté, lois sur le vieillissement et sur le droit de mourir dans la dignité, pour ne prendre que quelques exemples parmi les plus notables.

De l'autre, l'impression, étayée, que ces initiatives et les résultats obtenus (baisse du chômage sur toute l'année 2016, rétablissement des comptes sociaux...) sont imperceptibles, car soit trop tardifs au regard des annonces initiales – dont la bien imprudente formule de l'inversion de la courbe...-, soit dramatiquement mal « vendus » en termes de communication. Laurent Berger est dans le vrai quand il se demande tout haut, à plusieurs reprises, comment le gouvernement peut être parvenu à être le seul au courant de son action et le PS se révéler pendant cinq ans de rang incapable d'expliquer ce qui a été fait, voire tout simplement d'en informer ses adhérents.

Pour le reste, tout a été dit. Une gouvernance trop tournée vers le compromis (du traitement des frondeurs à l'écotaxe, de l'affaire Léonarda à Notre-Dame des Landes), une ouverture au centre ratée d'emblée qui coûtera cher par la suite, une absence de bilan de situation au printemps 2012 alors que l'héritage Sarkozy est bien plus calamiteux que prévu, un premier été trop inactif qui aurait pu, par exemple, être consacré à adopter rapidement le texte sur le mariage pour tous, lequel va ensuite traîner en longueur et permettre à la droite de se remobiliser. Il me semble comme à la plupart de mes collègues les plus expérimentés, que tout cela aura pesé bien plus lourd dans la balance globale du quinquennat que certaines affaires, même dévastatrices, mais aussi les questions de vie privée qui n'ont évidemment rien arrangé.

C'est sans doute dans l'épicentre de ces courants contraires qu'il faut rechercher le renoncement du 1er décembre 2016 et nulle part ailleurs. Le « lâchage » des anciens ministres et du premier d'entre eux fut moins la cause que le symptôme de cette crise, tout à la fois très injuste et, à la réflexion, devenue inéluctable tant l'opinion s'est peu à peu détournée, certes sans le rejet profond que le prédécesseur avait pu inspirer, mais sans plus d'adhésion minimale à un leadership très rapidement ébranlé, malgré des périodes réelles mais trop brèves d'embellie (intervention au Mali en 2013, gestion des attentats).

Beaucoup d'observateurs estiment que ne pas se représenter vaudra au président une réévaluation de son action, dans quelque temps, outre qu'elle lui aura épargné une possible défaite dès la primaire, qui aurait été encore plus cruelle, notamment, que le camouflet infligé par Trump à Obama.

C'est le moins que l'on puisse espérer, après avoir passé ces quelque 1700 jours auprès d'un homme mystérieux, aux mille visages, qui aura fait pour le mieux au service du pays, dans un total désintéressement, sous le regard malveillant de nombreux médias et de la cohorte des contempteurs de son propre camp. Reste à savoir ce que l'Histoire en retiendra. Probablement moins qu'aurait pu espérer l'équipe, confinée dans la soute de cette incroyable place de la République, mais davantage qu'annoncé par la fin en queue de poisson d'un mandat qui restera, à bien des égards, unique.

Une autre question est celle de l'originalité de la période « sous revue ». La réponse n'est pas aisée à trancher.

D'un côté, il est clair que la puissance symbolique du lieu, l'Elysée, l'évolution de nos institutions et en tout cas de leur pratique vers une centralisation irrépressible du pouvoir, ou tout simplement le contexte mondialisé dans lequel celui-ci s'exerce désormais, concourent, en s'additionnant, à araser les différences fondamentales pouvant caractériser un mandat présidentiel, par rapport à ses devanciers. Dès lors, la narration proposée semble relever davantage du prêt à porter que du produit unique, comme une sorte de perpétuel palimpseste.

De l'autre ce serait faire bien peu de cas de la nature humaine, mais aussi des circonstances, que d'assimiler la suite (la litanie ?) des présidents à une sorte de collier dont chaque perle serait grosso modo de la même conformation. Les idées diffèrent et c'est heureux sur le plan démocratique, les caractères s'opposent, l'exercice des responsabilités suprêmes n'est pas uniforme d'un chef de l'Etat à l'autre. Il en va de même des comportements personnels : ainsi, la relation entretenue avec les collaborateurs de tous rangs du château, relève bien plus de l'oxymore que du mimétisme, Sarkozy et son successeur offrant ici le plus fort contraste.

A cette aune, on peut donc considérer que rapporter le quotidien d'un mandat présidentiel a le double intérêt de décrire une réalité singulière et simultanément de donner à voir, de manière plus intemporelle, ce que peut être le déroulement des jours - et des nuits- derrière les hauts murs du palais.

Chacun peut ensuite s'adonner au jeu des différences, qui met en lumière, pour peu que l'on tente de rester objectif, et les permanences et les changements. En somme, si cette réalité parfois fuyante a été peu ou prou restituée ici, je serais heureux d'y avoir contribué, fut-ce partiellement.

Pour l'heure, derrière la fierté du travail accompli, au terme d'une aventure exceptionnelle partagée depuis ses débuts en 2010, avec les émotions qu'elle aura suscitées, comment ne pas ressentir, une fois le rideau tombé, un inévitable et durable goût d'inachevé ?

Paris et Verrières-le- Buisson, 1ᵉʳ janvier 2025

Sommaire